现 代 汉 语

主　编：王　静　陈　光
副主编：包永梅　白碧伟　石赛娜

东北师范大学出版社
长　春

图书在版编目(CIP)数据

现代汉语 / 王静，陈光主编. — 长春：东北师范大学出版社，2022.10
ISBN 978 - 7 - 5681 - 9723 - 6

Ⅰ. ①现… Ⅱ. ①王… ②陈… Ⅲ. ①现代汉语 Ⅳ. ①H109.4

中国版本图书馆 CIP 数据核字(2022)第199718号

□责任编辑：刘　婕　□封面设计：创智时代
□责任校对：徐　莹　□责任印制：许　冰

东北师范大学出版社出版发行
长春净月经济开发区金宝街 118 号（邮政编码：130117）
电话：010－82893125
传真：010－82896571
东北师范大学音像出版社制版
廊坊市伍福印刷有限公司印装
河北省廊坊市安次区码头镇东辛庄村（邮政编码：065000）
2022 年 10 月第 1 版　2022 年 10 月第 1 版第 1 次印刷
幅面尺寸：185 mm×260 mm　印张：16.5　字数：410 千

定价：49.60 元

前　言

语言作为交际工具，无论是书面语还是口语，都在社会生活中起着至关重要的作用。学好汉语，不仅是社会对每个中国人的基本要求，而且随着国外“汉语热”的逐步升温，汉语还将作为一座桥梁，更广泛地应用于国际交流中，为增进国内外教育文化的合作交流做出贡献。

现代汉语课程是高等院校多种专业的基础课，是一门理论与实践结合得十分紧密的课程。本教材的编写定位为“所学为所用”，注重将现代汉语知识与实践能力的培养相结合，提高学生理解、分析和运用现代汉语的能力，为今后从事语言文字工作打下基础。

为了更加明确现代汉语知识的应用导向，本教材安排了绪论——走进现代汉语，之后按五个项目编写，分别是读说标准的语音、书写正确的汉字、使用恰当的词语、运用规范的语法和会用合适的修辞。每个项目的“项目背景”主要介绍该项目在社会生活中的地位和作用。“项目目标”为教与学提供明确的三维目标，结合实际应用安排了“项目导入”的内容，并在项目内容结束后进行“项目检测”。“拓展阅读”是对项目内容进行的拓展延伸，旨在开阔视野，引导学生了解该项目涉及的理论与实践应用的相关内容，培养学生广泛研究与深入探讨的兴趣。在每个项目不同的任务点中，会明确“学习要点”，设置“学习任务”，并通过“思考与练习”巩固所学知识，检测学习效果，做到理论与实践相结合。

在编写过程中，本书以适度、实用为标准，充分吸收了同类优秀现代汉语教材的精华，也借鉴了一些优秀论文和网络资源，同时融入了编者自己的思考。

本教材可以作为高等院校中文专业、师范专业的教学用书，也可以作为对外汉语、文秘、新闻、编辑出版、播音主持、影视表演、旅游等专业学生的学习用书，还可供广大语言爱好者参考使用。由于编者水平有限，编写时间仓促，难免会出现一些疏漏与不足，还望广大读者谅解，敬请批评、指正。

编　者

目　录

绪论　走进现代汉语 …… 1

项目一　读说标准的语音

任务一　语音概述 …… 11
任务二　辅音和声母 …… 22
任务三　元音和韵母 …… 30
任务四　声调 …… 39
任务五　音节 …… 43
任务六　音变 …… 50
任务七　朗读的技巧 …… 56

项目二　书写正确的汉字

任务一　汉字概述 …… 65
任务二　汉字的形体和构造 …… 71
任务三　汉字的标准化和规范化 …… 84

项目三　使用恰当的词语

任务一　词汇概述 …… 92
任务二　词义的构成 …… 99
任务三　词义的聚合 …… 105
任务四　词汇的构成 …… 113
任务五　固定用语 …… 117

项目四　运用规范的语法

任务一　语法概述 …… 125
任务二　词的分类（上） …… 130
任务三　词的分类（下） …… 145
任务四　短语 …… 152

任务五　句法成分 …… 163
任务六　单句 …… 179
任务七　复句 …… 200
任务八　标点符号 …… 210
任务九　句子常见的错误 …… 218

项目五　会用合适的修辞

任务一　修辞概述 …… 231
任务二　词语修辞 …… 235
任务三　句子修辞 …… 241
任务四　常见的修辞格 …… 246
参考文献 …… 258

绪 论
走进现代汉语

学习要点

1. 掌握现代汉语的概况。
2. 掌握语言文字工作的方针和任务。
3. 掌握现代汉语的内涵、现代汉语的特点。
4. 了解现代汉语课的性质、内容和任务。

学习任务

1. 明确现代汉语在国内外的地位。
2. 明确现代汉语课程的主要项目。
3. 认识学好现代汉语对提升语言素养和提高语言能力所起的重要作用。

汉语是世界上历史最悠久、使用人口最多的语言，也是世界上仍在使用的最古老的语言之一。在历史发展的各个阶段都存在着可以互相沟通的共同语，在这漫长的岁月中，汉民族所共同使用的汉语是怎样形成的呢？

一、汉语溯源

中国已经发现的古代文字中最早、体系较为完整的汉字，是中国商代后期王室刻在龟甲和兽骨上用于占卜记事的甲骨文，至少已有三千多年的历史。比较新的观点，根据最近出土的文物资料加以推论，认为原始汉字产生的时间，距今已有五千年以上。

先秦时期，“言语异声，文字异形”。由于各地方言的差异造成了言语交际的障碍，于是形成了通行于各地的共同语——雅言。春秋时期，《论语·述而》中就有“子所雅言，《诗》、《书》、执礼，皆雅言也”的记载。也就是说，孔子的弟子来自各个方言区，孔子就是用国家的官方语言即雅言来进行交流的。我国最早的词典是汉代初年的《尔雅》，它就是用雅言作解的经典著作。到了汉代，共同语又称为“通语”。我国最早的方言词典西汉扬雄的《方言》，就是用通语来解释各地方言的。到了明代，形成了以北方话为基础的“官话”，分别以以南京话为主的南方官话和以北京话为主的北方官话为代表。清代雍正皇帝时期，福建、广东两省设立了正音书院，专门教授官话。因为从金代开始至元、明、清的都城都设在北京，所以北京官话的影响不断扩大，清政府就采用了“国语”这一名称。辛亥革命后，国民政府开展了国语教育事业，直至中华人民共和国成立以后，改称为“普通话”。

从古代汉语到现代汉语的演变过程中，最初的书面语，由于发展速度低于口语而形成了脱离口语的文言文，在汉语书面语中占据了统治地位。到了唐宋时期，与口语紧密联系的白话书面语产生了，用白话写作的各种文学作品层出不穷，但总体来看也都是以北方方言为主，所以在一定程度上加速了北方方言的推广，奠定了北方方言的重要地位。

五四运动以后，掀起了白话文运动，又开展了国语运动，书面语逐渐接近口语，形成了现代汉民族共同语。中华人民共和国成立以后，确定把汉民族共同语称为普通话，并在全国大力推广。

二、什么是现代汉语

现代汉语是现代汉民族所使用的语言。它有广义和狭义之分。狭义的现代汉语是指现代汉民族共同语，是以北京语音为标准音，以北方话为基础方言，以典范的现代白话文著作为语法规范的普通话；广义的现代汉语包括民族共同语和各种方言。

中国幅员辽阔，人口众多，存在着很多种方言。方言是一种民族语言的分支或变体，也就是某一地区的人们所使用的语言，又称地方话。

一个民族语言的共同语则是通用于这个民族全体成员的语言。对于各地方言来说，规范化的共同语是民族语言的高级形式，它比任何方言都富有表现力。

走进现代汉语

共同语形成之后，对方言的语音、词汇、语法都有一定的影响。它的词汇经常传播并渗透到各地方言中去。规范化的共同语，往往促使地域方言向它靠拢，对方言的发展起到一种制约作用。与此同时，共同语也要从方言中吸收种种语言成分，以丰富和发展自己。

汉语方言种类之多、分歧之大，在世界语言中也是罕见的，甚至还存在着方言过渡区或混合方言，很难加以硬性划分。国内认同度最高、影响最大的是七大方言分类。

（一）北方方言

也叫官话方言，是汉民族共同语的基础方言。北方方言区包括长江以北地区，长江以南的镇江以西、九江以东的沿江地带，云南省、贵州省、四川省、湖北省大部（不包括东南角）、湖南省西北角以及广西壮族自治区西北部。在汉语各方言中，它的分布地域最广，约占汉语地区的四分之三，使用人口约占汉族总人口的73%。

北方方言可分为四个次方言：

①华北—东北方言：分布在北京、天津两市，河北、河南、山东、辽宁、吉林、黑龙江，还有内蒙古的一部分地区。

②西北方言：分布在山西、陕西、甘肃等省和青海、宁夏、内蒙古的一部分地区。新疆的汉族使用的语言也属于西北方言。

③西南方言：分布在四川、云南、贵州等省及湖北大部分地区（东南角威宁地区除外），广西西北部，湖南西北部，等等。

④江淮方言：分布在安徽省、江苏长江以北地区（徐州、蚌埠一带属华北—东北方言，故除外）、镇江和镇江以西以及九江以东的长江南岸沿江一带。

（二）吴方言

也叫吴语或江浙话，分布在长江以南、镇江以东地区（不包括镇江），南通的小部分地区，浙江的大部分地区。典型的吴方言以苏州话为代表，也有人认为，从现在的影响来看，上海话应作为吴方言的代表。吴方言使用人口约占汉族总人口的7.2%。

（三）湘方言

也叫湘语，分布在湖南省大部分地区（西北部除外），以长沙话为代表。湘方言内部还存在新湘语和老湘语的差别。湘方言使用人口约占汉族总人口的3.2%。

（四）赣方言

也叫赣语，分布在江西省大部分地区（东北沿长江地区和南部除外），以南昌话为代表。赣方言使用人口约占汉族总人口的3.3%。

（五）客家方言

也叫客家话，分布在广东省东部和北部、广西壮族自治区东南部、福建省西部、江西省南部，以及湖南、四川少部分地区。客家方言以广东梅县话为代表。其使用人口约占汉族总人口的3.6%。

（六）闽方言

也叫闽语。现代闽方言分布在福建和海南的大部分地区、广东东部潮汕地区、雷州半岛部分地区、浙江南部温州地区的一部分、广西的少数地区、台湾省的大多数汉人居住区。闽方言使用人口约占汉族总人口的5.7%。

闽方言可分为闽东、闽南、闽北、闽中、莆仙五个次方言。其中，最重要的是闽东方言，分布在福建东部闽江下游，以福州话为代表。闽南方言分布在闽南二十四县、台湾及广东的潮汕地区、雷州半岛、海南及浙江南部，以厦门话为代表。

（七）粤方言

也叫粤语，当地人叫“白话”，分布在广东中部、西南部和广西东部、南部的一百来个县以及香港、澳门特别行政区。粤方言以广州话为代表。其使用人口约占汉族总人口的4%。

我国的方言复杂，由语言文字所承载的信息交流，就需要一个共同的标准。我们研究和了解汉语方言，目的之一就是要找出方言与普通话的差异及其对应规律，有效地推广普通话。

现代汉语有口语和书面语两种表达方式。一般来说，口语以说、听为主，适合人们日常口语交流。面对面交谈往往有特定的语境，有态势语和语气语调等辅助手段的配合，因此有较多的省略，具有简短灵活、通俗自然的特点。较书面语来说，口语有一定的随意性。书面语以写、看为主，是在口语的基础上形成的，是用文字记录下来的语言，结够完整，语句雅正。相对于口语来说，书面语比较周密、严谨，便于长久流传。

三、现代汉语的地位

在我国，现代汉语是汉民族以及各族人民之间的交际工具，不仅为各民族之间的相互学习和协作做出了很大的贡献，同时，对全面提高国民素质、发展科学文化、提高经济和社会信息化水平、增进中华民族凝聚力等都有重要意义。

在国际上，汉语也是世界上使用人数最多的一种语言，对日本、朝鲜、越南以及东南亚等国的语言和文化都产生过巨大的影响，在世界上具有极其重要的地位。汉语是联合国大会和安理会的六种法定工作语言之一（另外五种是英语、法语、俄语、西班牙语和阿拉伯语）。

随着中国经济的稳步发展，越来越多的外国人也开始喜欢和重视汉语，学习汉语的人数逐年增多，形成了持续升温的“汉语热”。为适应这一变化，原来的对外汉语教学工作已经逐步转变为汉语国际推广工作。从 2004 年起，我国在海外设立了以教授汉语和传播中国文化为宗旨的孔子学院，致力于增进世界各国人民对中国语言文化的了解，加强中国与世界各国教育文化的交流合作。孔子学院和孔子课堂已经成为中外教育文化友好交往的平台，受到各国人民的普遍欢迎。

四、现代汉语规范化和推广普通话

（一）现代汉语规范化

汉语和汉字是中华文化的主要载体，用汉语表达，用汉字记录的中华文化源远流长。实际上，我国不仅存在着严重的方言分歧，还存在着多种民族语言。为了更好地适应社会的发展，必须加强语言文字工作，促进语言文字的规范化。

现代汉语规范化就是确立现代汉民族共同语明确的、一致的标准，并用这种标准消除语音、词汇、语法等方面存在的一些分歧，同时对它的书写符号——文字的形、音、义各个方面进行规范。

我国历来重视语言文字工作。国家有关部门于 1955 年召开了全国文字改革会议和现代汉语规范问题学术会议，国务院根据会议精神，决定以“促进汉字改革、推广普通话、实现汉语规范化”为语言文字工作的三大任务。1982 年，《中华人民共和国宪法》（以下简称《宪法》）明确规定了“国家推广全国通用的普通话”。1985 年 12 月，国务院将“中国文字改革委员会”更名为“国家语言文字工作委员会”。1986 年 1 月，国家教育委员会和国家语言文字工作委员会联合召开了全国语言文字工作会议，规定了新时期语言文字工作的方针和当时的主要任务。其中，最重要的是促进语言文字规范化、标准化，使语言文字在社会主义现代化建设中更好地发挥作用。我国历史上第一部关于语言文字的专门法——根据《宪法》制定的《中华人民共和国国家通用语言文字法》，于 2001 年 1 月 1 日起施行，明确规定了普通话和规范汉字作为国家通用语言文字的法律地位。

1955 年召开的现代汉语规范问题学术会议明确了现代汉语普通话的标准是以北京语音为标准音，以北方话为基础方言，以典范的现代白话文著作为语法规范，从语音、词汇、语法三方面对语言文字的使用提出了明确、一致的标准。

普通话的语音是以北京语言为标准音的。只有明确规定以北京语音为标准，才能使汉语拼音有统一的规范。当然，也没有必要将北京语音里众多的轻声和儿化音吸收进来。普通话审音委员会曾经对北京语音中的异读以及土话成分加以审定，应该吸收哪些，也要通过调查和研究确定下来。

普通话的词汇是以北方话词汇为基础的。从民族共同语书面语形成的历史来看，从13世纪开始，北方话的语汇就随着大量白话通俗文学作品传播到了全国各地，所以北方话的分布地域最为广大，使用人口最多。在词汇方面，以北京话为核心，以北方话作为基础方言，显然有利于民族共同语向它的高级阶段发展。如何排除词汇中存在的分歧现象，也是词汇规范化的内容。

普通话的语法以典范的现代白话文著作为语法规范。现代著名作家的优秀的白话文作品，以及国家正式的文件、报刊社论等就是这种典范的白话文著作。它有标准语的典范性特征，区别于一般的书面语和口语，从而使民族共同语更富于一致性，向更为完善、更为精准的方向发展。普通话中表达同一个意思的截然相反的两种说法，也是我们在语法规范工作中应注意的问题。例如，“差点迟到”和“差点儿没迟到”，“难免犯错误”和“难免不犯错误”，等等，也都应当加以研究，确立规范用法。

语言文字是否规范将直接关系到经济建设和科学技术的发展，所以汉语规范化工作对于我国经济社会的发展具有重要和深远的意义。

（二）推广普通话

普通话是现代汉民族的共同语。《宪法》第十九条规定：“国家推广全国通用的普通话。”在新时期，推广普通话更为必要。首先，推广普通话可以进一步消除方言隔阂，减少不同方言区人们交际时的困难，有利于社会交往，有利于国家的统一和安定团结。其次，蓬勃发展的21世纪，文化教育的普及和提高、科学技术的进步和发展、传声技术的现代化、计算机和手机语言输入和语言识别问题的研究，都对推广普通话提出了新的要求。最后，随着对外开放政策的贯彻执行，国际往来和国际交流越来越多，进一步推广普通话，可以减少语言交际的困难，促进国际交往。

推广普通话的工作方针由“大力提倡，重点推行，逐步普及”调整为“大力推广，积极普及，逐步提高”。同时，要求民族共同语成为四种用语。

第一，教学用语。以汉语授课的各级学校使用普通话进行教学，使普通话成为教学语言。

第二，宣传用语。县以上各级以汉语播放的广播电台、电视台均须使用普通话，使普通话成为宣传工作的规范语言。

第三，工作用语。全国机关团体、企事业单位进行公务活动时必须使用普通话，使普通话成为工作语言。

第四，交际用语。不同方言区及国内不同民族的人员交往时使用普通话，使普通话成为全国的通用语言。

为了更加有效地推广普通话，不断提高全社会的普通话水平，国家有关部门做出决定，对一定范围内岗位人员进行普通话水平测试。测试的对象包括：县以上广播员、节目主持人、普通话教师、影视演员和有关院校的毕业生，以及中小学教师、师范学校教师和毕业生。与此同时，还提出了相应的要求：前者应达到一级水平，后者则应达到一级或二级水平。对上述岗位人员逐步实行持普通话等级证书上岗制度。

推广普通话，除了注意语音规范以外，还要注意词汇、语法规范。词汇、语法问题在一定程度上会影响普通话水平的高低，会影响实际交际的效果。说话的时候，即使语音是比较标准的，但如果用了不少方言词语和语法，交际时就会影响理解。

各级各类学校以及与民众接触面较广的部门，仍然是推广普通话的工作重点。在新的形势下，大中城市，尤其是沿海开放城市，也应列为工作重点。学校固然是推广普通话的重点，但是如果只抓学校而放松对社会的普通话推广工作，学校推广普通话的成果也不易巩固。学校和社会的推广普通话工作都不是孤立的，两者应该互相促进。

五、学好现代汉语

（一）掌握现代汉语的特点

现代汉语属于汉藏语系，具有区别于印欧语系语言的许多特点。

1. 语音方面

（1）音节排列有规律

大多为辅音在前、元音在后，如 guó、huà；辅音在后的情况很少，只限于以 n 和 ng 结尾的音节，如 zhōng、rén 等。

（2）没有复辅音

例如 zhōng，声母 zh 和韵母中的 ng，虽然是两个辅音相连，但并不是复辅音，而是两个字母表示一个音素。这样的音素还有 ch 和 sh。

（3）元音占优势

汉语音节中，由辅音构成的音节几乎没有，但由元音构成的音节非常多，如 yào、yǒu 等。

（4）有声调

声调具有音乐性，能够区别意义。例如，“汤”“糖”“躺”“烫”这四个字的声母、韵母完全相同，因为声调不同而有了意义上的区别。

2. 词汇方面

（1）双音节词占优势

以“中国人要有文化自信”这句话为例：“中国”“国人”“文化”“自信”都是双音节词。另外，古代汉语中的许多单音节词演化为双音节词，如“月—月亮”“目—眼睛”等。一些多音节短语也被缩略成双音节词，如“高级中学—高中”“彩色电视机—彩电”等。

（2）运用词根复合法构词

例如“山”这一词根，可以构成“山脉”“雪山”等词语。使用附加法，用词缀语素加词根语素构成的词比较少，如“柿子”“里头”等。

3. 语法方面

(1) 汉语主要用语序和虚词表示语法意义

汉语缺乏表示语法意义的词形变化。例如“人”，不管是做主语还是做宾语，词形都不变化；动词“喜欢”，不管做主语的是第一人称还是第三人称，都没有相应的形态变化。但是，如果语序发生变化，其结构形式和结构意义也会随之改变。例如，“雷锋学习”“学习雷锋”，语序不同，学习的主体就发生了变化。另外，如果虚词不同，意思也会发生变化。例如，“我的祖国”与“我和祖国”，其意思就有所不同。

(2) 词、短语、句子的结构规则基本一致

无论是语素组成合成词、词组成短语，还是词或短语组成句子，都有主谓、偏正、动宾、中补或联合这五种基本语法结构类型。(表 1)

表 1　词、短语、句子的结构规则表

结构类型	词	短语	句子
主谓	年轻	剧情紧张	我去处理
偏正	火红	卡车司机	完美的收官
动宾	投资	主持工作	打开电脑了
中补	提高	说得清楚	听得津津有味
联合	善良	年轻靓丽	雄伟而壮观

(3) 量词和语气词十分丰富

不同的事物往往会用不同的量词，如“一条鱼”“三支笔”“一架飞机”等。不同的语气词也会表达不同的意思，例如：

那时候，你回来了。——表示动作的完成。

那时候，你能回来吗？——表示疑问。

那时候，你回来吧！——表示祈使。

此外，现代汉语的特点还体现在文字方面。汉语是世界上唯一的几千年来一直使用表意体系文字的语言。

(二) 了解现代汉语课的性质、任务和内容

现代汉语课是与文学、教育、文秘、新闻传媒、出版、旅游、对外交流、表演艺术等有关的一门基础课。

现代汉语课的主要教学任务是学以致用，以国家的语言文字政策和法规为依据，坚持理论联系实际的原则，系统地讲授现代汉语的基础理论和基本知识，加强基本技能的训练，培养和提高学生理解、分析、运用现代汉语的能力，为他们将来从事语言文字工作、语文教学工作或现代汉语的研究工作打好基础。

现代汉语是一个完整的符号系统，以一定的语音表达一定的意义。语音所表达的意义有两种：一种是词汇意义，即每个词的实际意义；另一种是语法意义，主要是词语相互结合而产生的关系意义。因此，掌握语音、词汇和语法知识并能够加以运用是现代汉

语课三个基本的内容。现代汉语有发达的书面语，汉字是记录口语、形成书面语的书写符号系统。学习文字知识并书写正确的汉字也是本课程的重要内容之一。另外，现代汉语是一种高度发展的交际和交流思想的工具。为了增强自身的表达能力，在综合运用语音、词汇和语法等知识的基础上，研究表达效果的修辞知识，也是本课程的内容之一。

本课程学习内容如下：

（一）读说标准的语音：以《汉语拼音方案》为基础，运用语音学的原理，系统地讲述有关普通话的语音知识；使学生对普通话的语音系统有完整的了解，在形成读说标准语音的能力的基础上，具有推行《汉语拼音方案》和使用、推广普通话的能力。

（二）书写正确的汉字：讲述国家关于文字的方针政策、汉字的性质和作用、汉字的结构和形体、汉字规范化等问题，使学生能够书写正确的汉字。

（三）使用恰当的词语：讲述现代汉语语素、词和构词法，词义的构成与分解、聚合，词汇的构成与词汇的变化，等等，使学生掌握一定的词汇学知识，能够正确地辨析和解释词义，丰富自己的语汇，提高恰当使用词语的能力。

（四）运用规范的语法：讲述现代汉语组词造句的规则和有关的基础理论知识，如各类词的用法、短语和句子的结构与类型以及标点符号的用法等等，使学生具有辨识词性、分析句子和辨别句子正误的能力，能够规范运用语法。

（五）会用合适的修辞：讲述词语和句式的选用、常用的修辞格，使学生注意选词炼句，恰当地运用修辞手法，提高汉语表达能力，逐步形成准确地运用修辞的能力。

拓展阅读

现代汉语课的性质

思考与练习

1. 什么是现代汉民族共同语？
2. 现代汉语有哪两种表达方式？二者有什么不同？
3. 推广普通话要求民族共同语成为哪四种用语？
4. 现代汉语有哪些特点？

项目一
读说标准的语音

项目背景

口语是现代汉语的表达方式之一，口语语义的表达形式就是语音。在科技日益发达的当今社会，用语音传达信息的情况越来越普遍，人们用语言来表达自己的思想，与外界进行沟通。语音的规范，有利于提升交流的质量，提高工作效率，有效地避免误解，减少传达的错误；有利于我国不同方言区人们的社会交往；有利于跟随科学技术进步的步伐；有利于促进国际交往。我们要以能够说一口标准、流利的普通话而感到骄傲和自豪。

项目目标

一、知识与能力目标

1. 学习现代汉语语音的基本知识，熟悉普通话的语音系统，具有使用和推广普通话的能力。

2. 熟练掌握声母、韵母、声调、音节等语音知识，初步具备分析语音的能力。

3. 掌握语音的性质以及音素、音变、朗读等语音知识，熟悉《汉语拼音方案》，正确拼写普通话的音节，并熟悉普通话声韵的拼合规律，正确地辨析语音，提高发音的准确性。

二、过程与方法目标

1. 采取听、读、说等方式，通过口语实践，掌握语音知识。

2. 通过小组合作学习的方式，听评语音错误等，培养和提高合作探究能力，增强合作意识。

三、情感态度与价值观目标

1. 培养学生读、说标准语音的意识，认识标准的语音在人际交往和社会生活中的重要作用。

2. 培养学生持之以恒的精神和社会责任感。

3. 培养学生团队协作、人际沟通等可持续发展的能力。

项目导入

李纨道："方才我来时，看见他们抬进两盆白海棠来，倒是好花。你们何不就咏起他来？"迎春道："都还未赏，先倒作诗？"宝钗道："不过是白海棠，又何必定要见了才作。古人的诗赋，也不过都是寄兴写情耳。若都是等见了作，如今也没这些诗了。"

迎春道："既如此，待我限韵。"说着，走到书架前抽出一本诗来，随手一揭，这首竟是一首七言律，递与众人看了，都该作七言律。迎春掩了诗，又向一个小丫头道："你随口说一个字来。"那丫头正倚门立着，便说了个"门"字。迎春笑道："就是门字韵，'十三元'了。头一个韵定要这'门'字。"说着，又要了韵牌匣子过来，抽出"十三元"一屉，又命那丫头随手拿四块。那丫头便拿了"盆""魂""痕""昏"四块来。宝玉道："这'盆''门'两个字不大好作呢！"

贾探春：

斜阳寒草带重门，苔翠盈铺雨后盆。
玉是精神难比洁，雪为肌骨易销魂。
芳心一点娇无力，倩影三更月有痕。
莫道缟仙能羽化，多情伴我咏黄昏。

薛宝钗：

珍重芳姿昼掩门，自携手瓮灌苔盆。
胭脂洗出秋阶影，冰雪招来露砌魂。
淡极始知花更艳，愁多焉得玉无痕。
欲偿白帝凭清洁，不语婷婷日又昏。

贾宝玉：

秋容浅淡映重门，七节攒成雪满盆。
出浴太真冰作影，捧心西子玉为魂。
晓风不散愁千点，宿雨还添泪一痕。
独倚画栏如有意，清砧怨笛送黄昏。

林黛玉：

半卷湘帘半掩门，碾冰为土玉为盆。
偷来梨蕊三分白，借得梅花一缕魂。
月窟仙人缝缟袂，秋闺怨女拭啼痕。
娇羞默默同谁诉，倦倚西风夜已昏。

有没有发现每首诗的第一句结尾都是"门"字，第二句结尾都是"盆"字，第四句结尾都是"魂"字，第六句结尾都是"痕"字，第八句结尾都是"昏"字。这就是限字限韵。

任务一　语音概述

学习要点

1. 了解语音的物理属性、生理属性、社会属性，弄清语音的音高、音强、音长、音色四要素。
2. 熟悉人类发音器官的构造，找准口腔中发音器官的位置。
3. 掌握语音单位的概念，熟悉《汉语拼音方案》。

学习任务

1. 运用所学的知识理解、分析普通话中一些基本的语音现象。
2. 运用语音四要素的知识，解释出现发音差异和误读的原因。
3. 能分辨元音音素和辅音音素。

语言是人类社会生活中最重要的交际工具。语音是语言最主要的物质外壳，是第一性的，是通过人的发音器官发出来的，能够表达一定的意义。打哈欠、打喷嚏、咳嗽等也是人类发出的声音，但不是语音，不能表示确切的含义，所表示的意义也是临时性的，不具有词句意义。

语音概述

一、语音的性质

语音也是一种声音，它和其他声音一样，产生于物体的振动，具有物理属性；语音是由人的发音器官发出的，具有生理属性。语音要表达一定的意义，什么样的语音形式表达什么样的意义，必须是使用该语言的全体社会成员共同赋予的，所以语音又具有社会属性。社会属性是语音的本质属性。

（一）语音的物理属性

语音是由物体（声带）的振动而产生的。发音体振动空气或其他媒介形成音波，音波传播到人的耳中，振动鼓膜，刺激听觉神经，使人感受到声音。

声音有乐音（图 1）和噪音（图 2）之别。乐音是振动起来有规律的、单纯的，并有准确的高度（也叫音高）的音，听起来和谐悦耳。噪音是振动既无规律又杂乱无章，没有一定高度的音，听起来比较刺耳。

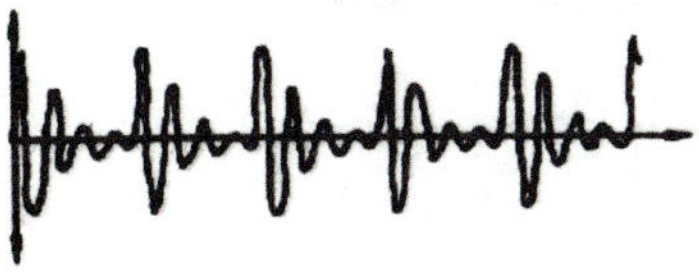

图 1　乐音（有规律）

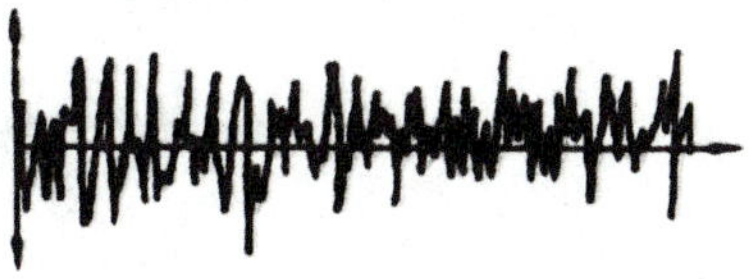

图 2　噪音（无规律）

语音的四大要素：

1. 音高

音高指声音的高低，是由发音体在一定的时间内振动次数的多少（频率）来决定的。同等条件下，振动次数多的声音高，振动次数少的声音低。物体的大小、长短、松紧、薄厚不同。在同一时间内，大的、长的、松的、厚的物体，振动得慢，振动的次数少，发音就低；反之，发音就高。例如，口琴的簧片短，振动的频率快，发出的是高音；簧片长，振动的频率慢，发出的是低音。语音的高低同声带的长短、松紧、厚薄有密切的关系。一般来说，女人、小孩的声带比较薄、短，所以声音高；男人、成人的声带比较长、厚，所以声音低。同一个人的声音也有高有低，是因为人为了适应不同的语境，表达不同的情感，其声带会绷紧或放松。由音高构成的声调在汉语里的作用非常重要，因为它可以区别不同的意义。例如，普通话里“衣（yī）”“夷（yí）”“倚（yǐ）”“益（yì）”的不同就是靠音高的变化来体现的。

2. 音强

音强指声音的强弱，是由发音体振动的幅度（振幅）大小来决定的。振幅越大，声音就越强；振幅越小，声音就越弱。例如，重重地敲鼓，鼓面振动的幅度大，发出的声音就强劲有力；轻敲，鼓声就弱。语音的强弱同发音时呼出的气流量的大小有关。声母b与p、g与k，b、g呼出的气流量小，声音就弱；p、k呼出的气流量大，声音就强。音强在汉语中有区别意义的作用。例如，“东西（dōngxī，东边和西边）”和“东西（dōngxi，事物）”就是因为“西”读音的轻重而表达了不同的意思。

3. 音长

音长是指声音的长短，由发音体振动持续时间的长短所决定。发音体振动时间长，音长就长；振动时间短，音长就短。例如，同样是敲击，敲锣后锣面持续震动，余声悠长持久；梆子敲击，其声音清脆、坚实，音长短。普通话中一般不用音长作为主要的区别意义的手段，但有时不同的音长可以表达不同的语气和情态。

同是“嗯（ǹg）”，表示应答时，发音短促；表示沉吟思索时，发音就比较长。

4. 音色

又叫“音质”，是指声音的本质特色，即一个声音区别于另一个声音的本质特点。音色的差别主要体现在发音体振动所形成的音波波纹的曲折形式不同。i、e、ε、ɑ的波形不同（图3），所以音色也不同。

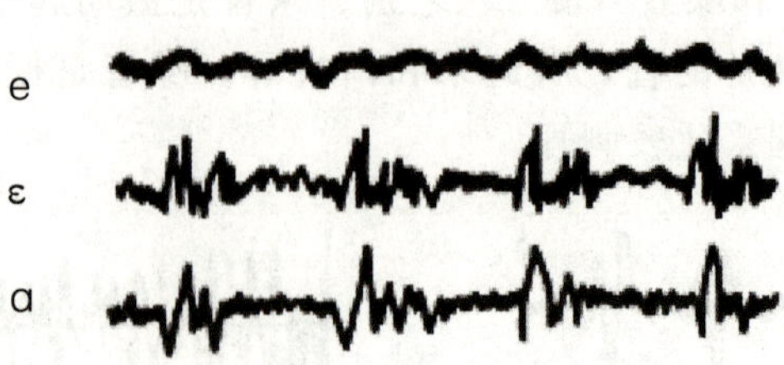

图3 i、e、ε、ɑ波形图

造成音色不同的因素主要有三个：

第一，发音体不同。例如，古筝和喇叭的声音不同，是因为发音体一个是琴弦，一个是簧片。

人主要的发音体是声带，因每个人声带的长短、薄厚、松紧各不相同，不同的人说同一句话，音色有所不同。

第二，发音方法不同。例如，同一把京胡，用手弹拨和用弓拉弦，音色就不一样。人发音也一样，发“d”时不送气，发“t”时送气，不同的方法可以发出不同特色的语音。

第三，发音时共鸣器的形状不同。同样是弹拨乐器，古筝和琵琶的音是不同的，主要是共鸣器的形状不同。人的口腔呈压扁状态时发“i”，呈开放状态时发“ɑ”，因为在发音时，口腔这一共鸣器的形态发生变化，所以发音不同。

任何声音都是音高、音强、音长、音色的统一体，语音也不例外。但是，在各种语言中，语音四要素被利用的情况并不完全相同。在任何语言中，音色无疑都是用来区别意义的最重要的要素，其他要素在不同语言中区别意义的作用不尽相同。在汉语中，除音色外，音高的作用十分重要。声调主要是由音高构成的，声调能区别意义。音强和音长在语调和轻声里也起着重要的作用。

（二）语音的生理属性

语音是由人的发音器官发出来的，因而与人的发音器官及其活动有关。人的发音器官可以分为三大部分（图 4）。

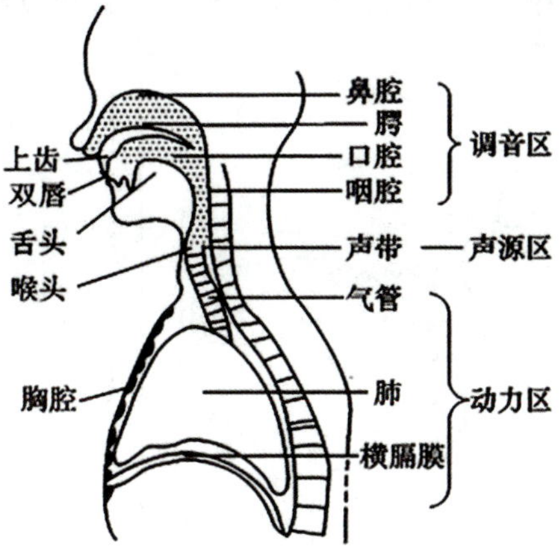

图 4　发音器官三大部分示意图

1. 呼吸器官——动力器官

呼吸器官包括肺、支气管和气管。肺是呼吸器官的中心，能呼出气流，形成发音的原动力。肺部呼出的气流，通过支气管、气管到达喉头，使声带振动，发出微弱的声音，再经过咽腔、口腔、鼻腔等共鸣器的扩大作用以及其他发音器官的调节、配合，发出不同的语音。吸进的气流在有些情况下能发出吸气音。

2. 喉头和声带——振动器官

喉头由甲状软骨、环状软骨和两块杓状软骨组成，上通咽腔，下连气管。声带位于喉头的中间，是两片富有弹性的带状薄膜。声带前端附着在甲状软骨上，后端分别与两块杓状软骨相连接（图 5）。两片声带之间的空隙叫声门。肌肉收缩，杓状软骨活动起来，可使声带放松或拉紧，使声门打开（图 6）或关闭（图 7）。从肺呼出的气流通过声门使声带振动发出声音，控制声带松紧的变化，就可以发出高低不同的声音。

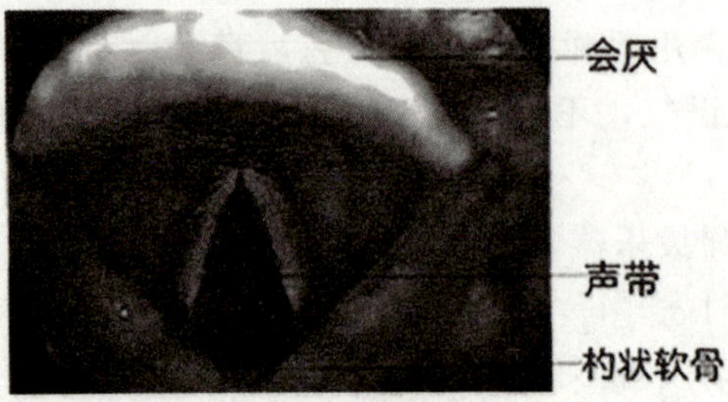

图 5　声带示意图

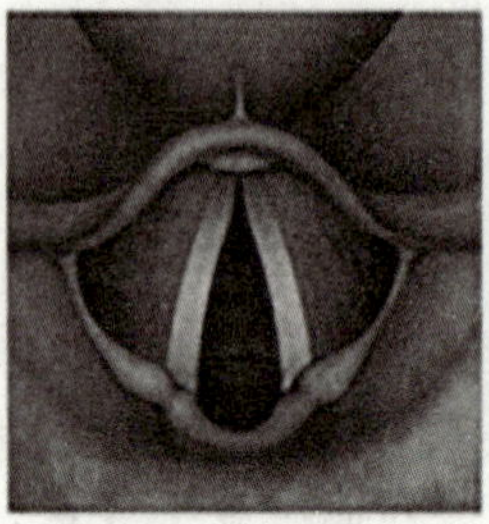

图 6　声门打开

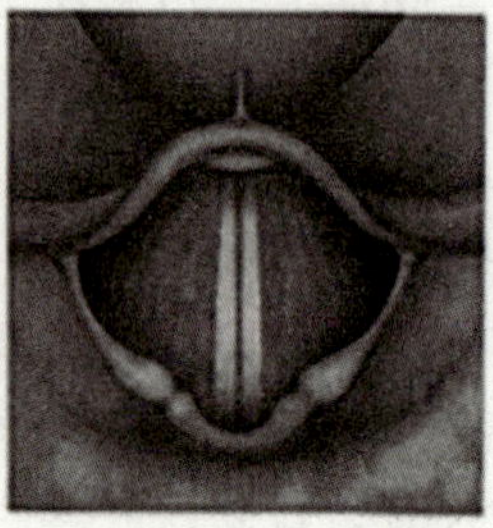

图 7　声门关闭

3. 口腔、鼻腔和咽腔——共鸣器官

口腔是主要的共鸣器。口腔内的器官，上部包括上唇、上齿、上齿龈、硬腭、软腭和小舌六个部位；下部包括下唇、下齿和舌头三大部分。舌头又可分舌尖、舌叶、舌面三部分，舌面又分为前、中、后三部分，舌面后习惯上称舌根。口腔后面是咽腔，咽头上通口腔、鼻腔，下接喉头。鼻腔和口腔靠软腭和小舌隔开。（图 8）软腭和小舌上升时鼻腔闭塞，口腔畅通，这时发出的音在口腔中共鸣，叫作口音。软腭和小舌下垂，口腔成阻，气流只能从鼻腔呼出，这时发出的音主要在鼻腔中共鸣，叫作鼻音。如果口腔无阻碍，气流同时从鼻腔和口腔呼出，发出的音在口腔和鼻腔共鸣，就叫作鼻化音。

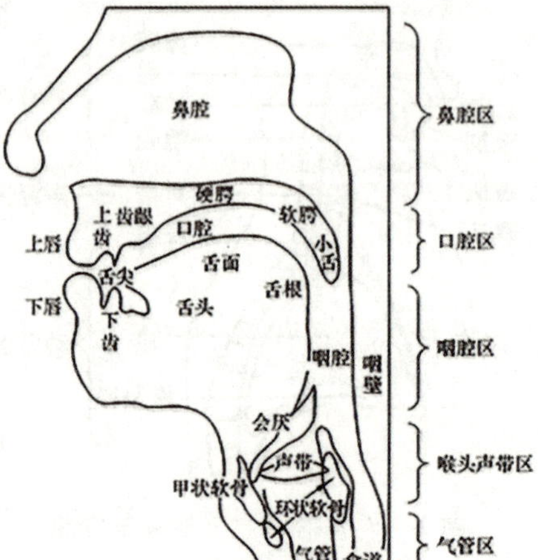

图 8　发音器官纵切面示意图

（三）语音的社会属性

语言是人类社会特有的现象，语音是语言的物质外壳，具有其他声音所不具备的社会属性，也是语音的本质属性，可以从语音所表示意义的社会性看出来。

语言的各种意义都靠语音表达出来，语音和意义之间并无必然的联系。也就是说，用什么声音跟表示什么意义没有必然的联系。一个意义可以用不同的语音形式表示，如同样的读音［au］，中文可以是“奥”“傲”等，英语可以是“owl（猫头鹰）”，日语可以是"おう（追）"。不同方言以及同一种语言的不同历史时期，语言符号的语音形式也可能不同。比如，"太阳"，汉语中有的方言叫"日头"，有的方言叫"老爷儿"。如果有人不顾社会的约定俗成，擅自改动词语的语音形式或任意赋予某一语音形式以不同的内容（意义），那么别人就听不懂他的话，也就无法达到同别人交际的目的。

二、语音单位

（一）音素

音素是构成音节的最小的语音单位。它是从音色的角度划分出来的。如果在发音时放慢一个音节的发音速度，就不难分辨出它里面还有一些语音单位。比如，在发"jiāng"时，语音有一个滑动组合的过程，而滑动时每个语音变化的点就是最小的语音单位，也就是音素。（表 1）

表 1　普通话音素表

书写形式	音素符号
一个字母代表一个音素	a、o、e、u、b、p、m、f、d、t、n、l、g、k、h、j、q、x、r、z、c、s
一个字母代表几个音素	i（bi 中的 i；zi 中的 i；zhi 中的 i）
两个字母代表一个音素	er、ng、zh、ch、sh
一个字母加一个符号代表一个音素	ê、ü

普通话中共有 32 个音素，包括 22 个辅音和 10 个元音。

1. 辅音

气流经过口腔或咽头受阻碍而形成的音素叫辅音，又叫子音，如 b、m、f、d、k、zh、s 等。

2. 元音

气流振动声带，在口腔、咽头不受阻碍（但受节制，如唇形圆否、口腔开合等）而形成的音素叫元音，又叫母音，如 a、o、e、i、u 等。

3. 辅音和元音的主要区别

（1）辅音发音时，气流在通过咽头、口腔时，一般要受到某部位的阻碍；元音发音时，不受发音器官各部位的阻碍。这是元音和辅音最主要的区别。

（2）辅音发音时，发音器官形成阻碍的部位特别紧张；元音发音时，发音器官各部位保持均衡的紧张状态。

（3）辅音发音时，气流较强；元音发音时，气流较弱。

（4）辅音发音时，声带不一定振动；元音发音时，声带一定振动。因此，元音比辅音响亮。

（二）音节

音节是在听觉上能够自然分辨出的最小的语音片段。例如，"瞟（piǎo）"和"皮袄（pí'ǎo）”音素相同，但我们一听就知道“瞟”是一个音节，“皮袄”是两个音节。每发一个音节时，发音器官的肌肉都明显地紧张一下，每一次肌肉的紧张度增而复减，就形成一个音节。

音节是由音素构成的，有的音节有一个音素，这时音节和音素是统一的；有的音节由两个、三个或四个音素构成的，这时音节和音素就不一致了。例如，“一马当先”是四个音节，其中，“一”（yī）只有一个音素 i（y 只起隔音作用，不是音素），“马（mǎ）”包含两个音素（m、a）。现代汉语普通话的音节最多有四个音素。

一般来说，汉语音节和汉字是一致的，一个音节用一个汉字表示，例外的情况是儿化音节。儿化音是普通话语音里一种特殊的现象，如“伴儿”“花儿”有两个汉字，但读起来都是一个音节，即“bànr”“huār”。

（三）声母、韵母、声调

根据汉语音韵学，我们把一个音节分成声母和韵母两部分，再加上一个贯通整个声韵结构的音高，即声调。

1. 声母位于音节的前段， 主要由辅音构成

例如，“zhōngguó”（中国），声母分别是“zh”和“g”。如果音节是以元音开头，即没有辅音，则称为零声母。例如，“ào”（傲）没有开头辅音，即为零声母。

辅音和声母是从不同的角度分析出来的，是不同的两个概念。辅音经常充当声母，也可以充当韵尾。例如，“nián（年）”中，“n”在前充当声母，在后充当韵尾。有的辅音不做声母，只做韵尾，如，“áng（昂）”中的 ng [ŋ]。

2. 韵母位于音节的后段， 由元音或元音加辅音构成

例如，“dǎléi”（打雷），韵母分别是“a”“ei”。零声母音节，如“ài（爱）”“ēn（恩）”，韵母分别是“ai”“en”。

现代汉语普通话的元音不能做声母，但都可以充当韵母或韵母的组成部分。注意，普通话中的元音和韵母不是同一个概念，韵母不等于元音。韵母有的由单元音或复元音构成，如“dá（答）”“jiā（加）”“kuài（快）”中的“a”“ia”“uai”；有的由元音加辅音构成，即以辅音做韵尾。例如，“dēng（登）”“shān（山）”“huān（欢）”，“eng”“an”“uan”分别是韵母，其中的辅音“ng”“n”充当韵尾，是韵母的组成部分。

3. 声调指音节中可以区别意义的音高变化

例如，普通话中的“guǎng（广）”是降升调，即先降后升，先降到最低，然后再升高。这种先降后升的音高变化格式，就是音节“guǎng（广）”的声调。

三、记音符号

为了给汉字注音，人们采用过多种记音方法，主要可分三大类：

一是用汉字记音，如直音法和反切法。

直音法是用一个汉字直接标注另一个汉字读音的注音方法。例如《尔雅》，郭璞注：“钊音招。”意思是说“钊”和“招”的读音相同。

反切法是将两个字拼合起来为另一个字注音。例如《广韵》，“冬，都宗切”，就是用“都”和“宗”两个字拼出“冬”的发音。也就是说，前一个字采用“都”的发声部分，即与“冬”的声母相同，称为反切上字；后一个字采用“宗”的收声部分，即与“冬”的韵母和声调相同，称为反切下字。又如，“气，去既切”。

二是注音符号法。“注音符号”最早称为“注音字母”。在《汉语拼音方案》公布以前，它在识字和推广“国语”（即今普通话）等方面都起了很大的作用，而且《汉语拼音方案》中声母、韵母的读音也基本上沿用了注音字母的名称音（参看《汉语拼音方案》声母、韵母表中的注音符号）。

三是用罗马字拼音字母来给汉字注音和记录汉语语音，有威妥玛式方案、罗马字国语拼音法式（简称“国罗”）、北方话拉丁化新文字（简称“北拉”）等，现在用《汉语拼音方案》和国际音标记录语音。

下面介绍《汉语拼音方案》和国际音标。

（一）汉语拼音方案

《汉语拼音方案》是在 20 世纪 50 年代制定的。中华人民共和国成立以后，中国文字改革委员会普遍征求和广泛收集了各方面对拼音方案的意见，并进行分析和研究，于 1956 年 2 月拟订《汉语拼音方案（草案）》。1958 年 2 月，一届人大五次会议通过了《全国人民代表大会关于汉语拼音方案的决议》。

1960 年 4 月，中共中央发出《关于推广注音识字的指示》。1978 年 8 月，教育部发出《关于加强学校普通话和汉语拼音教学的通知》，重申必须继续贯彻“大力提倡，重点推行，逐步普及”的推普方针。2000 年 10 月 31 日，九届人大十八次会议通过了《中华人民共和国国家通用语言文字法》，又一次确立了《汉语拼音方案》的法律地位。第十八条规定：“国家通用语言文字以《汉语拼音方案》作为拼写和注音工具。《汉语拼音方案》是中国人名、地名和中文文献罗马字母拼写法的统一规范，并用于汉字不便或不能使用的领域。初等教育应当进行汉语拼音教学。”

《汉语拼音方案》是在过去各种注音法的基础上发展起来的，可以说是我国人民创制汉语注音法的经验总结。它比过去设计的各种注音法更为完善、优越，受到各界人士、广大群众的热烈欢迎。《汉语拼音方案》由字母表、声母表、韵母表、声调符号、隔音符号五部分组成，对推广普通话起到了积极的作用。它不仅是学习普通话的正音工具，也是当今使用电脑、手机输入信息的符号之一。

《汉语拼音方案》的作用：

第一，给汉字注音。

《汉语拼音方案》能够准确地给汉字注音。它系统地体现了普通话发音的规则，规律比较简单，发音更规范。它采用国际上流行的拉丁字母，既容易为广大群众掌握，又便于国际的文化交流，对普及识字以及初等教育有很大的作用。

第二，推广普通话，是我国社会主义革命和社会主义建设的需要，是国家统一和人民团结的需要。

学习普通话必须有一套记音符号，以帮助教学，矫正读音。事实证明，《汉语拼音方案》是推广普通话的有效工具。

第三，用来译写人名、地名，转写外国人名、地名和部分科技术语等。

第四，用于电报、旗语、工业产品代号、盲字及聋哑人“汉语手指字母”以及编制音序检字等。

第五，为少数民族创制文字提供参照，也是汉语与其他语言的比较的重要的工具。

第六，随着科技的普及与不断发展，汉语拼音也是一种非常常用的中文输入法。

（二）国际音标

国际音标是国际语音学会制定的一套记音符号，是用来记录各民族语言的语音的。1888 年，由英国的斯维斯特倡议，由法国的帕西和英国的琼斯等人完成，发表在《语音教师》上。这是历史上第一个国际音标表，后经多次修订，现在通行的是 1979 年修订的方案。

使用拼音文字的语言，同一字母在不同词中常有几种读法；在不同的语言中，同一个音也有不同的拼法。国际音标严格规定以“一符一音”为原则，即“一个音素一个符号，一个符号一个音素”。这样一套记音工具，可以比较科学、精确地记录和区分世界上任何语言的语音。国际音标在排列上，辅音大致按发音部位和发音方法来定纵横坐标，元音按舌位高低前后来定位置，便于分析和掌握。

国际音标的特点：一是采用拉丁字母符号及其各种变化形式记录各种音素，在国际上通行很广；二是遵循“一个音素一个符号，一个符号一个音素”的原则，符号与音素之间呈一对一的关系，不会出现混淆；三是可根据需要，用变形或增加符号等方式进行扩充，形成缜密的记音符号系统。

由于它对语音的区分比较科学，记音的符号比较简明，目前我国语音学界在研究方言及少数民族语言时也都使用国际音标。另外，我们在普通话语音教学中为了进行方音辨正或是说明普通话语音音变现象，也需要用少量国际音标来表示。

附录一　汉语拼音方案

汉语拼音方案

（1957年11月1日国务院全体会议第60次会议通过）

（1958年2月11日第一届全国人民代表大会第五次会议批准）

一　字母表

字母：	A a	B b	C c	D d	E e	F f	G g
名称：	ㄚ	ㄅㄝ	ㄘㄝ	ㄉㄝ	ㄜ	ㄝㄈ	ㄍㄝ
	H h	I i	J j	K k	L l	M m	N n
	ㄏㄚ	ㄧ	ㄐㄧㄝ	ㄎㄝ	ㄝㄌ	ㄝㄇ	ㄋㄝ
	O o	P p	Q q	R r	S s	T t	
	ㄛ	ㄆㄝ	ㄑㄧㄡ	ㄚㄦ	ㄝㄙ	ㄊㄝ	
	U u	V v	W w	X x	Y y	Z z	
	ㄨ	ㄪㄝ	ㄨㄚ	ㄒㄧ	ㄧㄚ	ㄗㄝ	

V只用来拼写外来语、少数民族语言和方言。

字母的手写体依照拉丁字母的一般书写习惯。

二　声母表

b	p	m	f	d	t	n	l
ㄅ玻	ㄆ坡	ㄇ摸	ㄈ佛	ㄉ得	ㄊ特	ㄋ讷	ㄌ勒
g	k	h		j	q	x	
ㄍ哥	ㄎ科	ㄏ喝		ㄐ基	ㄑ欺	ㄒ希	
zh	ch	sh	r	z	c	s	
ㄓ知	ㄔ蚩	ㄕ诗	ㄖ日	ㄗ资	ㄘ雌	ㄙ思	

在给汉语注音的时候，为了使拼式简短，zh ch sh 可以省作 ẑ ĉ ŝ。

三　韵母表

	i ㄧ　衣	u ㄨ　乌	ü ㄩ　迂
a ㄚ　啊	ia ㄧㄚ　呀	ua ㄨㄚ　蛙	
o ㄛ　喔		uo ㄨㄛ　窝	
e ㄜ　鹅	ie ㄧㄝ　耶		üe ㄩㄝ　约
ai ㄞ　哀		uai ㄨㄞ　歪	
ei ㄟ　欸		uei ㄨㄟ　威	
ao ㄠ　熬	iao ㄧㄠ　腰		
ou ㄡ　欧	iou ㄧㄡ　忧		
an ㄢ　安	ian ㄧㄢ　烟	uan ㄨㄢ　弯	üan ㄩㄢ　冤
en ㄣ　恩	in ㄧㄣ　因	uang ㄨㄣ　温	ün ㄩㄣ　晕
ang ㄤ　昂	iang ㄧㄤ　央	uang ㄨㄤ　汪	
eng ㄥ　亨的韵母	ing ㄧㄥ　英	ueng ㄨㄥ　翁	
ong （ㄨㄥ）轰的韵母	iong ㄩㄥ　雍		

（1）“知、蚩、诗、日、资、雌、思”等七个音节的韵母用 i，即：知、蚩、诗、日、资、雌、思等字拼作 zhi，chi，shi，ri，zi，ci，si。

（2）韵母儿写成 er，用作韵尾的时候写成 r。例如：“儿童”拼作 ertong，“花儿”拼作 huar。

（3）韵母ㄝ单用的时候写成 ê。

（4）i 行的韵母，前面没有声母的时候，写成 yi（衣），ya（呀），ye（耶），yao（腰），you（忧），yan（烟），yin（因），yang（央），ying（英），yong（雍）。

u 行的韵母，前面没有声母的时候，写成 wu（乌），wa（蛙），wo（窝），wai（歪），wei（威），wan（弯），wen（温），wang（汪），weng（翁）。

ü 行的韵母，前面没有声母的时候，写成 yu（迂），yue（约），yuan（冤），yun（晕）；ü 上两点省略。

ü 行的韵母跟声母 j，q，x 拼的时候，写成 ju（居），qu（区），xu（虚），ü 上两点也省略；但是跟声母 n，l 拼的时候，仍然写成 nü（女），lü（吕）。

（5）iou，uei，uen 前面加声母的时候，写成 iu，ui，un，例如 niu（牛），gui（归），lun（论）。

（6）在给汉字注音的时候，为了使拼式简短，ng 可以省作 ŋ。

四　声调符号

阴平	阳平	上声	去声
ˉ	ˊ	ˇ	ˋ

声调符号标在音节的主要母音上。轻声不标。例如：

妈 mā	麻 má	马 mǎ	骂 mà	吗 ma
（阴平）	（阳平）	（上声）	（去声）	（轻声）

五　隔音符号

a，o，e 开头的音节连接在其他音节后面的时候，如果音节的界限发生混淆，用隔音符号（'）隔开，例如：pi'ao（皮袄）。

附录二　国际音标简表

国际音标简表

拓展阅读

《汉语拼音方案》和国际标准

思考与练习

1. 语音是语言的（　　）。它同自然界的其他声音相同，是因为语音具有（　　）。语音是人的发音器官发出的声音，具有（　　）。

2. 请分别说明语音的物理属性四要素。

3. 举例说明声母和辅音、韵母和元音的关系。

任务二 辅音和声母

学习要点

1. 掌握普通话22个辅音的发音部位和发音方法。
2. 掌握声母与辅音的关系。
3. 掌握零声母的概念。

学习任务

1. 能够正确描述普通话的辅音。
2. 能够读准声母的发音，会辨认零声母。
3. 了解并初步辨析自己的方言和普通话声母的差异。

一、辅音的发音

辅音和声母

普通话中有22个辅音，其中有21个可以充当声母，因此辅音与声母的关系十分密切。辅音发音不同是因为发音器官对气流形成阻碍的部位不同，阻碍持续、阻碍解除的过程也有差异。辅音具体的发音情况，如表2所示。

表2　普通话辅音总表

<table>
<tr><th colspan="3" rowspan="2">发音方法</th><th colspan="7">发音部位</th></tr>
<tr><th>双唇音</th><th>唇齿音</th><th>舌尖前音</th><th>舌尖中音</th><th>舌尖后音</th><th>舌面音</th><th>舌根音</th></tr>
<tr><td rowspan="2">塞音</td><td rowspan="4">清音</td><td>不送气音</td><td>b [p]</td><td></td><td></td><td>d [t]</td><td></td><td></td><td>g [k]</td></tr>
<tr><td>送气音</td><td>p [pʰ]</td><td></td><td></td><td>t [tʰ]</td><td></td><td></td><td>k [kʰ]</td></tr>
<tr><td rowspan="2">塞擦音</td><td>不送气音</td><td></td><td></td><td>z [ts]</td><td></td><td>zh [tʂ]</td><td>j [tɕ]</td><td></td></tr>
<tr><td>送气音</td><td></td><td></td><td>c [tsʰ]</td><td></td><td>ch [tʂʰ]</td><td>q [tɕʰ]</td><td></td></tr>
<tr><td>擦音</td><td colspan="2">清音</td><td></td><td>f [f]</td><td>s [s]</td><td></td><td>sh [ʂ]</td><td>x [ɕ]</td><td>h [x]</td></tr>
<tr><td>鼻音</td><td colspan="2">浊音</td><td>m [m]</td><td></td><td></td><td>n [n]</td><td>r [ʐ]</td><td></td><td>ng [ŋ]</td></tr>
<tr><td>边音</td><td colspan="2">浊音</td><td></td><td></td><td></td><td>l [l]</td><td></td><td></td><td></td></tr>
</table>

（一）辅音的发音部位

发音时，发音器官阻碍气流的位置叫作发音部位。按照发音部位的不同，普通话辅音可以分为七类。

第一类，双唇音（b、p、m）：由上唇和下唇阻塞气流而形成。（图 9）

第二类，唇齿音（f）：由上齿和下唇接近阻碍气流而形成。（图 10）

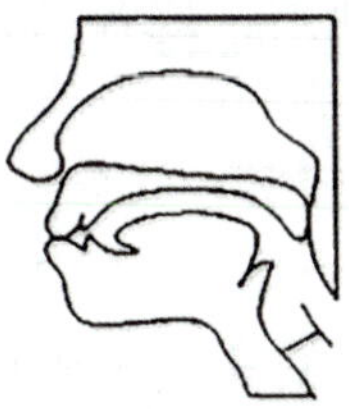

图 9 双唇音

图 10 唇齿音

第三类，舌尖前音（z、c、s）：由舌尖抵住或接近齿背阻碍气流而形成。（图 11）

第四类，舌尖中音（d、t、n、l）：由舌尖抵住上齿根阻碍气流而形成。（图 12）

第五类，舌尖后音（zh、ch、sh、r）：由舌尖抵住或接近硬腭前部阻碍气流而形成。（图 13）

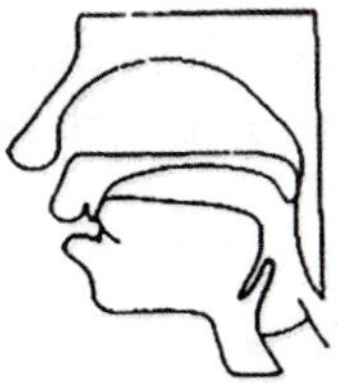

图 11 舌尖前音

图 12 舌尖中音

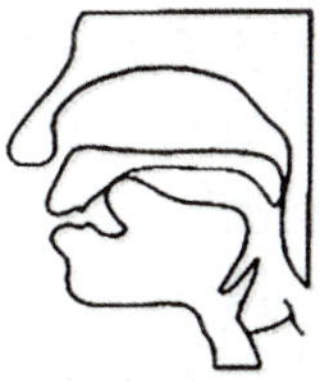

图 13 舌尖后音

第六类，舌面音（j、q、x）：由舌面前部抵住或接近硬腭前部阻碍气流而形成，又叫作“舌面前音”。（图 14）

第七类，舌根音（g、k、h）：由舌面后部抵住或接近软腭阻碍气流而形成，又叫“舌面后音”。（图 15）

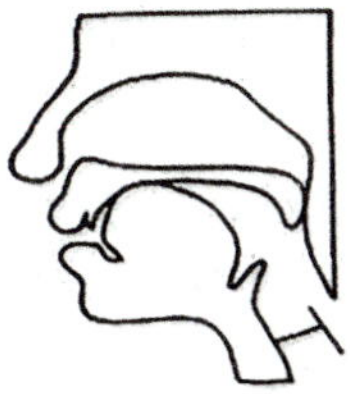

图 14 舌面音

图 15 舌根音

（二）辅音的发音方法

发辅音时，发音器官的不同部位互相接触，对气流形成阻碍，必须克服阻碍，才能发声。这一过程分为成阻（形成阻碍）、持阻（持续阻碍）和除阻（解除阻碍）三个阶段。发音方法就是发音时形成阻碍和克服阻碍的方式，包括阻碍的方式、气流的强弱、声带是否振动三个方面。

1. 阻碍的方式

（1）塞音。发音时，构成阻碍的两个部位完全闭塞，软腭上升，堵住气流通往鼻腔的通路，最后气流冲破阻碍，爆发出声。塞音又称爆破音。它共有六个，分别是 b、p、d、t、g、k。

（2）擦音。发音时，构成阻碍的两个部位接近，留下一条缝隙，软腭上升，堵住气流通往鼻腔的通路，最后气流从缝隙中流出，摩擦成声。擦音又称摩擦音。它共有六个，分别是 f、h、x、sh、r、s。

（3）塞擦音。发音时，构成阻碍的两个部位完全闭塞，软腭上升，堵住通往鼻腔的气流，然后，气流把阻塞部位冲开一条缝隙，从缝隙中挤出，摩擦成声。塞擦音的前半部分是塞音，后半部分是擦音，但它只有一个成阻、持阻、除阻的过程，是一个单辅音。它共有六个，分别是 j、q、zh、ch、z、c。

（4）鼻音。发音时，构成阻碍的两个部位完全闭塞，软腭下降，打开鼻腔通路，气流振动声带，从鼻腔通过，发音。它共有三个，分别是 m、n、ng。

（5）边音。发音时，舌尖与上齿龈相接形成阻碍，软腭上升，堵住气流通往鼻腔的通路，气流振动声带，从舌头的两边流出。边音只有一个，即 l。

2. 气流的强弱

只有塞音和塞擦音有送气音和不送气音之分。发音时呼出的气流比较强的是送气音，共有六个，分别是贝 p、t、k、q、ch、c；呼出的气流比较弱的是不送气音，共有六个，分别是 b、d、g、j、zh、z。

3. 声带是否振动

发音时声带振动的音是浊音，又叫带音；声带不振动的音是清音，又叫不带音。浊音共有五个，分别是 m、n、ng、l、r，其余的辅音都是清音。

二、声母的发音

普通话中有 21 个辅音声母，还有一个零声母，可以写作“Ø”，但只有在必要时才写。

下面结合发音部位和发音方法，介绍普通话中 21 个声母的发音。

b [p]：双唇、不送气、清、塞音（是双唇音、不送气音、清音、塞音的简称，以下类推）。发音时双唇闭合，软腭上升，堵塞鼻腔通路，声带不振动，较弱的气流冲破双唇的阻碍，迸裂而出，爆发成声。例如，“标兵”“遍布”中的声母。

p [p^h]：双唇、送气、清、塞音。发音的情况和 b 相比只有一点不同，即较强的气流冲破双唇的阻碍，其余都相同。例如，“偏僻”“澎湃”“琵琶”中的声母。

m [m]：双唇、浊、鼻音。发音时双唇闭合，软腭下降，鼻腔畅通，气流振动声带后冲击口腔受阻，转从鼻腔呼出成声。例如，“秘密”“美妙”“埋没”中的声母。

f [f]：唇齿、清、擦音。发音时下唇接近上齿，形成窄缝，软腭上升，堵塞鼻腔通路，气流不振动声带，从唇齿间的缝隙中挤出，摩擦成声。例如，“方法”“反复”“非凡”中的声母。

z [ts]：舌尖前、不送气、清、塞擦音。发音时舌尖轻轻抵住齿背，软腭上升，堵塞鼻腔通路，声带不振动，较弱的气流把舌尖与上齿背的阻碍冲开一道缝隙，从中挤出，摩擦成声。例如，“总则”“组织”“自尊”中的声母。

c [tsʰ]：舌尖前、送气、清、塞擦音。发音的情况和 z 相比只有一点不同，即气流较强，其余都相同。例如，“草丛”“从此”“粗糙”中的声母。

s [s]：舌尖前、清、擦音。发音时舌尖接近上齿背，形成缝隙，软腭上升，堵塞鼻腔通路，声带不振动，气流从舌尖和上齿背的缝隙中擦出而成声。例如，“思索”“松散”“诉讼”中的声母。

d [t]：舌尖中、不送气、清、塞音。发音时舌尖抵住上齿龈，软腭上升，堵塞鼻腔通路，声带不振动，较弱的气流冲破舌尖的阻碍，迸裂而出，爆发成声。例如，“道德”“电灯”“担待”中的声母。

t [tʰ]：舌尖中、送气、清、塞音。发音的情况和 d 相比只有一点不同，就是气流较强，其余都相同。例如，“忐忑”“图腾”“体贴”中的声母。

n [n]：舌尖中、浊、鼻音。发音时舌尖抵住上齿龈，软腭下降，打开鼻腔通路，气流振动声带，从鼻腔通过发音；阻碍解除时，气流冲破舌尖的阻碍，发出轻微的塞音。例如，“恼怒”“南宁”“拿捏”中的声母。

l [l]：舌尖中、浊、边音。发音时，舌尖抵住上齿龈，软腭上升，堵塞鼻腔通路，气流振动声带，从舌头两边或一边通过。例如，“履历”“拉链”“罗列”中的声母。

zh [tʂ]：舌尖后、不送气、清、塞擦音。发音时舌尖上翘，抵住硬腭前部，软腭上升，堵塞鼻腔通路，声带不振动，较弱的气流把舌尖的阻碍冲开一道缝隙，从中挤出，摩擦成声。例如，“郑重”“指针”“辗转”中的声母。

ch [tʂʰ]：舌尖后、送气、清、塞擦音。发音的情况和 zh 相比只有一点不同，就是气流较强，其余都相同。例如，“乘车”“驰骋”“超出”中的声母。

sh [ʂ]：舌尖后、清、擦音。发音时，舌尖上翘，接近硬腭前部，形成缝隙，软腭上升，堵塞鼻腔通路，声带不振动，气流从舌尖和硬腭前部形成的缝隙中挤出，摩擦成声。例如，“设施”“神圣”“实施”中的声母。

r [ʐ]：舌尖后、浊、擦音。发音的情况和 sh 相近，只是摩擦比较弱，同时声带振动，气流带音。例如，“荏苒”“融入”“忍让”中的声母。

j [tɕ]：舌面前、不送气、清、塞擦音。发音时舌面前部抵住硬腭前部，软腭上升，堵塞鼻腔通路，声带不振动，较弱的气流把舌面前部的阻碍冲开一道缝隙，从中挤出，摩擦成声。例如，“积极”“交接”“夹紧”中的声母。

q [tɕʰ]：舌面前、送气、清、塞擦音。发音的情况和 j 相比只有一点不同，就是气流较强，其余都相同。例如，“欠缺”“千秋”“崎岖”中的声母。

x [ɕ]：舌面前、清、擦音。发音时舌面前部接近硬腭前部，留出缝隙，软腭上升，堵塞鼻腔通路，声带不振动，气流从舌面前部和硬腭前部形成的缝隙中挤出，摩擦成声。例如，“现象”“详细”中的声母。

g [k]：舌面后、不送气、清、塞音。发音时舌面后部抵住软腭，软腭后部上升，堵塞鼻腔通路，声带不振动，较弱的气流冲破阻碍，爆发成声。例如，“光顾”“归国”“高贵”中的声母。

k [kʰ]：舌面后、送气、清、塞音。发音的情况和 g 相比只有一点不同，就是气流较强，其余都相同。例如，“空壳”“矿坑”“慷慨”中的声母。

h［x］：舌面后、清、擦音。发音时舌面后部接近软腭，留出缝隙，软腭上升，堵塞鼻腔通路，声带不振动，气流从舌面后部和软腭形成的缝隙中挤出，摩擦成声。例如，“缓和”“黄昏”“和好”中的声母。

三、声母辨正

各地方言的声母与普通话声母的发音存在着不同程度的差异，应注意分辨以下几组声母。

（一）分辨 zh、ch、sh 和 z、c、s

以舌尖后音声母 zh、ch、sh 为例，有的方言区全都读作舌尖前音声母 z、c、s，如上海话、成都话、武汉话等；有的方言区把部分字音读成 z、c、s，如西安话、银川话等；有的方言区两套字音相混淆，如东北的某些地区。

要以普通话语音为标准纠正方音，可以采用以下几种方法：

1. 利用声韵拼合规律来分辨

普通话声母和韵母的拼合是有一定规律的，韵母 ua、uai、uang 不能与 z、c、s 相拼，如“粉刷”“摔跤”“双减”，不能读“粉刷（suā）”“摔（suāi）跤”“双（suāng）减”；韵母 ong 不能与 sh 相拼，如“朗诵”不能读成“朗诵（shòng）”。

2. 利用形声字声旁进行类推

汉字中有大量形声字，凡声旁相同的字，它们的声母往往也相同，或者是声母的发音部位相同。

3. 记少不记多

记住常用字中数量较少的平舌音字，由此推断翘舌音字的准确声母。

4. 找准发音部位， 反复练习

这两套声母发音时最大的区别是：zh、ch、sh 为翘舌音，发音时，舌尖要翘起来，对准硬腭前部（图 16 左）；z、c、s 为平舌音，发音时，舌尖伸平不翘，抵住下齿背（图 16 右）。

对比练习：

支援—资源　擦车—叉车　塑身—束身　触动—促动

绕口令练习：

史老师，讲四史，常学四史长知识。时事学习看报纸，报纸登的是时事。常看报纸要多思，心里装着天下事。

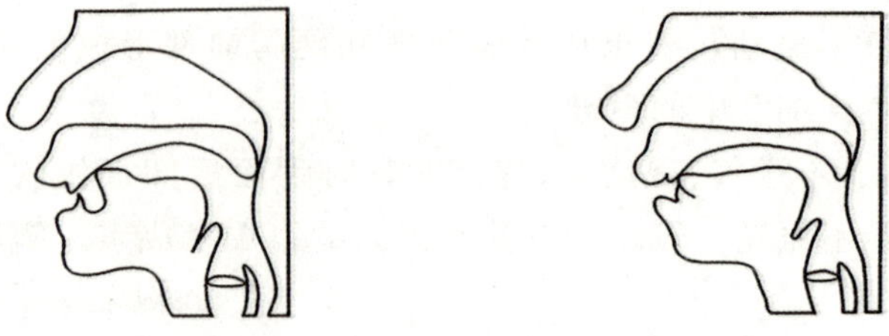

zh ch sh　　　　z c s

图 16　zh、ch、sh 和 z、c、s 发音示意图

（二）分辨 z、c、s、g、k、h 和 j、q、x

有些方言区遇到 z、c、s、g、k、h 等声母与 i、ü 或者以 i、ü 开头的韵母相拼时，容易出现以下问题：把 z 与 g 改为 j，把 c 与 k 改为 q，把 s 与 h 改为 x。例如，把“自己”读成“济己”，把“参加”读成“千加”，把“私人”读成“西人”，等等。要改正这类方音，除了需要掌握声母的发音部位外，还需要记住普通话声母 z、c、s、g、k、h 的声韵拼合规律。

对比练习：

资本—基本　刺刀—弃刀　撕碎—稀碎　打走—打酒

绕口令练习：

1. 紫紫茄子，紫茄子紫。紫茄子结籽，紫茄子皮紫肉不紫。

2. 哥挎瓜筐过宽沟，赶快过沟看怪狗。光看怪狗瓜筐扣，瓜滚筐空哥怪狗。

3. 七巷一个漆匠，西巷一个锡匠。七巷漆匠用了西巷锡匠的锡，西巷锡匠拿了七巷漆匠的漆。七巷漆匠气西巷锡匠用了漆，西巷锡匠讥七巷漆匠拿了锡。

（三）分辨 c 和 s

c 和 s 的发音部位相同，都是舌尖前音。c 是舌尖前、送气、清、塞擦音，s 是舌尖前、清、擦音。但是，东北有些方言区容易将两个声母混读，例如，将“草地”读成“扫地”，将“铁丝”读成“铁呲”等。纠正这类方音时，需要掌握塞擦音和擦音不同的发音方法，还有发音时是否送气。

对比练习：

此地—死地　一簇—一粟　残酷—三库　松树—枞树

绕口令练习：

操场前面有三十三棵桑树，操场后面有四十四棵枣树，张三把三十三棵桑树认作枣树，赵四把四十四棵枣树认作桑树。

（四）分辨 n 和 l

普通话中的 n 和 l 是两种不同的发音，能区别意义，而有些方言区有全部混读或者部分混读的现象。要分清这两个声母的读音，一要发准语音，二要记住字音。从语音来看，二者的发音部位非常接近，都是舌尖抵住上齿龈，不同之处在于发音方法不同：读 n 时，发的是鼻音，发音时软腭下降，气流振动声带后从鼻孔通过（图 17 左）；读 l 时，软腭上升，堵塞鼻腔通路，让气流从舌头两边流出（图 17 右）。

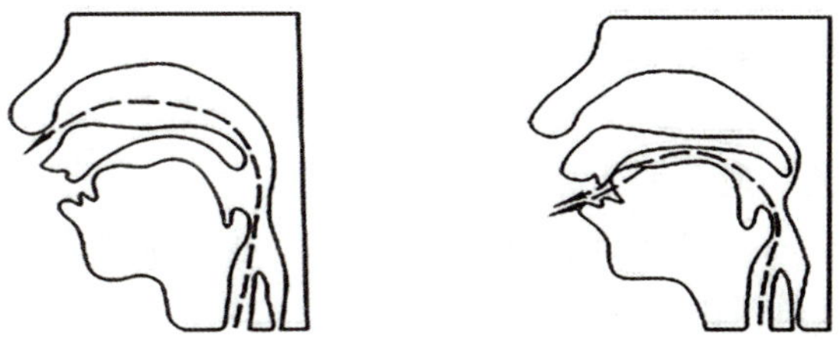

图 17　n 和 l 发音示意图

要比较 n 和 l 发音的不同，捏住鼻孔，能够感觉到 n 音是发不出来的。

也可以采用以下几种方法：

1. 利用汉字形声字声旁类推

例如，记住“宁”的声母是 n，即可推出“拧”“柠”“咛”“泞”等声旁是“宁”的一系列形声字的声母是 n。

2. 记少不记多

n 声母的字比 l 声母的字少很多，因此，记住 n 声母的字，其他的就是 l 声母的字了。

对比练习：

年代—连带　逆向—立项　西宁—西泠　河南—荷兰

绕口令练习：

老龙恼怒闹老农，老农怒恼闹老龙，农怒龙恼农更怒，龙恼农怒龙怕农。

（五）分辨 f 和 h

客家方言和东北方言会把部分 f 声母字读成 h 声母，如把“荒原”读成“方原”等。在潮汕话中，会把部分 h 声母字读成 f 声母，如把“欢腾”读成“翻腾”等。要纠正方音需要了解 f 和 h 都是清擦音，它们的区别在于发 h 音时下唇不能与上齿接近，发 f 音时下唇必须上抬与上齿接近。我们可以根据偏旁类推的方法进行记忆。

对比练习：

公费—工会　防虫—蝗虫　奋战—混战　附注—互助

绕口令练习：

1. 小黄要学理化，小方要学理发，小黄学会理化却不会理发，小方学会理发却不懂理化。

2. 粉红墙上画凤凰，凤凰画在粉红墙，红凤凰，粉凤凰，红粉凤凰，花凤凰。

（六）分辨零声母和辅音声母

有些方言区把零声母字读成辅音声母字，如把“鹅（é）”读成“ngé”，把“岸（àn）”读成“ngàn”；还有的在零声母前加上了辅音声母 m 或 v，如把“文（wén）”读成“vén”。另外，还有些方言区常把声母是 r 的字读成零声母字，如把“热天”读成“夜天”，把“揉一揉”读成“油一油”，把“那人”读成“那银”，等等。因此，我们也应注意分辨。

对比练习：

仍旧—营救　绕道—要道　让出—漾出　染色—眼色

绕口令练习：

1. 天上鹅，地下鹅，鹅飞鹅走鹅碰鹅。

2. 夏日无日日亦热，冬日有日日亦寒，春日日出天渐暖，晒衣晒被晒褥单，秋日天高复云淡，遥看红日迫西山。

3. 尤大嫂去买肉，冉大妈去买油，尤大嫂买肉不买油，冉大妈买油不买肉，两人集市上碰了头。尤大嫂请冉大妈到家吃炖肉，冉大妈请尤大嫂去她家喝蜂蜜白糖加香油。

◆拓展阅读◆

语音调查的意义

思考与练习

1. 普通话辅音“舌面前、不送气、清、塞擦音”的是（　　）

A. q　　B. zh　　C. j　　D. ch

2. 根据所提供的发音部位和发音方法，写出相对应的字母。

双唇送气清塞音	（　　）	舌尖中浊边音	（　　）
舌面后送气清塞音	（　　）	舌尖后清擦音	（　　）
舌尖后浊擦音	（　　）	舌尖前送气清塞擦音	（　　）
舌尖中送气清塞音	（　　）	舌尖中浊鼻音	（　　）
舌尖中不送气清塞音	（　　）	舌面前清擦音	（　　）

3. 对下列几组声母进行发音描述，并比较异同。

b—p　　sh—s　　j—z　　n—m

4. 改正下列错误的拼音，并简要说明错误的原因。

妇（fùnǔ）	活泼（huópuō）	棉袄（miánnǎo）
要求（yāoqioú）	好处（haǒchù）	类别（lueìbié）
威风（wuīfēng）	文章（wuénzhāng）	老翁（lǎoōng）
橘子（júzǐ）	隆重（luéngzhòng）	捉摸（zhuōmuo）

任务三 元音和韵母

学习要点

1. 掌握构成元音差异的三个要素：舌位、唇形、开口度。
2. 掌握韵母的结构。

学习任务

1. 能够正确描述韵母。
2. 能够分析韵母的结构，读准韵母的发音。
3. 了解并初步辨析自己的方言和普通话韵母的差异。

一、韵母的结构

元音和韵母

韵母位于音节的后段，由元音或元音加辅音构成，如“é（鹅）”“áo（敖）”“rén（人）”“qiáng（强）”的韵母。韵母的结构可以分为韵头、韵腹和韵尾。

韵头只限于 i、u、ü 三个高元音，位置在韵腹之前，发音轻而短，只表示韵母发音的起点。

韵尾分为以元音 i、u 结尾和以辅音 n、ng 结尾两种形式，位于韵腹的后面。

韵腹是韵母的主干，在音节中声音最为响亮清晰，也叫“主要元音”。一个音节可以没有声母，也可以没有韵头和韵尾，但是必须要有韵腹。

分析韵母的结构时，需要分析其变化前的形式。例如，“niu”的韵母，需要分析“iu”省写前的形式“iou”；分析“yi”的韵母，也要先去掉后加的隔音符号“y”，然后分析“i”。

韵腹加韵尾或光是韵腹（无韵尾）都可以叫韵或韵身。普通话韵母结构见表 3。

表 3　普通话韵母结构表

<table>
<tr><th rowspan="3">韵母例字</th><th colspan="4">韵母</th></tr>
<tr><th rowspan="2">韵头
（限于高元音
i、u、ü）</th><th colspan="3">韵（韵身）</th></tr>
<tr><th>韵腹
（10 个单元音）</th><th colspan="2">韵尾
（限于高元音 i、u 和鼻辅音 n、ng）</th></tr>
<tr><td>爱（ai）</td><td></td><td>a</td><td>i</td><td></td></tr>
<tr><td>尤（you）</td><td>i</td><td>o</td><td>u</td><td></td></tr>
</table>

续　表

韵母例字	韵母			
	韵头（限于高元音 i、u、ü）	韵（韵身）		
		韵腹（10 个单元音）	韵尾（限于高元音 i、u 和鼻辅音 n、ng）	
文（wen）	u	e		n
约（yue）	ü	ê		
莹（ying）		i		ng
吴（wu）		u		
语（yu）		ü		
而（er）		er		
只（zhi）		-i [ʅ]		
兹（zi）		-i [ɿ]		

押韵，又叫“压韵”，是指在诗词曲赋等韵文的句子末尾用韵母相同或相近的字，可以使韵文诵读吟唱时朗朗上口、和谐悦耳。试看毛泽东的诗：

七律·长征

毛泽东

红军不怕远征难，万水千山只等闲。
五岭逶迤腾细浪，乌蒙磅礴走泥丸。
金沙水拍云崖暖，大渡桥横铁索寒。
更喜岷山千里雪，三军过后尽开颜。

这首诗除了第七句中的“雪（xuě）”之外，其余各句的末尾字都押韵：难（nán）、闲（xián）、浪（làng）、丸（wán）、暖（nuǎn）、寒（hán）、颜（yán）。这七个字韵母中的韵腹均为“ɑ”，韵尾分别为“n”和“ng”。这里的“韵”主要就是指韵头后面的部分，或是韵腹，或是韵腹加韵尾，不要求韵头都相同。

二、韵母的分类

元音是气流通过咽头，口腔不受阻碍的音素。韵母共有 39 个，主要由元音构成，有些韵母是由元音加辅音构成。普通话韵母里只有 n、ng 两个辅音。

（一）按结构分类

分为由单元音构成的单元音韵母、由复元音构成的复元音韵母以及由元音和鼻辅音韵尾构成的带鼻音韵母三类。

（二）按“四呼”分类

开口呼、齐齿呼、合口呼、撮口呼四类，简称“四呼”，是按韵母开头的元音发音口形分类的。

1. 开口呼

以 a、o、e 开头的韵母，分别为 a、o、e、ê、er、ai、ei、ao、ou、an、en、ang、eng、前-i [ɿ] 和后-i [ʅ]，共 15 个。

2. 齐齿呼

以 i 开头的韵母，分别为 i、ia、ie、iao、iou、ian、in、iang、ing，共 9 个。

3. 合口呼

以 u 开头的韵母，分别为 u、ua、uo、uai、uei、uan、uen、uang、ueng、ong，共 10 个。

4. 撮口呼

以 ü 开头的韵母，分别为 ü、üe、üan、ün、iong，共 5 个。

(三) 按韵尾分类

1. 无韵尾韵母

没有韵尾的韵母，分别为 a、o、e、ê、i、u、ü、前-i [ɿ]、后-i [ʅ]、er、ia、ie、ua、uo、üe，共 15 个。

2. 元音韵尾韵母

元音 i、u（o）作为韵尾的韵母，分别为 ai、ei、ao、ou、iao、iou、uai、uei，共 8 个。

3. 鼻音韵尾韵母

有鼻音 n、ng 作为韵尾的韵母，分别为 an、ian、uan、üan、en、in、uen、ün、ang、iang、uang、eng、ing、ueng、ong、iong，共 16 个。

三、韵母的发音

下面以结构分类为例说明韵母的发音。

(一) 单元音韵母

1. 舌面元音韵母

发音时舌位、唇形及开口度始终不变的元音叫单元音。舌面单元音有 7 个，即 a、o、e、ê、i、u、ü。它们的差别主要是口形及舌位不同。

发音时，舌头较高的部位叫“舌位”，口腔开合的程度叫开口度。舌位可抬高、降低，可伸前缩后，开口度可大或可小，唇形可圆或可不圆。可以根据以下三个方面来观察元音。(图 18)

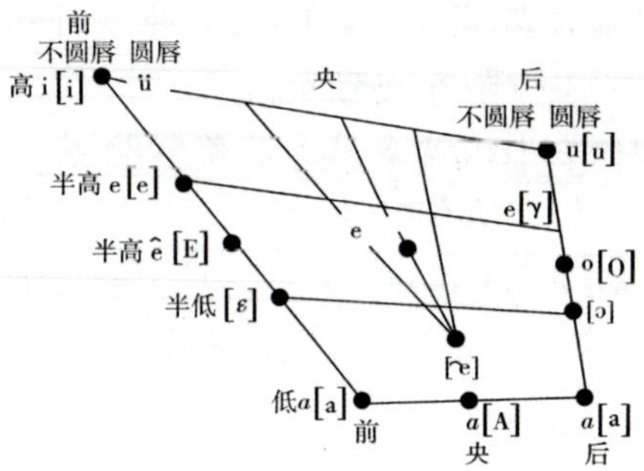

图 18　舌面元音舌位唇形图

第一，看舌位的高低（开口度大小）。舌位的降低和抬高同口腔的开闭（即开口度的大小）有关，舌位越高开口度越小，舌位越低开口度越大。根据舌位的高低和开口度的大小可以把元音分为高元音（即闭元音，如 i、u、ü）、半高元音（即半闭元音，如 e、o）、半低元音（即半开元音，如 ê）、低元音（即开元音，如 ɑ）等。

第二，看舌位的前后。可以分为前元音（如 i、ü）、央元音（如 e）、后元音（如 u、o）。

第三，看唇形的圆展。可以分为圆唇元音（如 ü、o）、不圆唇元音（如 i、ɑ）。

ɑ [A]：舌面、央、低、不圆唇元音（是舌面元音、央元音、低元音、不圆唇元音的简称，以下类推）。发音时，口大开，舌位低，舌头居中央（不前不后），唇形展开。例如，“发达”“拉萨”“打靶”“喇叭”中的韵母。

o [o]：舌面、后、半高、圆唇元音。发音时，口半闭，舌位半高，舌头后缩，唇形拢圆。例如，“薄膜”“泼墨”“伯伯”“婆婆”中的韵母。

e [ɣ]：舌面、后、半高、不圆唇元音。发音情况与 o 基本相同，但双唇要自然展开。例如，“合格”“色泽”“特色”“客车”中的韵母。

ê [ɛ]：舌面、前、半低、不圆唇元音。发音时，口半开，舌位半低，舌头前伸使舌尖抵住下齿背，唇形展开。元音 ê 在北京语音里，与 i、ü 结合成复韵母，一般不单独使用，不直接与声母相拼。在普通话中，只有“欸”这个字念 ê（零声母）。发音时，它的舌位是在前、半低的。如果念不好这个韵母，可以连着 i，念 ie，连着 ü 念 üe。

i [i]：舌面、前、高、不圆唇元音。发音时，唇形呈扁平状，舌头前伸使舌尖抵住下齿背。例如，“机器”“立即”“激励”“秘密”中的韵母。

u [u]：舌面、后、高、圆唇元音。发音时，双唇拢圆，留一小孔，舌头后缩，使舌根接近软腭。例如，“朴素”“读书”“孤独”“出路”中的韵母。

ü [y]：舌面、前、高、圆唇元音。发音情况与 i 基本相同，但唇形拢圆。例如，“区域”“聚居”“序曲”“语句”中的韵母。

2. 舌尖元音韵母

舌尖元音有两个，分别是：

-i [ɿ]：舌尖、前、高、不圆唇元音。它为舌尖前元音韵母，简称“前-i”。发音时，舌尖前伸接近上齿背，气流通路虽狭窄，但气流经过时不发生摩擦，唇形展开。例如，“私自”“子嗣”“刺字”“四次”中的韵母。

-i [ʅ]：舌尖、后、高、不圆唇元音。它为舌尖后元音韵母，简称“后-i”。发音时，舌尖上翘接近硬腭前部，气流通路虽狭窄，但气流经过时不发生摩擦，唇形展开。例如，“试吃”“指示”“迟滞”“支持”中的韵母。

“前-i”发音时舌尖前伸接近上齿背，只出现在声母 z、c、s 的后面；而“后-i”发音时舌尖上翘接近硬腭前部，只出现在声母 zh、ch、sh、r 的后面。它们都不能自成音节。舌面元音 i 绝不出现在 z、c、s 和 zh、ch、sh、r 的后面。所以，《汉语拼音方案》的 i 同时表示 i [i]、-i [ɿ]、-i [ʅ]，并不会发生混淆。

3. 卷舌元音韵母

普通话的卷舌元音只有 er [ər]：卷舌、央、中、不圆唇元音。er 是个带有卷舌色彩的央元音 e [ə]，称卷舌元音。发音时，口形略开（开口度比 ê [ɛ] 略小），舌位居中，舌头稍后缩，唇形展开，在发 e [ə] 的同时，舌尖向硬腭卷起。例如，“儿童”“尔后”“耳语”“儿女”中的韵母。

《汉语拼音方案》中的 r 用在 er 韵母中不代表音素，只是表示卷舌动作的符号，所以 er 韵母虽用两个字母标写，但仍是单元音，不要认为 r 是辅音韵尾。er 也只能自成音节。普通话中只有“儿”“而”“耳”“饵”“尔”“迩”“二”“贰”等有限的字发 er 这个字音。

（二）复元音韵母

普通话共有 ai、ei、ao、ou、ia、ie、ua、uo、üe、iao、iou、uai、uei 这 13 个复元音韵母。它是元音加元音的形式。由两个元音构成的叫“二合元音”，由三个元音构成的叫“三合元音”。复元音就是发音时舌位、唇形都有变化的元音。发音特点是从一个音素快速滑向另外的音素，韵头 i、u、ü 出现在韵腹前面。它的发音轻而短，只表示发音的起点，一发就滑向另一个音素了；韵尾的 i、u（o），只表示复元音滑动的最后方向，音值含混而不太固定。

韵腹比起韵头、韵尾来，声音最为清晰响亮，是主要元音。它一般由单元音充当，要把韵腹读得饱满响亮。根据韵腹位置的不同，复元音韵母可以分为前响复元音韵母、中响复元音韵母和后响复元音韵母三类。（表 4）

表 4　复元音韵母总表

前响复元音韵母	ai [ai]	ei [ei]	ao [au]	ou [ou]	
中响复元音韵母	iao [iau]	iou [iou]	uai [uai]	uei [uei]	
后响复元音韵母	ia [iA]	ie [iɛ]	ua [uA]	uo [uo]	üe [yɛ]

1. 前响复元音韵母

韵腹在前的叫“前响复元音韵母”，共有 4 个，分别是 ai、ei、ao、ou。发音时，开头的元音响亮清晰，即由前头开口度较大、舌位较低的元音立即滑向后头开口度较小、舌位较高的元音，收尾的元音音值含混，轻短、模糊，只表示舌位移动的方向。例如，“彩排”“配备”“牢靠”“收购”。

2. 中响复元音韵母

韵腹居中的叫“中响复元音韵母”，共有 4 个，分别是 iao、iou、uai、uei。发音时，开头的元音轻短，中间的元音响亮清晰，收尾的元音音值含混，轻短、模糊，只表示舌位移动的方向。例如，“逍遥”“优秀”“怀揣”“回归”中的韵母。

3. 后响复元音韵母

韵腹在后的叫“后响复元音韵母”，共有 5 个，分别是 ia、ie、ua、uo、üe。发音时，前头的元音轻短，只表示舌位从那里开始移动，后头的元音响亮清晰。例如，“架下”“贴切”“画刷”“错过”“决绝”中的韵母。

（三）带鼻音韵母

带鼻音韵母由元音和鼻辅音韵尾构成。带鼻音韵母共有 16 个，分别为 an、ian、uan、üan、en、in、uen、ün、ang、iang、uang、eng、ing、ueng、ong、iong。带鼻音韵母又叫“鼻音尾韵母”。

带鼻音韵母的发音要点有两个：

第一，元音同后面的鼻辅音不是生硬地拼合在一起，而是由元音的发音状态向鼻辅音过渡，鼻音色彩逐渐增加，最后，发音部位闭塞，形成鼻辅音。

第二，鼻辅音韵尾发音时，除阻阶段不发音，即发“唯闭音”。所谓“唯闭音”，是指辅音发音的三个阶段中，持阻期发音，除阻期不发音形成的音。

带鼻音韵母又可以分作带舌尖鼻音“n”的（可以叫作“前鼻尾韵母”）和带舌根鼻音“ng”的（可以叫作“后鼻尾韵母”）两类。前鼻音“n”的发音已在声母里讲过了。韵尾 n 跟声母 n 的发音大同小异，不同的是 n 作为韵尾时除阻阶段不发音。在这里讲讲后鼻音“ng”的发音。

ng [ŋ]：（舌根）舌面后、浊、鼻音。发音时，软腭下降，打开鼻腔通路，舌面后部后缩抵住软腭，气流振动声带后从鼻腔通过。ng 是用两个字母表示一个鼻音，是一个音素。ng 这个辅音在普通话中不做声母，只能用作韵尾，跟做韵尾的“n”一样，也是除阻阶段不发音。（表 5）

表 5　带鼻音韵母总表

前鼻音韵母	an [an]	ian [iɛn]	uan [uan]	üan [yan]
	en [ən]	in [in]	uen [uən]	ün [yn]
后鼻音韵母	ang [aŋ]	iang [iaŋ]	uang [uaŋ]	
	eng [əŋ]	ing [iŋ]	ueng [uəŋ]	
			ong [uŋ]	iong [yŋ]

下面分述带鼻音韵母的发音。

第一，an [an]、en [n]、in [in]、ün [yn] ——由一个元音加上一个“n”构成。

发音时，先发元音，紧接着软腭逐渐降下来，增加鼻音色彩，舌尖往上齿龈方向移动，最后抵住上齿龈发 n，整个韵母发音完毕才除阻。例如“淡蓝”“振奋”“拼音”“军训”中的韵母。

第二，ian [iɛn]、uan [uan]、üan [yan]、uen [uən] ——由两个元音加上一个“n”构成。

发音时，从前面的轻而短的元音（韵头）滑到中间较响亮的主要元音（韵腹），紧接着软腭逐渐降下来，鼻腔通路打开，舌尖往上齿龈方向移动，最后抵住上齿龈发 n，整个韵母发音完毕才除阻。例如，“电线”“贯串”“婉转”“温顺”中的韵母。

第三，ang [ɑŋ]、eng [əŋ]、ing [iŋ]、ong [uŋ]、iong [yŋ] ——由一个元音加上一个“ng”构成。

发音时，先发元音，紧接着舌根往软腭方向移动并抵住软腭发 ng，整个韵母发音完毕才除阻。例如，“帮忙”“风筝”“英明”“共同”“汹涌”中的韵母。（表 6）

表 6　普通话韵母总表

按结构分	按口形分				按韵尾分
	开口呼	齐齿呼	合口呼	撮口呼	
单元音韵母	-i [ɿ] -i [ʅ]	i [i]	u [u]	ü [y]	无韵尾韵母
	a [A]				
	o [o]				
	e [ɤ]				
	è [ɛ]				
复元音韵母		ia [iA]	ua [uA]		
			uo [uo]		
		ie [iɛ]		üe [yɛ]	
	ai [ai]		uai [uai]		元音韵尾韵母
	ei [ei]		uei [uei]		
	ao [au]	iao [iau]			
	ou [ou]	iou [iou]			
带鼻音韵母	an [an]	ian [iɛn]	uan [uan]	üan [yan]	鼻音韵尾韵母
	en [ən]	in [in]	uen [uən]	ün [yn]	
	ang [ɑŋ]	iang [iɑŋ]	uang [uɑŋ]		
	eng [əŋ]	ing [iŋ]	ueng [uəŋ]		
			ong [uŋ]	iong [yŋ]	

四、韵母辨正

有些方言的韵母跟普通话韵母不完全相同，学习普通话时必须分辨清楚。下面，我们就来辨析几组比较容易混淆的韵母。

（一）分辨前鼻音韵母 n 和后鼻音韵母 ng

第一，要找准发音部位反复练习。这两个音的成阻部位不同，发 n 时，舌尖轻轻抵住上齿龈；发 ng 时，舌根轻轻抵住软腭。除阻时，都不发音。

第二，可以利用形声字声旁类推。例如：丁——盯、钉、叮、仃。

对比练习：

开饭—升放　　新鲜—新乡　　勋章—胸章

真理—争理　　官民—光明　　乡村—香葱

绕口令练习：

辛厂长，申厂长，同乡不同行，辛厂长声声讲生产，申厂长常常抓思想。不管是不是同乡人，思想、生产要同行，努力做好中国人。

(二) 分辨 i 和 ü

有些方言区的人会把 i 和 ü 都读成 i，比如，把“小姨”“小于”都读成“小姨”。要读准 ü，可以用唇形变化的方法来练习：先展开嘴唇发 i，舌位不动，慢慢把嘴唇拢圆，就能发出 ü 来。

对比练习：

容易—荣誉　　季节—拒绝　　经济—京剧

分期—分区　　颜色—原色　　切实—确实

(三) 分辨 o 和 e

有些方言区的人会把“广播”的“播（bō）”读成“bē”，是在发 o 时唇形没有拢圆，发成了 e 的扁平唇形，要注意唇形的调整。唇音声母 b、p、m、f，除了 m 能与 e 相拼之外，其余的都只能跟 o 相拼。读一读下面词语的发音：

伯乐（bólè）　刻薄（kèbó）　胳膊（gēbo）

破格（pògé）　薄荷（bòhe）　隔膜（gémó）

绕口令练习：

哥在河边放大鹅，我在山坡听广播，哥能听到我在山坡听的广播，我能看到哥在河边放的大鹅。

(四) 不要丢掉韵头 i 和 u

有些方言中有丢失韵头 i、u 的现象，会把“大侠”的侠“（xiá）”读成“xá”，把“对错”的“对（duì）”读成“dèi”，把“迟钝”的“钝（dùn）”读成“dèn”。练习时，需要弄清韵母有没有韵头 i 和 u，还要记住：除了个别字之外，唇声母 b、p、m、f 和声母 n、l 都与韵母 ei 相拼，其他声母则与韵母 ui 相拼；声母 d、t，除了一个“得（děi）”字外，其余的都和 ui 相拼；声母 z、c、s 和 en 相拼的只有“怎（zěn）”“岑（cén）”“涔（cén）”“森（sēn）”以及“参差”的“参（cēn）”几个字，其余的都和 un 相拼。读一读下面词语的发音：

家（jiā）乡　彩霞（xiá）　价（jià）格　推（tuī）广　反馈（kuì）

退（tuì）缩　遵（zūn）守　无论（lùn）　顺（shùn）利

绕口令练习：

1. 山前有个崔粗腿，山后有个崔腿粗，两人山前来比腿，不知是崔粗腿比崔腿粗的腿粗，还是崔腿粗比崔粗腿的腿粗。

2. 碌下压个棍，棍上压个碌，碌压棍滚，棍滚碌滚。

拓展阅读

方音辩证的根本途径

思考与练习

1. 根据所提供的发音条件，写出单元音韵母。

舌面、前、高、圆唇元音（　　）　　舌面、后、高、圆唇元音（　　）

舌面、前、半低、不圆唇元音（　　）　　舌尖、前、高、不圆唇元音（　　）

2. 分析下面各字的韵母结构。

生字	韵母			声调
	韵头	韵腹	韵尾	
欣				
项				
诗				
承				
亚				

3. “鱼”和“衣”的韵母发音的区别是什么？

任务四　声　调

学习要点

1. 明确普通话声调的概念。
2. 熟悉调值、调类、调型和调号的含义。
3. 了解普通话声调的作用。

学习任务

1. 能运用五度标记法辨析普通话字音的调类和调值。
2. 读准普通话阴平、阳平、上声、去声四种声调。
3. 基本能够达到普通话准确调值的标准。
4. 能简单分析诗词的平仄规律。

一、声调的概念

声调

声调是音节中可以区别意义的音高变化。普通话音节中，除了声母、韵母以外，还有一个不可缺少的重要组成部分，就是贯串音节始终的声调。在声母、韵母相同的音节中，声调具有区别意义的作用。例如：

shějǐ　　shèjí　　shèjī　　shèjì
舍己　　涉及　　射击　　社稷

这四个词语的声母、韵母都相同，有了声调，听的时候才可以明白它们是完全不同的词语。

二、调值和调类

汉语的声调可以从以下两个方面来分析。

（一）调值与调型

调值是音节发音高低、升降、曲直等的具体变化，也就是声调的实际读音。

调值的语音特点之一是主要由音高构成，但声调的音高是相对的，而不是绝对的。例如，同一个词“中国”，一个男人用低调说出来，一个小孩提高八度说出来，发音时的绝对音高不同，并没有区别意义的作用。但是，高低升降变化的形式是相同的。也就是说，相对音高是相同的。

调值的第二个语音特点是在读音上是连续的、渐变的，中间没有停顿，没有跳跃。比如，读“我”时就不能有停顿，不能读成“我呃”。

调值的描写，一般采用赵元任先生创制的“五度标记法”（图 19）。它是将声调的相对音高分成五度，分别是低、半低、中、半高、高，依次用数字 1、2、3、4、5 表示，通常是画一条竖线，分作四格五度，在竖线的左侧，从左至右画一条线，代表声调高低、升降的变化模式。调型是调值的类型，最基本的类型有平、升、曲、降四种。

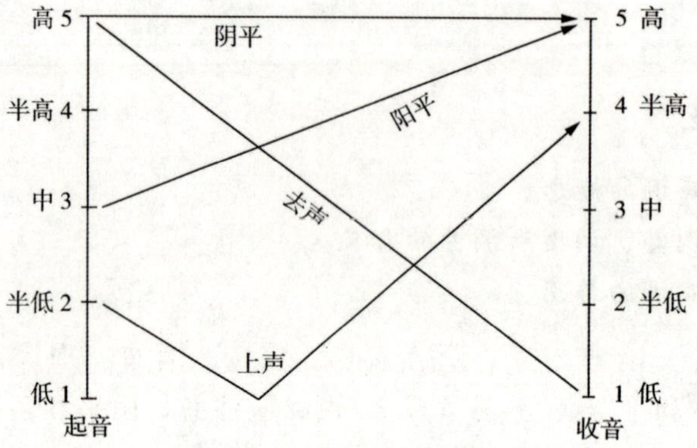

图 19　普通话五度标记法

1. 阴平

一声，由 5 度到 5 度，因调值高而平，又叫高平调，也叫 55 调。声音比较高，而且基本上没有升降的变化，如“青春”“丰收”“香蕉”“江山”的声调。

2. 阳平

二声，由 3 度升到 5 度，即由中升到高的调子，又叫中升调，也叫 35 调，如“人民”“模型”“联合”“豪华”的声调。

3. 上声

三声，由 2 度降到 1 度再升到 4 度，是先降后升的曲折调，又叫降升调，也叫 214 调，如“广场”“总理”“感想”“理想”的声调。

4. 去声

四声，由 5 度降到 1 度，由最高音降到最低音，是个高降的调子，又叫高降调，也叫 51 调，如“宴会”“画像”“示范”“大会”的声调。

（二）调类与调号

调类是声调的种类，是把调值相同的字归纳在一起所形成的类。在同一种方言中，有几种基本调值，就可以归纳成几种调类。所以，在不同的方言中，调值相同的字不一定同属相同的调类，而调类相同的字，调值也不一定一样。普通话的声调有四种，可以归为四个调类：阴平、阳平、上声和去声。调号是调类的标记符号，标注在汉语拼音韵腹上方，分别为ˉ、ˊ、ˇ、ˋ，是调号的标注方式之一。（表 7）

表 7　普通话声调基本标记表

调类	调值	调型	调号	例字
阴平	55	高平	ˉ	衣
阳平	35	中升	ˊ	仪

续　表

调类	调值	调型	调号	例字
上声	214	降升	ˇ	乙
去声	51	全降	ˋ	亿

三、声调辨正

方言声调和普通话声调有许多差别。这些差别一方面表现为方言跟普通话的调值不一样，另一方面则表现为方言和普通话跟古代语音四声的分合关系各不相同。绝大多数方言都和普通话一样，把平声分为阴平、阳平两类。阴平的调值是55，阳平的调值是35。但是一般情况下，有些方言的调值念得不够高。例如，55调的“参观”就容易读成44调；35调的“和平”，就容易读成34调。应注意，阴平和阳平的字都是在最高处收尾。

普通话中上声字最少。有些方言区把上声字读成55调值或35调值。普通话的三声，是一个先降后升的曲折调。

普通话中的去声字最多。去声的调值是全降调。有些方言区的人，在发去声时，往往降得不够低。普通话的四声，是由最高音降到最低音的全降调。

普通话的声调，我们可以用画线的方法来练习。“一声高高平又平，二声从3升到5，三声降1抬到4，四声从5降到1”，如“山—河—锦—绣”。

四、声调的作用

读准普通话的声调，一是能区别意义，二是能形成抑扬顿挫的音乐美。作诗填词要讲究的平仄就与普通话的声调有关。

“平”就是古代四声“平上去入”中的平声，“仄”就是其中“上去入”三声的总称。古代的诗词、戏曲唱词、对联，除了开头两句外，一般是上句句末用仄声，下句句末用平声。

普通话中的平声是指阴平和阳平，仄声是指上声和去声。例如，“年”是阳平，属于平声；“世”是去声，属于仄声。又如，按照“仄起平落”的规律，上联是：“国泰民安逢盛世”，下联是“风调雨顺颂华年”。首字可以押韵也可以不押韵。中间部分注意平仄相间，上下句尽量平仄相对。这样的平仄交错或对立，使得诗词、戏曲、对联的音调错落有致，抑扬起伏，形成悦耳动听的音乐美。

◆**拓展阅读**◆

汉语字音三要素：声、韵、调

思考与练习

1. 普通话“è（恶）”的国际音标是（　　　），调类是（　　　），调型是（　　　），调值是（　　　）。

2. 根据下列汉语拼音写汉字。

jīngjù shì zhōngguó de chuántǒng xìjù。

3. 给下列音节标上调号，注意调号的位置。

差（cha）错	差（cha）不多	切（qie）除	切（qie）实
中（zhong）心	中（zhong）肯	当（dang）代	当（dang）年
吐（tu）气	呕吐（tu）	创（chuang）造	创（chuang）伤
冲（chong）洗	冲（chong）压	兴（xing）奋	兴（xing）趣

任务五　音　节

学习要点

1. 了解音节和音节的结构。
2. 掌握普通话音节结构的特点、拼读法。
3. 掌握普通话声韵拼合规律。

学习任务

1. 能够正确分析音节的结构。
2. 了解并初步辨析自己的方言和普通话声韵拼合的差异。

一、音节的结构

音节

汉语音节最少有一个音素，最多有四个音素。从构成来说可以分为声母、韵母和声调三个部分，除了“花儿（huār）”等带有后缀的儿化韵之外，一个汉字就是一个有声调的音节。音节是语音的基本结构单位，是能够自然感觉到的最小语音单位。汉语普通话音节列表见表 8。

表 8　汉语普通话音节列表

例字	声母	韵母			声调
		韵头	韵腹	韵尾	
窝	Ø	u	o		阴平
值	zh		-i [ʅ]		阳平
到	d		a	u	去声
育	Ø		ü		去声
额	Ø		e		阳平
雪	x	ü	ê		上声
酉	Ø	i	o	u	上声
推	t	u	e	i	阴平
轮	l	u	e	n	阳平
爽	sh	u	a	ng	上声

从音节列表可知普通话音节结构的特点如下：

1. 一个音节可以没有韵头和韵尾，但不可以没有韵腹和声调，如“值”等。
2. 元音在音节中占优势。每个音节必须有元音，而且位置自由。元音符号可以多至三个，并且须连续出现，分别充当韵头、韵腹和韵尾。如果一个音节只有一个音素，这个音素除极个别外都是元音，如“育”等。

3. 辅音只在音节的开头或末尾出现，位置固定。音节末尾的辅音只限于 n 和 ng，如“论”“爽”等。一个音节也可以没有辅音，如“窝”“额”等。

4. 汉语的声调和韵腹（主要元音）是音节必不可少的部分，充当韵腹的元音有 ɑ、o、e、ê、i、u、ü、-i [ɿ]、-i [ʅ]、er。韵腹前面的元音就是韵头（介音，又叫介母），可以充当韵头的只有高元音 i、u、ü。韵腹后面的音素就是韵尾，可以充当韵尾的只有高元音 i、u（o）和鼻辅音 n、ng。

分析音节时需要分析原有的结构形式，要注意以下几点：

1. 韵母 iu、ui、un 是 iou、uei、uen 的省写形式，要分析 iou（如“优”）、uei（如“威”）、uen（如“温”），中间的元音不省略。

2. i、u、ü 零声母音节的书写形式要用隔音符号 y 或 w，在分析音节时 y 和 w 不是音素，不必写出。

3. ü 和 ê 在音节里一般都去掉附加符号，但分析音节时必须加写符号。

4. 舌尖元音韵母-i 必须加短横，与单韵母 i 相区别。

二、音节的拼写规则

用汉语拼音字母拼写音节时需要注意一些问题，下面根据《汉语拼音方案》的规定做如下说明：

（一）隔音字母 y、w 的用法

i 行的韵母，前面没有声母的时候，写成 yi、yɑ、ye、yɑo、you、yɑn、yin、yɑng、ying、yong；u 行的韵母，前面没有声母的时候，写成 wu、wɑ、wo、wɑi、wei、wɑn、wen、wɑng、weng；ü 行的韵母，前面没有声母的时候，写成 yu、yue、yuɑn、yun，ü 上的两点省略。分析此类音节，可以分为两种情况：

第一，原来的韵母只有一个元音的，自成音节时，y、w 是 i、u 前另加的。

例如“yi”，先把 y 改写成 i。因韵母表中没有双写的 i，所以前面的 y 是后加上去的，只分析一个 i，充当韵腹。遇到 ü 行的韵母，不论 ü 是韵头还是韵腹，前面的 y 都是另外加上的。

再如“wu”，先把 w 改写成 u。因韵母表中没有双写的 u，所以前面的 w 是另外加上去的，只分析 u 这一个音素。同时，因韵腹是主要元音，是必不可少的，所以这个 u 是韵腹。

第二，齐齿呼和合口呼韵母中，原韵母有两个或两个以上元音的，自成音节时，是将 i、u 改成了 y、w。例如，“wɑ”和“yɑ”中的 uɑ 和 iɑ，在韵母表中有相应的韵母，这说明前面的 y 和 w，是改写成的。所以，以 y 和 w 开头的音节，声母是零声母。

我们可以借助口诀辅助记忆：遇见 y、w 零声母，不是改写就另加，韵腹不改前加它，不是韵腹改成它，ü 行韵母全另加。

音节结构示例见表 9。

表 9　音节结构示例表

例字	韵头	韵腹	韵尾	声调
wu 乌		u		阴平
yi 以		i		上声
yu 育		ü		去声
wa 娃	u	a		阳平
ya 牙	i	a		阳平

（二）韵母 ao、iao、ie、üe、ong、iong 的用法

需要特别注意的是，在分析韵母 ao、iao 时，韵尾要按 u 来分析。而 ie 和 üe，它们的韵腹是舌面、前、半低、不圆唇元音 ê，而不是舌面、后、半高、不圆唇元音 e。《汉语拼音方案》中的 ong 和 iong 之所以没有采用 ung、üng 标注，是为了使字形清晰，避免手写体 u 和 ü 相混淆。

我们可以参看这几个音节的示例表，也可以借助口诀辅助记忆：特殊韵母 ao 和 iao，收音是 u 还是 u；ie、üe 收音是 ê 和 ê，戴上帽子要记牢；ong、iong 分析用 ung、üng，字形清晰不混淆。

音节结构示例见表 10。

表 10　音节结构示例表

例字	声母	韵头	韵腹	韵尾	声调
tao 桃	t		a	u	阳平
yao 瑶	Ø	i	a	u	阳平
ye 野	Ø	i	ê		上声
yue 月	Ø	ü	ê		去声
long 龙	l		u	ng	阳平
yong 拥	Ø		ü	ng	阴平

（三）韵母 iou、uei、wen 和 ü 的省写

1. 省写的拼音 iou、 uei、 wen 的用法

iou、uei、wen 前面加辅音声母的时候写成 iu、ui、un，但是在做音节分析的时候，一定要用 iou、uei、wen 进行分析。音节结构示例见表 11。

表 11 音节结构示例表

例字	声母	韵头	韵腹	韵尾	声调
niū 牛	n	i	o	u	阳平
guī 归	g	u	e	i	阴平
jù 剧	j		ü		去声
qù 去	q		ü		去声
xū 需	x		ü		阴平

2. 韵母 ü 的用法

ü 跟 n、l 以外的声母相拼时都省写两点，也要把 ü 上的两点还原后再进行分析，例如“ju（剧）”“qu（去）”“xu（需）”的韵腹。

我们可以借助口诀辅助记忆：iu、ui、un 是省写，音节分析 iou、uei、wen。ü 遇 j、q、x，两点要省去；n、l 老大哥，遇 ü 两点往上搁。

（四）i 分为三

舌尖前音-i［ɿ］只拼 z、c、s，如“字”“词”“四”的韵腹；舌尖后音-i［ʅ］只拼 zh、ch、sh、r，如“至”“池”“是”“日”的韵腹。而 i［i］拼不是舌尖音的声母，如“qi（齐）”，韵腹就是前面没有短横的 i。音节结构示例见表 12。

表 12 音节结构示例表

例字	声母	韵头	韵腹	韵尾	声调
zì 字	z		-i［ɿ］		去声
cí 词	c		-i［ɿ］		阳平
sì 四	s		-i［ɿ］		去声
zhì 至	zh		-i［ʅ］		去声
chí 池	ch		-i［ʅ］		阳平
shì 是	sh		-i［ʅ］		去声
rì 日	r		-i［ʅ］		去声
qí 齐	q		i		阳平

（五）隔音符号的用法

ɑ、o、e 开头的音节，连接在其他音节后面的时候，如果音节的界限发生混淆，就要用隔音符号“’”隔开。例如 jie、xian，没有隔音符号就有可能是“戒”和“仙”，而加上隔音符号就可能是“饥饿”和“西安”了。

根据音节的结构及特点，进行音节分析时，有几个小技巧：第一步，看是不是需要改为原来的形式。第二步，找出韵腹和声调，声调一般是用调类标注，也就是阴平、阳平、上声和去声。第三步，如果有韵头，就是固定的三个音素 i、u、ü；如果有韵尾，也是固定的，元音是 i、u，辅音是 n 和 ng。

三、拼音的拼读

把分析出来的声母、韵母拼合起来，构成一个音节，再加上一个贯串音节始终的声调，就是拼音。

声母，一般平时念的是它的呼读音，是在声母的本音后面加上一个元音。用声母拼音时，应该去掉这个为了方便呼读而加进去的元音，即用它的本音。拼读的要领是：前音轻短后音重，两音相连猛一碰。也就是说，前音（声母）念得轻而短，接近本音；后音（韵母）是发音响亮的部分，应该读得重一些。拼读时，发音器官先做好发某个声母本音的准备，然后在发这个声母本音的同时，把要相拼的韵母带声调一起念出来。一般有以下几种方法：

1. 两拼法

用声母和韵母两个部分进行拼读：可以是声母加韵母，如 b—ěi—běi；也可以是声母、介音加韵母，如 q—i—ào—qiào。

2. 三拼法

用声母、韵头、韵身三部分进行连读。这种方法只适用于有韵头的音节，如 g—u—ā。拼读的要领是：声轻介快韵母响，三音连读要顺畅。

3. 整体认读法

先做好发声母的准备，不用拼而读出整个音节。

整体认读音节一共有十六个，分别是：zhi、chi、shi、ri，zi、ci、si，yi、wu、yu，ye、yue、yuan，yin、yun、ying。也可以借助口诀来辅助记忆：zh、ch、sh、r、z、c、s，自成音节后加 i。yi、wu、yu，一无雨；ye、yue、yuan，夜月圆；yin、yun、ying，隐云影。

拼音的标调，可以这样做：a 母出现莫放过，没有 a 母找 e、o，i、u 并列标在后，i 上标调把点抹，轻声音节不标调。

例如：

huí　guī　de　yóu　zǐ
回　归　的　游　子

四、普通话的声韵拼合规律

普通话中有 22 个声母和 39 个韵母，两者如果都能相拼的话，理论上可以组成 800 多个音节，事实上却只能组成大约 400 个音节。这就需要我们了解普通话的声韵拼合规律。

普通话的声母和韵母是不能任意拼合的。

1. 双唇音 b、p、m 和舌尖中音 d、t 不能跟撮口呼韵母拼合，能跟开口呼、齐齿呼、合口呼韵母拼合。双唇音能与合口呼相拼的只限于 u。

2. 唇齿音 f，舌根音 g、k、h，舌尖前音 z、c、s 和舌尖后音 zh、ch、sh、r 等不能跟齐齿呼、撮口呼韵母拼合，能跟开口呼、合口呼韵母拼合。唇齿音与合口呼相拼只限于 u。

3. 舌面音同上述几组声母相反，不能跟开口呼、合口呼韵母拼合，只能跟齐齿呼、撮口呼韵母拼合。

4. 舌尖中音 n、l 能跟“四呼”韵母拼合。

5. 零声母音节在“四呼”中都有。

以上声韵拼合的主要规律也可以借助口诀辅助记忆：零声边（l）鼻（n）“四呼”有，双唇 d、t 无撮口，根（g、k、h）齿（f）平（z、c、s）翘（zh、ch、sh、r）有开合，唇音拼合限于 u，舌面只能拼齐、撮。

掌握了普通话声韵拼合规律，可避免拼音和拼写时出现差错。

例如，一定是 zhuā（抓）、zhuài（拽）、zhuāng（装），而不是 zuā、zuài、zuāng；一定是 dēng（灯）、dīng（丁），而不是 dēn、dīn，一定是 fēi（飞）jī（机），而不是 fījī。

五、音节的连写和大写字母

1. 同一个词的音节要连写，词与词一般要分写。句子或诗行开头的字母要大写。例如：

Zhùyuàn zǔguó fánróng chāngshèng!
祝愿　祖国　繁荣　昌盛！

Gòngtóng jiànshè měihǎo jiāyuán!
共同　建设　美好　家园！

2. 专用名词或专用短语中的每个词的开头字母要大写。例如：

Huáxià　Lǔ Xùn　Yuán Lóngpíng
华夏　鲁迅　袁隆平

3. 标题（包括店铺名称、商标等）的字母可以全部大写，可以每词开头的字母大写，也可以为了美观而省写声调符号。例如：

CHENGXIN　YOUSHAN
Chengxin　Youshan
诚信　友善

◆拓展阅读◆

《施氏食狮史》与《季姬击鸡记》

思考与练习

1. 写出下列每个字的韵母，并按“四呼”分类。

亲家	奇妙	学校	大道	城墙	法律	伟大	团结	来源
自愿	姐妹	田野	光荣	下雨	写字	无私	对立	中华
书本	天气	卫生	月亮	雪花	和平	牡丹	壮丽	汽车
思想	宣传	认真	英雄	挥发	论点	留守	阅历	允许

2. 下列音节拼写如有错误，请加以改正，并简要说明理由。

laoong（老翁）　　zidu（制度）　　siongshan（送伞）

zingque（正确）　　uwei（无畏）　　dueiliou（对流）

puohai（破坏）　　tuengfeng（通风）tian（提案）

3. 分析以下外国人学习汉语出现的语音现象。

一些外国人将“李老师”说成“李老西”，将“我要去看电影”说成“我要干电影”，将“我不太清楚”说成“我不代清楚”。

任务六 音 变

学习要点

1. 掌握普通话几种音变的类型和含义。
2. 了解普通话中上声变调、轻声、儿化、“啊”等音变的规律。

学习任务

1. 念好上声变调的标准调值。
2. 自然念出轻声和儿化音。
3. 会连贯正确地发出“啊”音变的实际读法。

声母、韵母、声调以及所构成的音节，都是语音固有的形态，而人们平时说话时，总是一个一个音节连在一起发出的。在这个动态的过程中，有时音素与音素、音节与音节、声调与声调之间会相互影响，产生语音变化，这种语音的变化就是音变。普通话语音中，有以下几种主要的音变现象：

一、儿化

音变（一）

（一）什么是儿化

儿化是指一个音节发音时，在韵母末尾加上一个卷舌的动作，这种卷舌的韵母就叫作儿化韵。例如，“花瓶儿”“大伙儿”“女儿”“奥运健儿”“蝶儿飞”，其中，“女儿”和“奥运健儿”的“儿”，是词根语素，都读作“儿”，而且读得比较重；“蝶儿飞”的“儿”，也是独立的字音，相对来说要读得轻一些；而“花瓶儿”“大伙儿”中的“儿”字，不是一个独立的音节，也不是音素，只是一个表示卷舌动作的符号，所以“花瓶儿”“大伙儿”中的“儿”是儿化韵。

普通话韵母中，单韵母“ê”没有儿化音，er本身就是儿化音。除此之外，其他韵母都可以儿化。但是在儿化时，韵母的实际发音常常会发生变化，而且这种变化是有规律可循的。

（二）儿化的发音

第一，韵母中的最后一个元音是ɑ、o、e、ê、u（包括ɑo、iɑo中的o［u］），在发韵母音的时候直接加卷舌动作。例如：

年画—年画儿　围脖—围脖儿　蛋壳—蛋壳儿

台阶—台阶儿　口诀—口诀儿　衣袖—衣袖儿

第二，发音时由于舌头上翘，致使舌位又高又前的韵尾i、n，韵尾脱落，在发韵腹音时直接加卷舌动作。例如：

小孩—小孩儿　　晚辈—晚辈儿

第三，韵母是 i、ü，在韵母后加央元音 ə 并卷舌。例如：

眼皮—眼皮儿　　马驹—马驹儿

第四，韵母是舌尖音 -i [ɿ]、-i [ʅ]，在发儿化音时，直接丢掉韵母，变成央元音 ə，并卷舌。例如：

写字—写字儿　　果汁—果汁儿

第五，韵尾是 ng，卷舌时也要丢掉韵尾，韵腹鼻音化。如果韵腹是 i 的要加 ẽ 并卷舌。例如：

小羊—小羊儿　　花瓶—花瓶儿

通过儿化的这五种音变规律可以看出，儿化音变表现在韵尾、韵腹上，对韵头和声母没有影响。儿化音变规律示例见表 13。

表 13　儿化音变规律示例表

韵母	儿化时的变化规律	举例
无韵尾或韵尾是 u	只加卷舌动作	年画儿　围脖儿　蛋壳儿 台阶儿　口诀儿　衣袖儿
韵尾是 i、n	丢掉韵尾，发韵腹音时卷舌	小孩儿　晚辈儿
韵母是 i、ü	韵母后加央元音 ə 并卷舌	眼皮儿　马驹儿
韵母是 -i [ɿ]、-i [ʅ]	丢掉韵母，变成央元音 ə 并卷舌	写字儿　果汁儿
韵尾是 ng	丢掉韵尾，韵腹鼻化；韵腹是 i 的加 ẽ 并卷舌	小羊儿　花瓶儿

（三）儿化的作用

儿化韵在语言应用中与词汇、语法和修辞都有密切的关系，具有区别词义、区分词性的作用，在修辞方面又可以表示感情色彩。

1. 区别词义

有的同音同形字，儿化后具有不同的意义。例如：

信—书信　　信儿—消息

头—脑袋　　头儿—领导

2. 区分词性

兼动、名两类的词或形容词，儿化后就固定为名词；有的名词、动词儿化后借用为量词。例如：

盖—动词　　把—动词　　画—动词　　堆—动词

盖儿—名词　　把儿—量词　　画儿—名词　　堆儿—量词

3. 表示细小、亲切、喜爱等感情色彩

例如：木棍—木棍儿　　花猫—花猫儿　　小河—小河儿　　小鱼—小鱼儿

但是，一些习惯上读儿化的词，有的并不具有这样的作用。例如：

那儿　小偷儿

二、轻声

（一）什么是轻声

有些音节由于音变改变了原有的调值，变成了又轻又短的调子，叫作轻声。例如：

轻　声：相声　粮食　规矩　热闹

原声调：阴平　阳平　上声　去声

普通话只有四个声调，轻声并不是普通话中的第五个声调。

（二）读轻声的情况

1. 作为后缀的“子”“头”“们”等读轻声。例如：

车子　石头　他们

2. 表示方位的“上”“下”“里”“面”“边”等读轻声。例如：

路上　桌下　屋里　上面

3. 动词、形容词后面表示趋向的“来”“去”“起来”“下去”等读轻声。例如：

带来　出去　想起来　喝下去。

4. 助词“的”“地”“得”“着”“了”“过”等读轻声。例如：

新的　快乐地　看得见　听着　跑了　吃过

5. 语气词“啊”“吧”“呢”“嘛”等读轻声。例如：

唱啊　是吧　在呢　好嘛

6. 量词“个”读轻声。例如：

五个　吃个

7. 夹在重叠动词中间的“一”，夹在动词、形容词中间或补语前的“不”读轻声。例如：

量一量　去不去　热不热　打不开

8. 一些口语习惯上读轻声。例如：

快活　机灵　消息　客气

（三）轻声的作用

有些轻声音节具有区别词义的作用。例如，“帘子（zi）”是指用布和竹子等做的可以遮挡门窗的物品，而“莲子（zǐ）”就是莲的种子。有些轻声音节还有区分词性的作用。例如，“打冷战（zhan）”表达的是身体因为害怕或寒冷而颤动的意思，而“冷战（zhàn）”是指双方进行不使用武器的斗争。

三、连续变调

当每个独立的音节与其他的音节连在一起，形成语流发声时，会受到相邻音节声调的影响而出现连续变调的情况。常见的变调有以下几种：

音变（二）

(一) 上声的变调

上声音节的字单念或处于词句末尾时，还念成原来的调值 214。在连读的情况下，有的调值变成阳平 35，有的调值变成半上声 21。例如：

1. 上声＋上声

两个上声相连，前一个上声调值变为 35。

“水”“导”“选”“领”“举”“果”单念的声调，调值均为 214。连读的声调则变为：

35	214	35	214	35	214
水	果	领	导	选	举

2. 上声＋非上声

上声在非上声（阴平、阳平、去声）的前面，调值由 214 变为 21。例如：

“统”“祖”“伟”单念的声调，调值均为 214，“一”“国”“大”的调值分别为 55、35、51。连读的声调变为：

21	55	21	35	21	51
统	一	祖	国	伟	大

3. 上声＋轻声

在本调为上声，后改读为轻声的字音前，则有两种不同的变调，有的变读为 35，有的变读为 21；在原为非上声改读轻声的字音前，也变读为 21。例如：

(1) 214＋轻声（原调上声）→35＋轻声　等等

(2) 214＋轻声（原调上声）→21＋轻声　毯子

(3) 214＋轻声（原调阴平）→21＋轻声　嘴巴

(4) 214＋轻声（原调阳平）→21＋轻声　里头

(5) 214＋轻声（原调去声）→21＋轻声　哪个

4. 上声＋上声＋上声

三个上声相连，根据音节所表达意义结合的紧密程度不同，前两个上声音节有两种不同的变调。

(1) 单双格（后两个音节语义结合紧密）：第一个音节调值变为 21，第二个音节调值变为 35。例如：

单＋双：3 个 214→21/35＋214　小/老虎　米/老鼠

(2) 双单格（前两个音节语义结合紧密）：前两个音节调值都变为 35。例如：

双＋单：3 个 214→35＋35/214　水彩/笔　手写/体

5. 三个上声及以上

可以根据音节语义结合紧密的程度先划分出语义停顿，再按照上述规律进行变读。例如：

(1) 4 个 214→35＋21/35＋214　岂有/此理

(2) 5 个 214→35＋21/21＋35＋214　领导/很了解

(3) 9 个 214→35＋21/35＋21/35＋35＋21/35＋214　我请/表姐/给我讲/表演

上声的连续变调也可以利用口诀辅助记忆：上声连上声，前上变阳平，非上前面变“21”，上声加轻声，35、21要分清，单念词（句）末读原声。

（二）“一”“不”的变调

“一”“不”单念或处于词句末尾时还念成原来的调值：阴平55（一）、去声51（不），在连读的情况下，有的调值变成阳平35，有的调值变成半上声21。例如：

1. 单念、词末的声调

“一”“不”单念或用在词句末尾，声调不变：“一”念阴平（55），“不”念去声（51）。例如：

一（阴平55）：　一　十一　统一　万一

不（去声51）：　不　就不　甜不　偏不

2. “一”“不”＋去声

在去声前，一律变35。例如：

35	35	35	35
一个	一样	不办	不烫

3. “一”“不”＋非去声

在非去声（阴平、阳平、上声）前，“一”变51，“不”仍读去声（51）。例如：

“一”“不”＋阴平：	51	51
	一天	不挑
“一”“不”＋阳平：	51	51
	一年	不谈
“一”“不”＋上声：	51	51
	一起	不找

4. 音节＋“一”“不”＋音节

“一”“不”处在相同的动词的中间，读轻声。例如：

想一想　来不来　差不多

“一”“不”的连续变调也可以利用口诀辅助记忆：单念词（句）末读原声，去声前面变阳平。“一”“不”＋非去，全都读51。夹在三音词中间，口语往往读轻声。

（三）“啊”的音变

语气词“啊”单独使用或不和其他音节连读时，一般都发“a”音。例如：

①啊，西湖太美了！

②老乡们，快回去吧，啊！

③你是小林的同学，啊，到我家来过！

④他一拍脑门：“啊！”

用在句尾的语气词“啊（a）”，由于受到前面一个音节末尾音变的影响，常常发生音变现象。语气词“啊”的音变规律见表14。

表 14 语气词“啊”的音变规律表

前字末尾音素	加“啊”	读作	写作	举例
a，o，e，ê，i，ü	+a	ya	呀	怕呀 抹呀 车呀 切呀 急呀 鱼呀
-i [ɿ]	+a	[za]	啊	写字啊 自私啊
-i [ʅ]，er	+a	ra	啊	老师啊 花儿啊
u	+a	ua	哇	快走哇 很好哇
n	+a	na	哪	不敢哪 小心哪
ng	+a	nga	啊	合唱啊 可能啊

“啊”的音变也可以利用口诀辅助记忆：“啊”的音变依据啥？上字尾音决定它。a、o、e、ê、i、ü“呀”，其余尾音拼成它。

拓展阅读

京味儿语言中的儿化音

思考与练习

1. 什么是变调？“一”和“不”有哪些变调？
2. 举例说明普通话中轻声的作用。
3. 名词解释：儿化。
4. 朗读下面的轻声词。

爱人 帮手 梆子 膀子 棒槌 案子 差事 柴火 答应
打扮 打发 儿子 耳朵 风筝 福气 高粱 膏药 稿子
合同 和尚 核桃 毽子 将就 交情 咳嗽 客气 累赘
篱笆 里头 马虎 买卖 难为 脑袋 棚子 脾气

5. 下面短文中的“啊”字怎么读？

中国的老百姓在腊月啊，二十五左右吧，就开始准备年货了。什么鸡啊，鸭啊，鱼啊，鹅啊，鞭啊，花啊……林林总总。春联儿啊，“福”字啊，剪纸啊，门窗上贴啊，真是年味浓浓啊！

大年夜啊，家家户户饭菜飘香啊！

大年初一，秧歌队员们便浓妆艳抹啊，打扮得俏啊。敲锣啊，打鼓啊，热热闹闹啊，到处去拜年。

任务七 朗读的技巧

学习要点

1. 掌握朗读与朗诵的区别。
2. 掌握语调中的重音、停顿、语速、语调以及它们的作用。
3. 掌握在朗读中思想感情的表达。

学习任务

1. 能在朗读实践中恰当地运用重音、停顿和语调等要素。
2. 能够根据不同文本的感情基调，协调并综合运用语调各要素。

一、朗读

朗读，是把文字转化为有声语言的一种创造性活动，是一种发声阅读的方式。朗读是阅读的起点，是学生完成阅读任务的一项重要的基本功。在语文教学中，朗读是一项重要的教学内容，可以增强学生对文本内容的兴趣，加深理解和记忆；可以提高学生的情感素养，树立良好的人生观和价值观；可以提高学生的语言感受能力；等等。它不仅有利于提高智力，获得思想熏陶，还有助于情感的传递。

朗读的高级形式是朗诵。朗，即声音清晰、响亮；诵，即背诵。朗诵，就是用清晰、响亮的声音，结合各种语言手段来完善地表达作品思想感情的一种语言艺术。

在指导和练习朗读的过程中，需要注意以下几个问题：

第一，理解作品，把握基调。

“一切景语皆情语。”任何语言文字的表达，都是思想感情的真实流露。要想分析、欣赏各种体裁的文学作品，把握作品的感情基调，就必须对内容有充分的了解，这样才能通过朗读，准确体会出作品的内涵。

第二，用普通话朗读。

普通话是汉民族共同语。用普通话朗读，不仅可以更准确地表达作品的思想内容，还有利于不同方言区的人的理解和接受。标准的普通话，要读准声、韵、调，要注意读得流畅自然，防止出现丢字、填字、回读和读破词、读破句等情况。

第三，对作品进行技术处理和艺术加工。

朗读是对原作品进行再次处理、加工的过程。我们要充分挖掘作品中的情感因素，创设情境，悟出文章蕴含的感情基调并运用语速、语调、重音、停顿等技巧，产生身临其境之感。

二、朗读的技巧

（一）停顿

停顿是指词与词之间、句与句之间的间歇。为什么要有停顿？一方面是由于朗读时换气的需要，另一方面是句子结构和表情达意的需要。它主要包括语法停顿、逻辑停顿和结构停顿三种。

1. 语法停顿

语法停顿是句子中间的自然停顿。它是为了强调和突出句子中的某个句法成分，如主语、谓语、宾语、定语、状语、补语和中心语等而做的短暂停顿。重点是要明确句法成分之间的关系和强调的重点，这样我们在朗读中才会正确地断句，不读破句，正确地表达作品的思想内容。例如：

（1）太阳/逐渐西沉，晚霞/映红了天边。（主谓之间）

（2）海边是/一片沙滩，支着/花花绿绿的遮阳伞。（动宾之间）

（3）太阳渐渐地/沉下去，晚霞慢慢地/布满了天空。（状语和中心语之间）

2. 逻辑停顿

逻辑停顿是为了突出某一语义所做的停顿，不以标点符号为停顿依据，一般时间较短。逻辑停顿的地方有变化，会改变语义。逻辑停顿有利于我们明确语义。例如：

（1）你对/他也不错。

（2）你对他/也不错。

3. 结构停顿

标点符号是朗读作品时语言停顿的重要依据。一般来说，句号、问号、感叹号、省略号为一级停顿，略长于二级停顿的分号、破折号和连接号；三级停顿是逗号、冒号；顿号停顿时间最短，为四级停顿。以上停顿也不是绝对的，有时为表达感情的需要，还可以在没有标点的地方做语法停顿和逻辑停顿。

还有一种较为特殊的感情停顿。感情停顿完全是根据感情或心理的需要而做的停顿处理，特点是声断而情不断，也就是声断情连。

（二）重音

重音是指说话、朗读时对需要突出表达的内容用提升音高、加大或减小音强、延续音长等手段加以强调。

1. 重音的种类

重音包括语法重音和强调重音两类。

（1）语法重音

语法重音是指根据词语在句中的语法地位所确定的重音。

①一般句子中的谓语是表示陈述的，其中的主要动词要重读。例如：

国旗班的战士昂首挺胸，正步前行。

②宾语是动词涉及的对象，也常常重读。例如：

我喜欢吃苹果，他喜欢吃香蕉。

朗读技巧（重音）

③起修饰、限制和补充说明作用的定语状语和补语重读。例如：

防疫小组的人员紧张地工作着，忙得顾不上休息。

④表示疑问和指示的代词重读。例如：

和平年代，谁才是英雄？就是这些无私奉献的人。

⑤比喻句中的喻体重读。例如：

看，像牛毛，像花针，像细丝，密密地斜织着……

（2）强调重音

强调重音，又叫逻辑重音，是根据语言环境的需要而临时确定的重音。这种重音有区别意义的作用。例如：

我猜测他能来。

（别人有没有猜测我不知道）我猜测他能来。

（我产生的想法）我猜测他能来。

（别人能不能来我不知道）我猜测他能来。

（我估计他有来的可能性）我猜测他能来。

2. 重音的技巧

处理重音往往要根据作品的思想内容和词语所处的语言环境来确定。

（1）提升音高

提升音高就是在朗读中，对某个词语或某个句子成分采取增加发音体振动频率的方法，从而起到突出和强调的作用。例如：

①为什么我就不可以？为什么？

②明天，太仓促了吧！

（2）调节音强

调节音强就是用加大或减小力度的方法，把确定为重音的音节读得重一些、强一些或者轻一些、缓一些。例如：

重音重读：

①他痛苦、失望而又特别地懊恼。

②我坚信，乌云遮不住太阳，遮不住的。

重音轻读：

①轻轻地我走了，正如我轻轻地来。

②她的嘴角，慢慢地展开了一个向上的弧度。

（3）延续音长

延续音长就是使发音体振动时间加长，以增强作品内容和情感表现力。例如：

①撑着油纸伞，独自彷徨在悠长、悠长又寂寥的雨巷……

②浑身的力气，感觉一丝丝、一丝丝地被抽走了。

（三）语速

语速是指根据不同的语境和感情色彩来调节语流的速度，从而对语义的表达起到一定的辅助作用。例如：

①（急促）快快快！快点走吧！

②（平静）我们都是一把年纪的人了，不提了。

③（慌乱）我手机呢，放哪儿啦？

④（兴奋）考上了，真是太好啦！

⑤（激动）你们凭什么抓我？有证据吗？

⑥（紧张）哎呀，这可怎么办呢，来不及啦！

⑦（思念）他要是在这儿该有多好哇……

⑧（沉重）革命英雄永垂不朽！

⑨（伤感）唉，精力大不如从前啦！

⑩（陈述）1992年冬天的一个早晨。

（四）语调

语调是根据环境、人物、情感等变化的需要，使语句呈现出曲直升降的形式。

1. 曲折调

调子的曲折变化，一般表示夸张、反语、讽刺、怀疑、意外、惊奇等情绪。整个句子是由高而低而又高，还是由低而高而又低，都要根据语言表达的需要。例如：

①这一切的一切，难道不都是你的责任吗？

②说高兴吧，也高兴不起来；说难过吧，也不是很难过。

2. 平直调

调子没有明显的高低变化，一般表示平静、庄重、思索、冷漠等语气。整个句子语气平直舒缓。例如：

直到天边出现了鱼肚白，他才慢慢地放下手中的笔。

3. 升语调

调子从低向高逐渐上升，力度从弱到强，一般表示祈使、疑问、呼唤、惊讶、愤怒等语气。例如：

①哎呀，这么早，你来干什么呢？

②这就是你对我辛苦付出的回报？

4. 降语调

调子由高向低逐渐下降，力度逐渐减弱，一般表示坚决、赞扬、祝愿、失望等语气。例如：

他越走越远，越走越远，身影逐渐消失在迷雾中。

◆拓展阅读◆

朗诵艺术技巧11点

思考与练习

1. 试把下面的两句话按自己的理解断开并说明停顿在表达上的作用。

(1) 此地安能居住他好不悲伤。

(2) 下雨天留客天留我不留。

2. 分析下面句子重音位置变化所表现出的意义差别。

我明天到文化宫看话剧。

3. 朗读训练。

(1) 朗读朱自清的《匆匆》(节选)。

燕子去了，有再来的时候；杨柳枯了，有再青的时候；桃花谢了，有再开的时候。但是，聪明的，你告诉我，我们的日子为什么一去不复返呢？——是有人偷了他们吧：那是谁？又藏在何处呢？是他们自己逃走了吧：现在又到了哪里呢？

我不知道他们给了我们多少日子，但我的手确乎是渐渐空虚了。在默默里算着，八千多日子已经从我手中溜去，像针尖上一滴水滴在大海里，我的日子滴在时间的流里，没有声音，也没有影子。我不禁头涔涔而泪潸潸了。

(2) 朗读《请党放心，强国有我》。

今天，我们站在天安门广场，紧贴着祖国的心房
今天，我们歌颂人民英雄的荣光，见证如他们所愿的梦想
今天，我们向党致以青春的礼赞
走过百年，风华正茂的中国共产党
今天，我们对党许下青春的誓言
新的百年，听党话、感党恩、跟党走
同心向党，奔赴远方

妈妈对我说，在每个人心中，中国共产党都是光荣的模样
党是冉冉升起的旭日，驱散黑暗，带来光明
将可爱的中国照亮
党是高高飘扬的旗帜，昭示信念，指明方向
为可爱的中国领航

老师告诉我，一百年前，古老的中华大地诞生了中国共产党，播撒信仰的火种，点亮真理的强光

这束光，激发了井冈山上的革命理想
星星之火，可以燎原
这束光，照亮了长征路上的正确方向
雄关漫道，万水千山
这束光，辉耀了宝塔山上的民族希望
保卫华北，保卫黄河

这束光，映照了百万雄师横渡长江
天翻地覆，正道沧桑

你看，天安门广场升起第一面五星红旗
中国人民从此站起来了！
当家做主人，建设新中国
这是中国人民满怀豪情的激昂

你听，“抗美援朝，保家卫国”的军歌嘹亮
你听，大庆铁人“拼命拿下大油田”的誓言铿锵
你听，“两弹一星”震惊世界的东方巨响
你听，红旗渠“誓把河山重安排”的豪迈乐章
到祖国最需要的地方去！
南海潮涌，东方风来，春天的故事在希望的田野上铺展

故事里，有开放的特区敢为人先
故事里，有回归的港澳游子团圆
故事里，青藏铁路连接团结进步的桥梁
故事里，奥运火炬点燃自信自强的烈焰

团结起来，振兴中华！
站起来、富起来、强起来
新时代的号角响彻河山
脱贫攻坚，全面小康，千年梦想今朝实现
坚持以人民为中心

嫦娥探月，蛟龙深潜，大国重器世人惊艳
科技强则国家强
生态文明，绿色低碳，美丽中国展开画卷
绿水青山就是金山银山
和平发展，合作共赢，“一带一路”互通互联
推动构建人类命运共同体

新阶段、新理念、新格局
中国道路，中国奇迹举世称赞
为人民谋幸福，为民族谋复兴
满足人民对美好生活的向往
矢志不变

江山就是人民，人民就是江山
梦在前方，路在脚下
我们都是追梦人

为实现第二个百年奋斗目标，为实现中华民族伟大复兴的中国梦准备着；为共产主义事业而奋斗！时刻准备着；不忘初心，青春朝气永在，志在千秋，百年仍是少年，奋斗正青春！青春献给党！

请党放心，强国有我！
请党放心，强国有我！
请党放心，强国有我！
请党放心，强国有我！

项目检测

一、下面的句子中有多音字，请试着用正确的读音读出来。

1. 这首诗写得太拗口了，但他执拗不改，气得我把笔都拗断了。
2. 他那像哄小孩似的话，惹得众人哄堂大笑，大家笑过后一哄而散。
3. 随意诬陷人搞封建复辟可不行，得辟谣。
4. 小明在宿舍谈论了一宿的星宿话题。
5. 这条恶狗真可恶，臭烘烘的，恶心死了。

二、正确读出下列字音。

厚 聚 泽 女 讴 陨 聂 润 您 装 痛 瞥 倜 江 山
多 娇 混 凝 土 打 架 窈 窕 棉 袄 表 格 认 错

三、赏析下面的短文，说说你的感受。

于瑜欲渔，遇余于寓。语余："余欲渔于渝淤，与余渔渝欤？"
余语于瑜："余欲鬻玉，俞禹欲玉，余欲遇俞于俞寓。"
余与于瑜遇俞于俞寓，逾俞隅，欲鬻玉于俞，遇雨，雨逾俞宇。余语于俞："余欲渔于渝淤，遇雨俞宇，欲渔欤？鬻玉欤？"
于瑜与余御雨于俞寓，余鬻玉于俞禹，雨愈，余与于瑜踽踽逾逾俞宇，渔于渝淤。

项目二
书写正确的汉字

项目背景

文字是现代汉语书面语表达的工具和媒介，在语言诸多辅助性的交际工具中，文字是最重要的。它能够克服语言在时间和空间上的限制，使语言信息以文本的形式记录和流传下来。对中华民族传统文化的研究、继承和发扬，文字有着语言不能替代的重要作用。文字不仅有利于加快社会发展的速度，而且有利于推动人类文明的进程。近些年，世界上许多地方掀起了学习汉语的热潮。作为华夏儿女，我们有责任和义务学习好汉字的相关知识，以能够书写正确而美观的汉字，并通过汉字将中华民族悠久灿烂的文化传播到世界各地为义不容辞的责任。

项目目标

一、知识与能力目标

1. 了解汉字的性质、特点，具有简单梳理汉字源流的能力。
2. 掌握汉字形、音、义之间的关系，初步具备分析汉字的能力。
3. 掌握常用汉字的形体结构和笔顺规则，初步具备分析现代汉字字形结构的能力。
4. 了解汉字标准化和社会用字规范化的意义，能够自觉使用与传播正确的汉字。

二、过程与方法目标

1. 运用多媒体教学手段，增强汉字溯源的直观性。
2. 采取理论讲授与动笔实践相结合的方式进行正字演练，纠正错别字。
3. 通过合作学习的方式，结合媒体用字、社会用字等调查研究的方法，认识正确书写汉字的重要性。

三、情感态度与价值观目标

1. 在追溯汉字发展过程的学习中，培养学生探究学习的意识和能力。
2. 在社会用字调查的实践过程中培养学生的社会责任感。

3. 在合作学习的过程中，培养学生的团队合作意识。

4. 引导学生认识汉字发展的趋势，培养学生热爱并致力于传播祖国语言文字的情怀。

项目导入

我在上课讲汉字与书法的时候，就跟我的学生们说，其实咱们汉字是最讲道理的。因为我们从象形文字发展而来，这个文字在被创造的时候，它的构造就代表了一层含义、一个道理、一种文化，甚至是我们中国人骨子里的一种精神。

比如“仁”这个字。子曰：“仁者爱人。”但是从字形上来看，“仁”字就是左边的一个单立人，加上右边的一个二，这不就是两个人吗？那两个人在一起就是“仁”吗？如果要这么解释的话，“仇恨”的“仇”有九个人，我感觉我能脑补出一部 120 集的偶像剧了。

所以，我们就知道，“仁”字并不是单纯的数量的积累而已。

“仁”字左边的这个单立人，表示的是普天之下不同身份的生活者，而右边的这两横，表示的是等同和等齐，组合在一起的意思就是，对不同身份的人等而视之、将心比心。

——沈阳市教育研究院教研员 王磊

任务一　汉字概述

学习要点

1. 了解文字的性质和地位。
2. 了解汉字的起源。
3. 掌握汉字的特点。

学习任务

1. 正确认识汉字的性质和地位。
2. 在了解汉字起源的过程中，梳理汉字的发展历史。
3. 学会初步分析汉字的特点。

一、文字的性质和地位

文字是有声语言发展到一定历史阶段的产物，是用来记录有声语言的书写符号系统，是人类最重要的辅助性交际工具。文字的发明使口语向书面语转变，使人类进入了文明时代，使社会的文化、知识经验得以传承，使语言得到了更广泛的传播，对人类思维的发展有积极作用。

语言与文字的关系与影响：

（一）语言与文字的关系

语言是人类特有的一种社会现象，是人类最重要的交际工具和思维工具，是以语音为物质外壳，以词汇为建筑材料，以语法为结构规律的一种音义结合的符号系统。文字是记录语言的符号系统，是用书写或视觉的形式对语言进行的再编码。两者都应用于社会交际之中。语言具有第一性，文字具有第二性。文字在语言的基础上产生。不同种类的语言可以采用相同的文字来记录，同样，同一种语言也可以用多种文字来书写。

（二）文字对语言的影响

文字和语言分属不同的符号系统，文字作为表现语言的工具，对语言的发展具有重要影响。

第一，语言在信息传递过程中受时间、空间的限制。作为记录语言的符号系统，文字能突破时空的限制，增强了语言的交际能力。

第二，文字使人类文化得以积累，丰富了语言内容的文化内涵。

第三，文字的产生拓展了语言的表达方式，出现了书面语和口语的对立。文字是书面语的书写工具，是体现书面语的一种物质形式。

第四，文字促进人类思维的发展，思维的发展进而促进人类语言能力的提高。

第五，在文字基础上出现的大量文学作品和其他著作，促进了共同语的形成和语言规范化的进程。统一的文字能促使各地方言规律性地向民族共同语靠拢，使方言的差异逐渐缩小。

二、汉字的产生

（一）汉字起源学说

汉字概说

有关汉字起源的说法繁多，有结绳说、八卦说、契刻说、仓颉造字说和图画说等。

1. 结绳说

言及文字之起源，诸多文字学著作都会提及“结绳说”。有关结绳的记载，最早见于《周易·系辞下传》：“上古结绳而治，后世圣人易之以书契，百官以治，万民以察……”郑玄注：“结绳为约，事大，大结其绳；事小，小结其绳。”在书面文字未出现之前，人们常常依靠结绳来辅助记忆（图 1），或记数，或记事，或记日期，等等。据此有人推断文字起源于结绳。

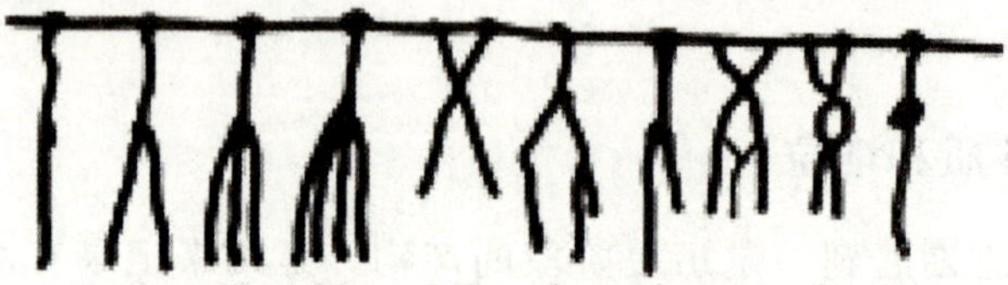

一 二 三 四 五 六 七 八 九 十

图 1 结绳

2. 契刻说

原始社会，人们曾用燧石刻画痕迹，来帮助记忆。《老子》中记载：“是以圣人执左契，而不责于人。”《列子·说符》中也有一段相关的记载：“宋人有游于道、得人遗契者，归而藏之，密数其齿。告邻人曰：‘吾富可待矣。’”《释名·释书契》中说：“契，刻也，刻识其数也。”俞樾《诸子平义》又说：“齿者，契之齿也。古者刻竹木以记数，其刻处如齿，故谓之齿。”可见，契刻是在木片或竹片上刻上道道或锯齿，用以记数或记事。

3. 八卦说

孔安国《尚书》序（属伪作，但年代甚古）里说：“古者……之王天下也，始画八卦，造书契，以代结绳之政，由是文籍生焉。”

文字产生于“八卦说”还能见于《周易·系辞下传》：“古者包牺氏之王天下也，仰则观象于天，俯则观法于地，观鸟兽之文，与地之宜，近取诸身，远取诸物，于是始作八卦，以通神明之德，以类万物之情。”

进一步将八卦与文字相比附的是《易纬·干·凿度》，书中记载：“乾卦，天字的古文；坤卦，地字的古文；离卦，火字的古文；坎卦，水字的古文；巽卦，风字的古文；震卦，雷字的古文；艮卦，山字的古文；兑卦，泽字的古文。”

4. 仓颉造字说

关于仓颉造字的传说，文献中的记载较多，如《吕氏春秋·君守》：“仓颉作书，后稷作稼。”《荀子》：“作书者众矣，而仓颉独传者。”《韩非子·五蠹》：“古者仓颉之作书也，自环者谓之私，背私谓之公。”传说黄帝时期，史官仓颉观察鸟兽的足迹，认识到不同的纹理可以用来区分事物。受到这样的启发后，仓颉便开始创制文字。这就是“仓颉造字说”。

5. 图画说

现代学者多倾向于文字起源于图画的观点。汉字是汉族人的祖先在长期社会实践中逐渐创造出来的。许多汉字起源于图画，在原始的画画记事的基础上逐渐形成。如，“日”“月”“雨”“水”“山”“火”“川”的早期文字都表现出极强的图画色彩。(图 2)。

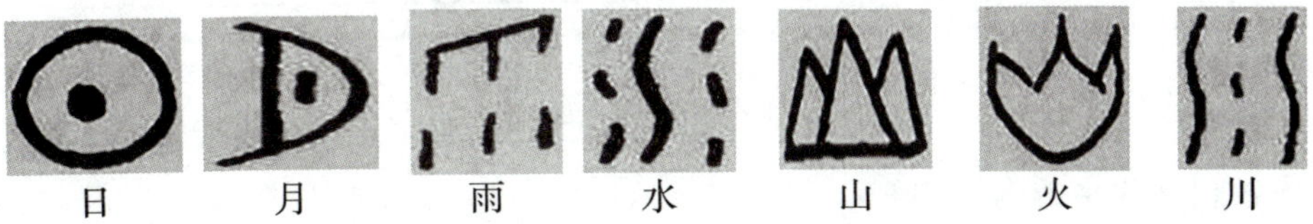

图 2　甲骨文示例

萌芽时期的原始汉字可能是分散的，不成系统。经过整理，图形或符号完全同语言中的词一致起来，并能够记录汉语，这样汉字就逐步成熟了。从近年考古研究的资料来看，汉字的历史可以追溯到五六千年前。现在能够看到的最早的成批的汉字资料，是距今三千多年前商代后期的甲骨卜辞和器物铭文中的文字，约三千五百个。从文字结构来看，象形、会意、形声、假借等方法都已经应用，算是基本成熟的文字了。

(二) 汉字起源的时代

汉字起源的时代问题一向为学术界所关注，而研究焦点一直集中在远古陶器上的刻画符号上。

1. 仰韶文化中的陶器刻符

仰韶文化是在黄河中下游地区经过长期发展而形成的一种土著文化，它的遗址分布地域和范围很广，大体以黄河中下游的河南、山西、陕西三省为中心，甘肃、青海、湖北、河北、内蒙古等地也有仰韶文化遗址分布。

仰韶文化时期的文化遗物以陶器为主。1954 年开始发掘的仰韶文化遗址西安半坡，出土了一批陶器，人们发现上面有很多刻符（图 3)。研究者认为这些符号有竖、横、斜、叉等，表示一定的意义。

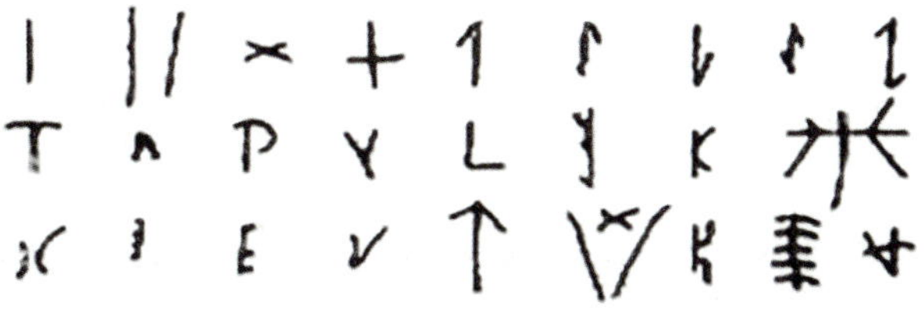

图 3　西安半坡遗址的陶器刻符

学者刘宝才认为，大量见于陶器上的刻画符号各有一定的含义和相对固定的形状，具备了文字的部分因素，但刻画符号没有读音，还不能算作文字。它在进一步发展后才形成最初的中国文字。

2. 马家窑文化

马家窑文化是仰韶文化向西发展的一种地方类型，出现于距今五千七百多年的新石器时代晚期，包括石岭下、马家窑、半山、马厂四个类型，主要分布于甘肃省，青海东北部、宁夏南部也有分布。

20 世纪 30 年代，在甘肃的和政半山和青海的民和马厂沿两地出土的陶壶和陶罐上，发现有用颜料描绘的符号（图 4），曾收集有 10 种。

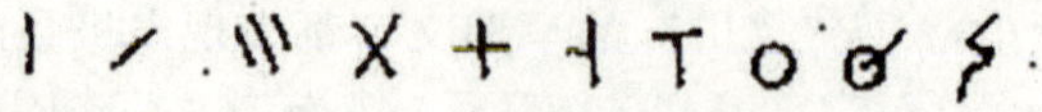

图 4　陶壶和陶罐上的符号

3. 大汶口文化中的陶器刻符

大汶口遗址主要分布在黄河下游的山东地区。大汶口遗址中发现了大量陶器符号。（图 5）

图 5　陶尊上的符号

这些陶尊上的陶器刻符绝大多数刻在陶尊外壁靠近口沿的部位，少数刻在外壁近底处。它们的形状极像殷商时期的文字，很容易从图形上联系到它们的意义。

4. 龙山文化中的陶器刻符

龙山文化泛指黄河中下游地区约新石器时代晚期的一类文化遗存。它因发现于山东章丘龙山村而得名，分布于黄河中下游的山东、河南、山西、陕西等省。

1928 年，山东济南章丘龙山村东北城子崖龙山文化遗址中出土了三片刻有符号的陶片，计有两种符号。（图 6）

图 6　山东济南章丘龙山村东北城子崖龙山文化遗址中的刻符

三、汉字的特点

（一）汉字属于表意体系的文字

世界上的文字可分为表音文字和表意文字两大类。从记录语音入手，用符号直接表示语音（音素或音节），造出音符间接表示语义，这种文字称为音符文字，即表音文字；从记录语义入手，用符号直接表示语义，造出义符，这种文字称为义符文字，即表意文字。

汉字作为表意体系的文字，通常表示语言中的一个词或语素，一般不直接和语音发生联系，真正打破了时空的限制，所以现代读书人能够阅读数千年前的文章。

（二）汉字是形体复杂的方块结构

汉字作为一种表意体系的方块字，不与语音直接发生联系，给记忆读音带来了很大困难。同时，笔画在方块中交错分布，给书写带来了很大困难。但是，汉字作为独有的方块结构也有其自身的优越性。与其他语言相比，汉字在精简语言表达方面效果显著。汉字辨义能力强，使用词形较短的汉语更省篇幅。在联合国的六种工作语言中，汉字最为精简。

（三）汉字有超时空性

从时间角度来说，虽然古今汉语的语音系统发生了很大的变化，但汉字的字形和所记录的语素的意义变化不大。例如，古书中的“天”“地”“人”“茅”“鸟”“虫”“鱼”等字，现代人不懂它的古音，但能了解它的字义。

从空间角度来看，相同的汉字在不同方言区可能读音有所不同，但表示的意思相同，而这也是汉字超方言的特性。

汉字的超时空性使它能在不同历史时期、不同方言地区很好地起到交际的作用，所以能够增强民族凝聚力。

（四）汉字分化同音词能力强

表音文字的一大特点是同音同形，而汉字同音语素较多，但同音不同形。分化同音词不仅有利于提高使用者的理解速度，也降低了歧义产生的概率。汉字使用几千年能够不被其他文字所取代，很大原因也是汉字分化同音词能力强，具有很强的辨义能力。

四、汉字的作用

在历史发展进程中，汉字记录了汉民族光辉的文化遗产和科技成果，并流传至今，促进了社会的发展和文明的进程。

汉字为人们跨时空交际提供了便利。现在，汉字作为一种带有表意功能的书面语，不仅是汉民族的通用文字，也是少数民族进行沟通交流的工具。在一定程度上，汉字限制了方言分歧的扩大，对汉民族和汉语的统一、发展起到了重要的作用。

汉字也曾被我们的邻国越南、朝鲜、韩国、日本等借去记录各自的民族语言，至今，日本、韩国还在使用部分汉字。新加坡、马来西亚采用我国的规范汉字作为国家的正式文字之一。汉字作为国家通用的文字，在国际交往中发挥了重要的作用。

汉字信息处理技术拓展了汉字的应用领域，还将长期为我们的社会生活服务。

拓展阅读

汉字和汉文化

思考与练习

1. 从文字符号记录的语言结构系统中的单位的情况来分析，有的文字记录的是________，有的文字记录的是________。

2. 汉字是记录________的________系统。

3. 简述汉字的特点。

任务二　汉字的形体和构造

学习要点

1. 了解汉字形体演变的基本情况。
2. 掌握汉字几种主要形体的名称、特点以及使用的时期。
3. 理解汉字“六书”的内容。
4. 掌握汉字结构的单位及组合方式。
5. 掌握正确的笔顺规则。

学习任务

1. 能够简单描述汉字形体的演变过程。
2. 正确描述现行汉字的形体特点。
3. 能够对“六书”进行基本的评价。
4. 能够正确描述汉字的笔形。
5. 能够根据笔顺规则举一反三，汉字笔顺书写正确。

汉字的形体和构造

一、汉字的形体演变过程

汉字形体在历史发展进程中先后产生了甲骨文、金文、篆书、隶书、楷书五种正式字体和草书、行书两种辅助性字体。

(一) 甲骨文

甲骨文，又叫甲骨刻辞、殷墟卜辞，是殷商时期使用的文字，主要是用刀刻在龟甲、兽骨上，是我国最早的成系统的汉字。

甲骨文的特点：笔画纤细，多为瘦笔，以直折为主，少有圆转；字形原始，图画性强，字形未定，异体繁多，有不少合文；大小不一，随意性大；书写行款无定式。例如“虫”“豕”“水”的甲骨文字形。(图 7)

虫

豕

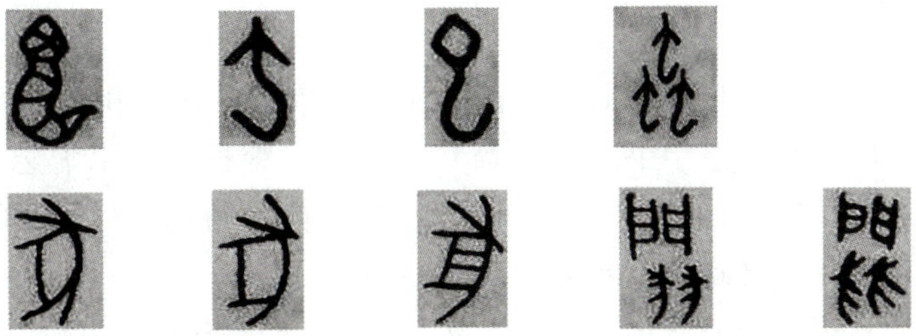

水

图 7　甲骨文字形示例

（二）金文

金文，又叫铭文或钟鼎文，盛行于西周，浇铸在青铜器上铸刻而成。金文记录的内容与当时社会，尤其是王公贵族的活动息息相关，多为祀典、赐命、征伐、围猎及契约之事。金文佳品以周宣王时期的毛公鼎金文（图 8）为代表。

图 8　毛公鼎及毛公鼎铭文

金文的特点：笔画圆润浑实，有大量肥笔；早期金文仍具有浓厚的原始图画色彩，晚期金文字形讹变严重，象形性比甲骨文有所降低；字的定型性有所提高，但仍有不少异体字，合文减少；后期金文大小匀称，书写趋于整齐；形声字大量增加；书写行款趋于固定，基本是从右向左书写。例如，“贝”“册”“车”“行”“眉”“泉”“手”的金文字形。（图 9）

贝　册　车　行　眉　泉　手

图 9　金文字形示例

（三）篆书

篆书一般有大篆、小篆之分。

1. 大篆

大篆一般是指春秋战国时期秦国的文字。大篆以籀文和石鼓文为主。

籀文，因其著录于字书《史籀篇》而得名。根据《汉书·艺文志》中的记载可知，《史籀》共十五篇，由周宣王时期的太史籀所作。王国维认为这些文字“左右均一，稍涉繁复，象形象事之意少，规旋矩折之意多”。

大篆的真迹，一般认为有“石鼓文”。石鼓文是指东周初秦国的刻石文字。

唐初在天兴县（今陕西宝鸡）三畤原出土的十个像鼓一样的石敦子，上面有我国现

存最早的刻石文字。(图 10)

图 10　刻石文字

大篆的特点是形体上有较浓的金文的痕迹，但笔画更趋均匀，字形更趋整齐，逐渐离开了图画的原形，奠定了方块字的基础。

2. 小篆

小篆由大篆发展而来，产生于秦国，通行于秦代和西汉早期，是秦代实行“书同文”政策时颁行的统一字体，和大篆并称“秦篆”，以“泰山刻石”为代表字样。推行小篆是汉字发展史上的第一次汉字规范化运动。

小篆的特点：笔画更加匀称整齐，线条粗细一致；笔画圆转，内聚环抱；图画意味削弱，符号性增强；字形长方，结构定型；异体字大量减少，合文消失。

《说文解字》就是以小篆为规范正字进行字形解析的。例如，“燕”“行”“禾”“瓜”“豕”“网”“泉”的小篆字形。(图 11)

燕　行　禾　瓜　豕　网　泉

图 11　小篆字形示例

(四) 隶书

1. 秦隶和汉隶

隶书产生于秦代，盛行于汉代。隶书分秦隶和汉隶两种。秦隶又称古隶，将小篆圆转弧形的笔画变为方折，在形体上实现了根本的转变，即基本摆脱了汉字象形的意味。汉隶又称今隶，由秦隶进一步演变而来，通行于两汉时期，字的形体结构更趋简化和定型。

隶书的特点：笔画平直方正，粗细有致；字形横扁，结体舒展；确立了汉字的笔画、笔顺，摆脱了原始图画色彩。隶书改变、混同了很多部首偏旁，文字符号化，是今文字的开始。(图 12)

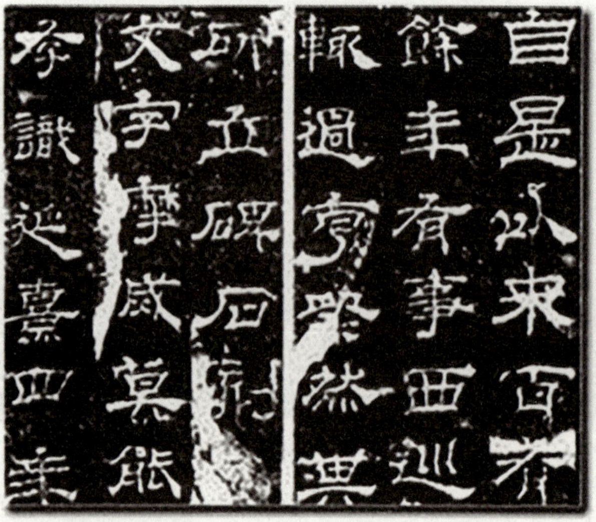

图 12 华山庙碑

2. 隶变

汉字由篆书向隶书的演变称为“隶变”，也叫“隶定”“隶古定”。“隶变”以前的汉字称为“古文字”，隶变之后的汉字称为“今文字”。隶变是汉字形体演变史上的重要转折点，是古文字与今文字的分水岭。它把小篆圆转的曲线变成了方折的笔画，使汉字的形体变得平直方正，并大量改造和简化汉字的形体。此后，汉字的象形意味大部分丧失了。

（五）楷书

楷书又称为“真书”“正书”“正楷”，产生于汉末，盛行于魏晋南北朝，成熟于唐代。晋代的王羲之、王献之父子是楷书的真正创始人。楷书同时吸取了篆书圆转的笔画，也保留了隶书的方正平直，去掉了“蚕头燕尾”。这使汉字的结构大体固定了下来，进一步向方块字发展。

楷书的特点：横平竖直，没有波折；笔势伸展、大方；形体方正，大小均匀工整；形体规范。例如，“蛇”“虎”“雨”“犬”“鱼”“鸟”的楷书。（图 13）

蛇 虎 雨 犬 鱼 鸟

图 13 楷书字形示例

楷书的出现标志着汉字书写成为一种艺术，不再仅仅停留在文字的发展上，也追求字形书写美观。

（六）草书

草书是相对于规范写法的一种简捷快速的写法。草书在书写时只求形似，不辨笔画细节。根据草书书写时对笔画细节的“模糊”程度，又可以分为“章草”和“今草”。

“章草”沿袭隶书笔势，但是笔画之间有相互连贯、浑然一体的特点。（图 14）这种草书主要用于奏章，所以叫“章草”。

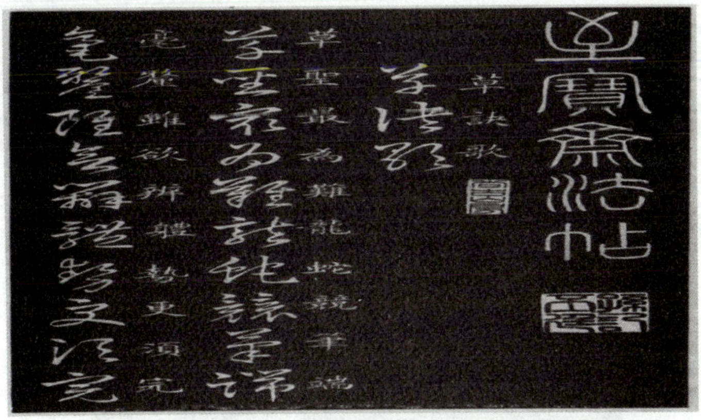

图 14　王羲之草书示例

今草是章草的延续，完全改变了隶书的笔形特点，字与字之间笔势呼应，贯通一气。（图 15）

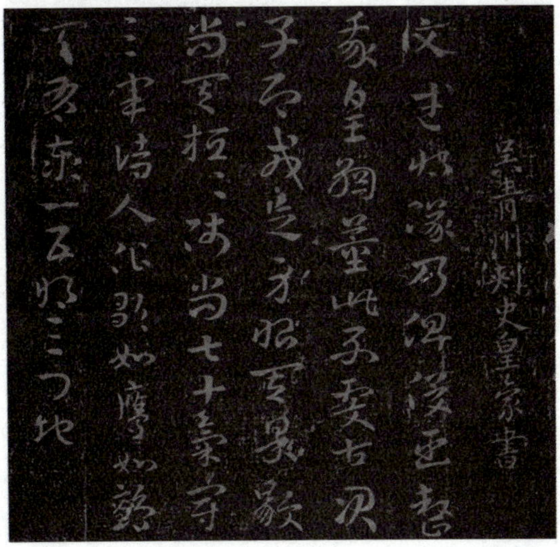

图 15　皇象书草书示例

（七）行书

行书是介于楷书和草书之间的一种书体。行书在楷书的基础上，简化笔画，有草书简洁流畅的书写特点，近于楷书而不拘谨，近于今草而不放纵。行书笔画连绵而各自独立，既便于书写又便于识别。（图 16）

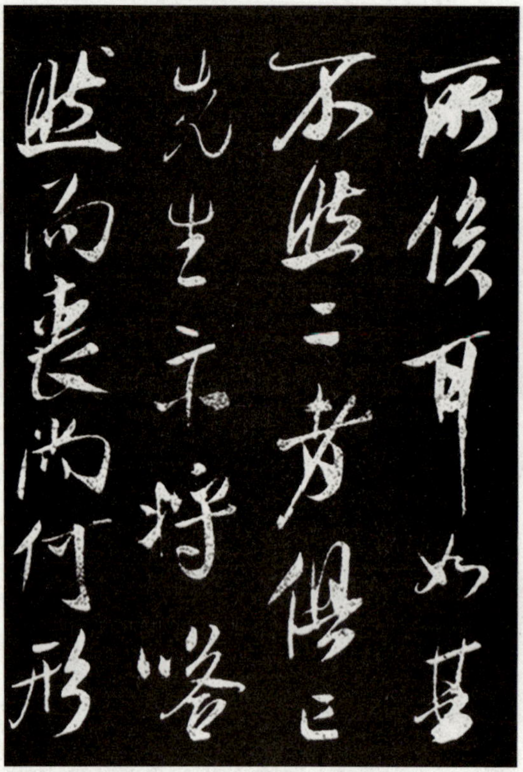

图 16　米芾行书示例

二、汉字形体的演变趋势

汉字形体的演变趋势是向着简化易写的方向发展，主要表现在三个方面：

1. 形体上更加简化

通过已有的汉字演变过程，即甲骨文→金文→篆书→隶书→楷书，不难发现，简化是汉字发展的历史趋势。

2. 书写符号性增强

形声字的表音表义作用在汉字简化过程中极大减弱，一方面，由于古今语音的演变，声旁原有意义逐渐削弱或丧失；另一方面，由于简体字的推行，很多表音表义成分无法准确识别。按照这种趋势发展，汉字部件的符号化会大大加强，书写更加方便快捷。

3. 新增汉字数量较少

对于汉字，作为“能指”的书写形式和作为“所指”的意义之间的对应关系没有发生改变，基本词汇的意义已经基本固定。因此，一般词汇中新词的产生就不外乎两种方式：一是借助汉语已有的构词规则，从已有的汉字中做出选择组合；二是音译或意译外来词。这两种新词产生的方式都不需要汉字本身做出调整。

三、汉字的结构单位

笔画是构成汉字的最小单位；部件是由笔画构成的，是构成汉字的预制构件。

（一）笔画

笔画是构成汉字的各种点与线，分为单一笔画和复合笔画。笔画的具体形状称为“笔形”。汉字的基本笔形有八种，被称为“永”字八法。（图 17）

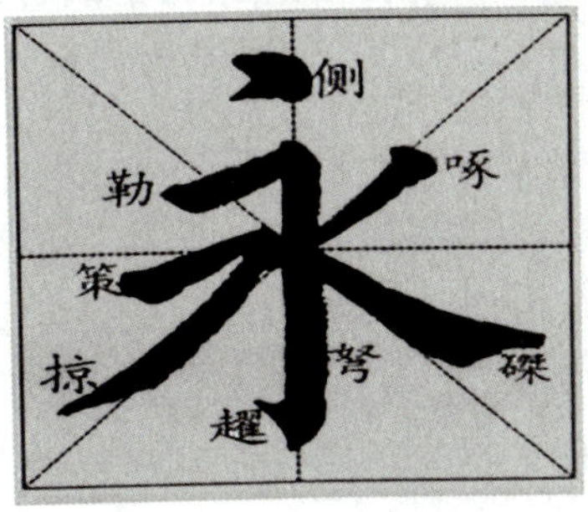

“永”字八法包含了汉字书写的八种基本笔画，即点、横、竖、勾、仰横、撇、斜撇、捺，按各自的笔势以八字概括为侧、勒、弩（或“努”）、趯、策、掠、啄、磔。

图 17　“永”字八法

确定笔画的依据是 1988 年国家语委和新闻出版署公布的《现代汉语通用字表》，表中规定了五种基本笔画，即：一（横）、丨（竖）、丿（撇）、丶（点）、乛（折），又称“札”字法。前四种是单一笔画，后一种是复合笔画。复合笔画又包括撇类、点类、提类、折类、钩类、弯类 6 类 25 种。

笔画组合的三种方式：

相接：笔画和笔画之间互相连接。例如：人、入。

相离：笔画与笔画之间互相分离，没有接触之处。例如：三、川。

相交：笔画与笔画之间互相交叉。例如：九、卅。

多数汉字是综合运用这三种方式构成的。如“鸣”“灼”“疗”“灿”，综合运用了相离、相接这两种方式；又如“佳”“甸”“冈”，综合运用了相离、相接、相交这三种方式。

（二）部件

1. 部件

部件是由笔画组成的具有组配汉字功能的构字单位。部件是由一个或多个笔画构成的。

2. 部件的类型

根据不同的标准，我们可以将部件进行划分归类。

（1）按照现在能否独立成字划分，可以分为成字部件和非成字部件两类。

成字部件现在一般可以独立成字。如“音”中的“立”“日”可以独立成字；非成字部件现在一般不能独立成字，如“宇”中的“宀”，但其在古代可以独立成字，代表房屋的意思。

（2）按照笔画的多少划分，可以分成单笔部件、多笔部件两类。

单笔部件只有一个笔画，如“句”“胤”中的撇，“主”“勺”中的点，“孔”“乱”中的折；多笔部件有两个或两个以上笔画，如“寺”中的“土”“寸”。

（3）按照能否再切分成小的部件划分，可以分成单一部件和复合部件两类。

单一部件是基础部件，不能再切分出更小的部件，如“分”“杉”中的“八”“木”。复合部件又称合成部件，如“伽”中的“加”。

（4）按照部件切分先后层次划分，可以分成一层部件、二层部件、三层部件等。例如，在“瓒”中，“王”“赞”是一层部件，“兟”“贝”是二层部件，“先”“先”是三层部件。

3. 部件的组合方式

根据汉字部件的多少，汉字可分为独体字和合体字。独体字就是由一个构字成分组成的不能进行拆分的字，例如“力”“水”等。合体字是由两个或两个以上的能单独成字的部件组成的字，如“相”字包含“木”和“目”两个字。

汉字的结构方式，主要是对合体字的结构方式而言的。汉字的结构方式可以分为下列几种主要结构方式：

（1）左右结构：如“林”“辨”。

（2）上下结构：如“音”“益”。

（3）包围结构：如“厅”“同”“匠”“函”“国”。

（4）框架结构：如“巫”“器”。

（5）“品”字结构：如“晶”“森”。

（三）偏旁

偏旁是传统汉字学采用两分法分析汉字结构得出的构字单位。一个合体字通常由两个偏旁构成，传统上有“左偏右旁”的说法。

偏旁与部件都是由笔画组成的具有组配汉字功能的结构单位，都是介于笔画和整字之间的构字单位。两者有一致的地方，如“男”的“田”和“力”既是偏旁，也是部件。

但两者也有区别。通常来说，偏旁是对会意字、形声字中表义和表音成分的分析；部件是对现代汉字内部结构系统分析的结果，可以表义、表音，也可以不表义、不表音。如“磨”从偏旁来看，只有“麻”和“石”两个偏旁，而从部件来看，则有“广”“木”“木”“石”四个部件。部件可大可小，是有级别的，而偏旁是固定的。

（四）部首

部首是具有字形归类作用的偏旁，是字书中的各部的首字。

部首不同于部件，有些部首还可以再分为几个部件，如“鼻”“革”“鹿”“鬼”等都是部首，都可以再分出两个或两个以上基础部件。有些独体字不能再分析出更小的部件，但都可以以起笔笔形的笔画作为部首，如“丁”“三”“于”“上”“下”等独体字都以“一”（横）作为部首。部首既可是意符音符，也可是笔画。充当部首的部件，大多都有表义作用。例如，“山”部的“岱”“岭”“岥”“峦”“崎”“岷”等字，字义都与“山”有关。

四、汉字的笔顺

汉字书写时笔画的先后顺序叫笔顺。由于字形结构的影响，笔顺是在长期书写活动中约定俗成的。正确地掌握汉字的笔顺，也便于使用笔顺查字法查字。

1. 笔顺的基本规则

（1）先横后竖。例如：王。

（2）先撇后捺。例如：分。

（3）先上后下。例如：星。

（4）先左后右。例如：谢。

（5）先外后内。例如：用。

（6）从外到内后封口。例如：围。

（7）先中间后两边。例如：永。

2. 汉字笔顺的补充规则

（1）下三包围结构，先内后外。例如：函、凾。

（2）左三包围结构，先上后内再竖折。例如：匡、匠、叵。

（3）左下包围结构，先内后外。例如：这、远、廷。

（4）上左包围结构，先外后内。例如：雁、床、度、屋。

（5）由“勹”“乁”“气”等构成外框的上右包围结构，先外后内。例如：刁、匀、氛。

（6）由“丁”“弋”“戈”构成，或以“弋”“戈”为主件构成外框的上右包围结构，先上后内再右。例如：可、鸢、戒、武。

（7）点在右上角，最后写点。例如：伐、博、戳、钱、术。

五、汉字的构造方式

汉代学者把“六书”解释为关于汉字构造的六种基本原则。班固《汉书·艺文志》说：“古者八岁入小学，故《周官》保氏掌养国子，教之六书，谓象形、象事、象意、象声、转注、假借，造字之本也。”许慎《说文·叙》认为“六书”为指事、象形、形声、会意、转注、假借。

清代以来，“六书”的名称大致采用许慎的（只有形声有时也称谐声），次序采用班固的。这样，“六书”的名称和次序如下：象形、指事、会意、形声、转注和假借。一般认为，前四种为造字法，后两种为用字法。在此着重介绍造字法。

（一）象形

许慎：“象形者，画成其物，随体诘诎，日、月是也。”

象形的主要特点是字形像它所表达的事物之形，以简单的线条把事物的轮廓或具有特征的部分描画出来。汉字的部首基本是象形字。古象形字有的像整体的形状，如“日”；有的像事物的特征部分，如“牛”“羊”；有的像事物添加的连带成分，如“瓜”“果”。（图 18）

日　牛　羊　瓜　果

图 18　甲骨文字形示例

象形法的缺陷是复杂的事物难以象形，抽象的事物无法象形，近似的事物不便区别。由于汉字形体的变迁，绝大部分的象形字已丧失象形的意味，只有极少数的字如“井”“田”“伞”“雨”“网”等尚依稀可辨。

（二）指事

许慎：“指事者，视而可识，察而见意，上、下是也。”

指事的主要特点是用记号指出事物的特点。指事包括两种类型：一种是纯符号指事，如“上”是用短横代表在地平面以上（图 19），“下”是用短横代表在地平面以下（图 20）。

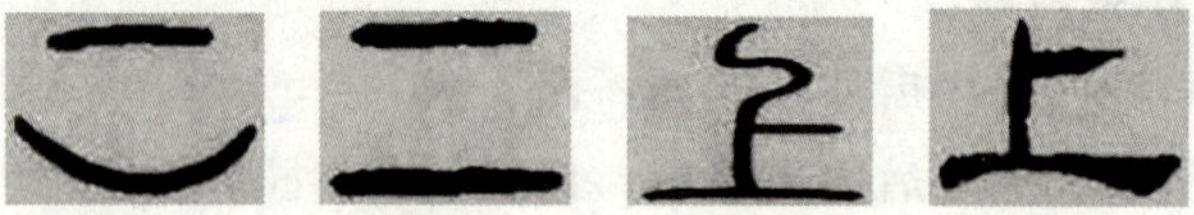

甲骨文　金文　小篆　隶书

图 19　“上”的写法

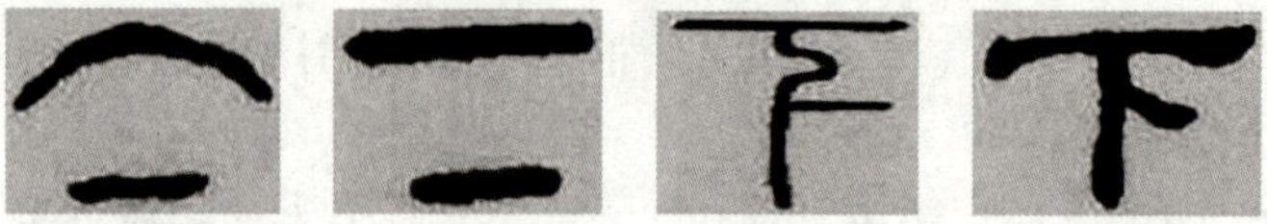

甲骨文　金文　小篆　隶书

图 20　“下”的写法

另一种是象形字加符号指事，如“亦”是用两个点指出腋下。（图 21）

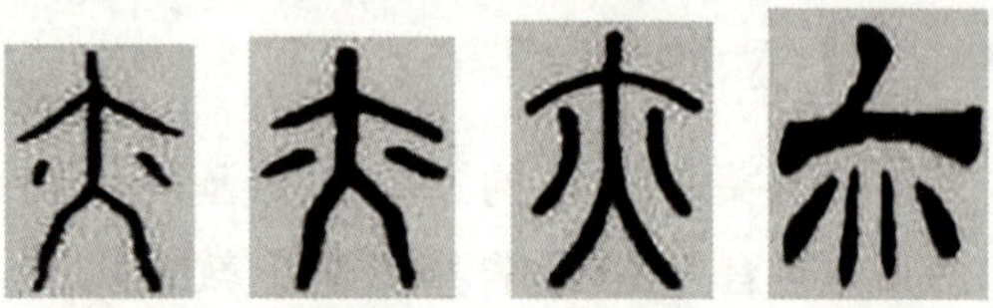

甲骨文　金文　小篆　隶书

图 21　“亦”的写法

（三）会意

许慎：“会意者，比类合谊，以见指㧑，武、信是也。”会意的主要特点是组合两个以上的形体来表示一个新的意义。会意的方式包括两种类型：一种是同体会意，如“步”表示两只脚在行走。（图 22）

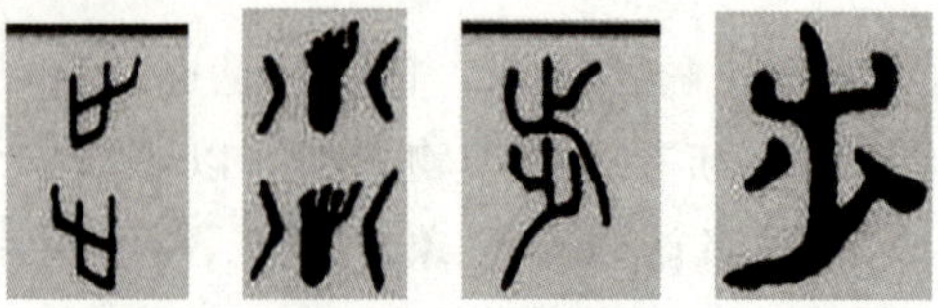

甲骨文　金文　小篆　隶书

图 22　“步”的写法

另一种是异体会意，如“安”，从“宀”从“女”，表示安静、安宁。(图 23)。

甲骨文　金文　小篆　隶书

图 23　“安”的写法

会意不同于象形、指事。用会意造字法造的字是合体字，如“尘”“众”等；用象形、指事造字法造的字是独体字，如象形字“日”“月”，指事字“上”“本”，等等。带附带部分的象形字如“瓜”，象形字加提示符号的指事字如“刃”，也都是独体字，因为附带部分和提示符号都不成字。

(四) 形声

1. 什么是形声

许慎：“形声者，以事为名，取譬相成，江、河是也。”形声的主要特点是由意符(也叫形符)和声符两部分组成，意符表示意义范畴，声符表示读音。如“叔”，从“又”，“尗”声，表示拾取。(图 24)

甲骨文　金文　小篆　隶书

图 24　“叔”的写法

形声既表音又表义，兼得二者之妙，具有极高的能产性。甲骨文中仅有 20%的形声字，现代汉字中则有 90%以上的形声字。

形声字有表音成分，同语言的声音有一定的联系，与象形字、指事字、会意字相比有一定的优越性。同一个形旁加上不同的声旁，可以造出意义有关而读音不同的一批形声字，如形旁“木”，在通用字中就有“杉”“杈”“杨”“枝”“枇”“松”等大量的意义同树木有联系的形声字。同一个声旁，也可能加上不同的形旁，组成读音有关而意义不同的一批形声字，如用“主”作为声旁的“拄”“注”“驻”“蛀”“住”等。

形声字的大量出现也说明汉字字形有同音化的趋势。不过，形声字的音符自身并不是音位或音素符号，音符还是利用了原来的象形字、指事字、会意字、形声字。所以，形声字音符的出现只说明汉字有了表音趋势和表音符号，并没有从根本上改变汉字的性质。

2. 形旁和声旁的位置

(1) 左形右声：湖、请、财、钩、彻。

(2) 右形左声：都、致、胡、战、剃。

(3) 上形下声：空、芳、宇、翠、箱。

(4) 下形上声：勇、盛、基、袋、照。

(5) 外形内声：阁、固、匣、囤、围。

（6）内形外声：闻、问、辩、闷、闵。

另外，有些字比较特殊。有的左上形，右下声，如“厅”“府”；有的左下形，右上声，如“越”“飓”；有的右上形，左下声，如“翅”“匙”；有的形或声在一个角上，如“荆”“旗”。

3. 声旁的局限

由于古今语音的演变等，大约有四分之三的形声字的声旁同字的读音不完全相同。有的声旁不容易分辨出来，声符与单音词的音始终没有形成一符对一音的关系，如“溅”与“箭”用了不同的声符“贱”和“前”，但表示的语音完全相同；同一声符表示的音只是相近而不是完全相同，如“溅”与“浅”的声母有别；有些声旁现在不单用，一般人不知道它的读音。

（五）转注

许慎：“转注者，建类一首，同意相受，考、老是也。”关于转注，学术界看法并不一致。一般认为，它的主要特点是字形同部，字义同源。例如，“考”与“老”、“呻”与“吟”、“讽”与“诵”、“空”与“窍”、“谀”与“谄”、“忧”与“愁”等。它不是一种造字方法，而是一种释义条例。

（六）假借

许慎：“假借者，本无其字，依声托事，令、长是也。”假借的主要特点是有词无字，借用音同或音近的字来表示。例如，“然”为“燃”的古字，本义是燃烧，后假借为代词“然”。

假借与通假的区别是：通假是有本字不用，偶尔借用，对语境依赖性强。例如，“早晚”的“早”，本来有这个字，但许多古书中往往不用，而用“蚤”，这就是一般所说的“通假”。而“假借”，是无本字可用，久借不还，对语境无依赖性。例如，“其”，本义是指“簸箕”，假借为代词“其”。

拓展阅读

无矩不成方——汉字的书写

思考与练习

一、填空题

1. 汉字在历史上出现过甲骨文、金文、（　　）、（　　）、楷书五种正式字体。
2. 造字法有（　　）、（　　）、（　　）、（　　）、（　　）、（　　）。

3.“六书”的两种用字法是（　　）和（　　）。

4.“非”的第一笔是（　　），“家”的第六笔是（　　）。

二、应用题

1. 具体说明下列各字是综合运用哪些笔画组合方式构成的。

叫　烧　病　烂　分　休　勾　攻　网

2. 具体说明下列汉字的笔顺。

仟　尧　聿　区　冉　书　过　轨　边　栽　辇　悲　毕　呀

牛　函　美　心　肾　幂　岔　考　弓　闪　情　化　状

三、简答题

1. 简述楷书和行书的特点。

2. 简述汉字笔顺的基本书写规则。

任务三 汉字的标准化和规范化

学习要点

1. 了解新时期汉字改革的任务。
2. 明确使用规范汉字的意义。

学习任务

1. 认真总结个人使用汉字的实际情况，掌握规范字，纠正错别字。
2. 形成正确书写汉字的觉悟与意识。

一、汉字改革问题

我国的文字改革主要包括文字内部的简化和整理两方面的内容。20 世纪 50 年代中期，国家制定了文字改革方案，确定了简化汉字、推广普通话和推行《汉语拼音方案》三项任务。当前，汉字工作的主要任务是根据新时期语言文字工作的方针，研究和整理现行汉字，制定各项有关标准，研究汉字信息处理问题，促进汉字的规范化、标准化等。

二、汉字的整理

汉字的整理包括简化笔画、精简字数和其他方面的整理。

（一）简化笔画

现行简化字的标准基本以 1964 年 5 月公布并推行的《简化字总表》为依据。

简化方法有：

第一，类推简化。

某个字形简化了，当这个字作为其他字的构件时如果也可以跟着简化，就形成类推简化，具体包括简化形声字声旁、简化形声字形旁和简化会意字部件。例如：

车（車）：辆（輛） 轨（軌） 轭（軛） 轮（輪） 轶（軼） 轵（軹）

第二，同音或异音代替。

在意义不混淆的情况下，用形体简单的同音或异音字代替繁体字，既减少了字数，又突出了表音的特点。例如：

同音代替：丑（醜） 制（製）

异音代替：柜 jǔ（櫃 guì）

第三，草书楷化。

把比较固定的草书字的笔形改用楷书的写法，如韦（韋）、书（書）等。

第四，换用简单的符号。

用一个笔画很简单的符号代替繁体字中特别复杂的部分，如汉（漢）、戏（戲）、邓（鄧）、观（觀）、环（環）、怀（懷）等。

第五，保留特征或轮廓。

把繁体字中繁难的部分删去，只留下表示字的特征或轮廓的部分。用这种办法简化的字称为特征字、轮廓字，如伞（傘）、亏（虧）、夺（奪）等。

第六，构成新的形声字或会意字。

构成新会意字，如众（衆）、宝（寶）等；构成新形声字，如窜（竄）、惊（驚）等。

（二）精简字数

1. 异体字

异体字是指音义都相同但形不同的字，如“耻（恥）”。这类异体字较多，没有任何积极作用，必须整理。

2.《第一批异体字整理表》的推行和调整

1955 年，《第一批异体字整理表》发布。经过多次调整后，《第一批异体字整理表》由原来的 810 组减少为 794 组，应淘汰的非规范异体字形由原来的 1 055 个减少为 1 024 个，选用字由原来的 810 个减少为 794 个。

（三）其他整理

其他方面的整理包括对异读词和异形词的整理。1985 年发布的《普通话异读词审音表》中审定了大量词语的异读音。

异形词是社会上并存并用的同音、同义而书写形式不同的词语，如“人才—人材”。教育部和国家语委于 2001 年 12 月发布了《第一批异形词整理表》，加强了对异形词的规范。

三、汉字的标准化

汉字的标准化主要是对汉字进行“四定”工作，即定量、定形、定音、定序。

汉字的标准化和规范化

（一）定量

定量，是指规定现代汉语用字的数量。按照汉字定量的要求，姓名用字、地名用字、方言字、科技专业用字都有必要制定字表，适当加以限制。

国家语委和国家教委于 1988 年发布了《现代汉语常用字表》，为现代汉语用字、教育用字和扫盲用字确定规范。2013 年，《通用规范汉字表》发布，共收字 8 105 个。

（二）定形

定形，是指规定现行汉字的标准字形。《第一批异体字整理表》《简化字总表》《印刷通用汉字字形表》《现代汉语通用字表》等的发布，为汉字的定形工作打下了较好的基础。

汉字定形的一个重要任务是进一步整理异体字。1955 年，《第一批异体字整理表》发布，表中共列出 810 组异体字。随后，又发布了《第二批异体字整理表》。目前，现代汉字的平均笔画大大减少，字形的规范已经初步建立，使汉字字形在一个时期内相对稳定。

（三）定音

现行汉字的定音工作还要继续进行。人名、地名的异读，轻声词、儿化词的表达，口语中的一些随意性，等等，都应该编写相应的词表。另外，一些多音多义字的读音也应该审订。经过 1957 年到 1962 年的三次异读词审定，《普通话异读词审音表初稿》发布。1985 年，国家语委又发布了修订后的《普通话异读词审音表》。现代汉字读音的标准比过去更加明确了。

（四）定序

定序，是规定现行汉字的排列顺序。汉字的排列方法有义序法、音序法和形序法三大类。义序法是按照字义进行排序的，如《尔雅》《释名》采用了义序法。音序法是按照字音进行排序，现在多数字典、词典都采用音序法，如《新华字典》《现代汉语词典》等。形序法是按照字形进行排序。其中，形序法又分为笔画法、部首法和号码法三种。

四、使用规范汉字

规范汉字是指国家有关部门发布的经过简化和整理的字表规定的现行汉字。不规范汉字包括两个方面：一个是不符合汉字规范的字，另一个是写错或读错的别字。

（一）掌握规范字

汉字的规范化包括正确书写字形，不写错字、别字，不写被废止的繁体字、异体字，不写不合规范的简化字，不写旧字形，等等；包括正确地读字音，不错读乱读字音，等等。

1. 掌握简化字

根据 1986 年出版的《简化字总表》（以下简称《总表》）来确定简化的范围。《总表》共包含三个分表，第一表收录了 350 个简化字，这些字是不做简化偏旁用的简化字，如灯—燈、敌—敵、阶—階；第二表收录了 132 个简化字和 14 个简化偏旁。这些都可做偏旁用，如发—發、贝—貝、会—會；第三表共收简化字 1 753 个，由二表类推而来。

学习《总表》时要注意以下几点：

(1) 类推简化的范围

第一表中的简化字是不能类推简化的。第一表中已经简化的繁体字，如果用作别的字的偏旁，不能类推简化。例如：

儿（兒）：睨　猊　鲵　霓

第一表中已经简化了的繁体字，用作偏旁时不能类推简化为其他的字。例如：

阶（階）：皆　偕　楷　揩

第一表中有的简化字的繁体偏旁是单独简化的，不能按照第二表的简化偏旁类推。

例如：

偿（償）：贝（貝） 员（員）

用简单符号简化的字，不能类推简化。例如：

邓（鄧） 赵（趙）

(2) 简化字的细微差别

注意简化字的细微差别，例如：

厌（厭） —压（壓）。

(3) 代替字的音义

采用同音或异音代替法简化的字，代替字本来的音义，应当注意辨析。

有的是同音代替字，例如：

后：①皇～；②（後）～面，～来。

秋：①～天；②（鞦）～千。

有的是异音代替字，例如：

别：①bié 分～，区～；②（彆）biè～扭。

朴：①piáo 姓～；pō～刀；②（樸）pǔ～素。

(4) 一简多繁字

一简多繁字，指一个简化字简化几个繁体字。例如：

钟：（鐘）警～，闹～；（鍾）～爱，～情。

历：（歷）经～，～史；（曆）阴～，日～。

(5) 不规范的简体字

不规范简体字，指不符合国家规定的简体字，主要包括停止使用的繁体字、已经淘汰的异体字和旧字形。与之相对应的规范字形就是 1986 年版《总表》规定的简化字。

2. 不用异体字

国家公布的《第一批异体字整理表》，把那些通行时间长、使用范围广以及笔画少的字定为规范字，另一些不太通行、笔画也比较多的字定为异体字。我们应该掌握表中所选定的规范字，不用异体字。整理异体字时，主要采用从俗、从简、书写方便的原则。

第一，从俗，即去生留熟，选用社会和出版物上比较通行的字形。

第二，从简，即选用笔画相对较少的字形。

第三，书写方便。很多字有上下结构和左右结构两种书写形式，为了方便书写，通常会选用左右结构的书写方式。

3. 区别新旧字形

《印刷通用汉字字形表》《现代汉语通用字表》中规范了印刷体字形，废弃了旧的印刷体字形，在汉字字形规范领域做出了重大变革。新字形笔画省简，具有笔画连接、笔画延伸等特点。

(二) 纠正错别字

错别字分为错字和别字，可简称为错字。其中，“错字”指写得不成字，即规范字典查不到的字。“别字”又称“白字”，指把甲字写成乙字。

写错字主要有三种情况：

第一，受相近偏旁、部件影响而错写偏旁、部件。例如，“考”的右下边是“丂”，有的人会误将右下边写成“与”。

第二，常常结合在一起的双音词中，一个字受另一个字偏旁的影响而写错。例如，“锻炼”中的“炼”是“火”字旁，人们在书写时往往会受到“锻”的影响，误写作“锻练”。

第三，弄错字的笔画，误写笔形。例如，“秦”字的下边是“禾”，首笔是撇，不是横。

写别字主要有两种情况：

①形近而误。例如：哀—衰—衷。

②义近而误。例如：辩驳—辨驳。

1. 避免写错别字

（1）注意字形

有些字声旁相同，但形旁不同，书写时要注意辨析不同形旁的意义。

例如：孤—狐—弧　育—肓

（2）注意字音

有相同声旁的字大多读音相同或者相近。因此，可以根据声旁来纠正错别字。

例如：臽—舀　氏—氐

（3）注意字义

词义在演变过程中，会由本义引申出大量的引申义。其中，引申义变为常用义，而本义已不常用。了解词的本义有助于我们更好地发现书写的错误之处。

例如：“规矩”常有人写作“规距”，这是因为不了解“矩”这个字的本义。“矩”的原意是指画直角或正方形等的曲尺，后引申为法度、规则的意思，才有了“规矩”这个词。如果了解了词的本义就不会出现将“规矩”用作“规距”的情况了。

2. 避免读错字

注意形声字的声旁，注意多音多义字，注意一些字的特殊读法，使读音合乎规范。

（1）注意形声字的声旁

注意形声字的声旁，但不要被声旁左右。实际上，大部分按照声旁去读都是不正确的。例如：

联袂（mèi）　针砭（biān）　停滞（zhì）　发酵（jiào）　嗔（chēn）怒

部分形声字按声旁读是对的，如“同胞（bāo）”“麻痹（bì）”“汲（jí）取”“谛（dì）听”等。

（2）注意多音多义字

一个字有多种读音，相应的也就包含多种字义，在读时应加以区别。例如“巷”，读作 xiàng 时表示较窄的街道；读作 hàng 时，指巷道。

（3）注意多音同义字

有的字，在不同词里字音不同，但字义相同，这叫多音同义字。例如“臂”，一般读 bì，是胳膊的意思；在“胳臂”中读 bei。但是，两个词中“臂”的意义相同。有的字在书面语和口语里读音不同。例如，“差”在书面语中读“chā”，如“偏差”“差异”“阴差阳错”等；在口语中读“chà”，如“差不多”“差不离儿”“差点儿”等。

（4）注意一些字的特殊读法，例如：

秘（bì）鲁　海参崴（wǎi）　否（pǐ）极泰来

（5）遵照《普通话异读词审音表》规定的读音

1985 年发布的《普通话异读词审音表》收录了异读词，我们应当严格按照表中规定的读音去读。

◆拓展阅读◆

汉字的规范化

思考与练习

一、填空题

1. 定量就是____________。《通用规范汉字表》，收字____________个。
2. 定形就是____________。
3. 定音就是____________。
4. 定序主要是____________。

二、简答题

1. 什么是异体字？请举例说明。整理异体字的原则是什么？
2. 简述为什么要促进现代汉语规范化？
3. 写错字主要有哪几种情况？

项目检测

一、古今有许多奇妙的拆字诗，你能再找到几首吗？

日月明朝昏，山风岚自起。

二、下列句子中均有错别字，请找出并修改

1. 那青山中随风起伏的阵阵林涛声，仿佛是大自然奏响的一枝交响乐。
2. 系好小舟，拄着捌杖，踏着青青的苔鲜，来到老友家做客。
3. 突然，雷声大做，先是漂下几滴雨点，接着大雨如柱。
4. 他在事实面前无耐地低下头。
5. 我们提倡节约用水，反对豪无节制地用水以及浪废水资源地行为。

三、那些谐音的广告牌令人哭笑不得，猜猜其营业内容

1. 饭醉团伙　2. 衣衣不舍　3. 联邦调茶局　4. 随心所浴　5. 随寓而安

项目三
使用恰当的词语

项目背景

词汇是构成语言的基本材料。词是构成词汇的最主要的组成部分。现代汉语的词汇丰富多彩，所以要想提高运用语言的能力，在不断丰富个人的词汇量的同时，还要提高对汉语词汇的特点、词义的理解。汉语词汇中有大量的同义词、反义词以及固定短语等。另外，同一个词在不同语境中可以表达不同的含义，要掌握并恰当地运用它们，提高语言表达的准确性和高效性，提升运用词语的能力。

项目目标

一、知识与能力目标

1. 熟练掌握语素、词以及构词法等知识，进而能够分析词的构成方式和构词特点。

2. 正确理解词义的性质以及词义的构成，明确应在不同的语言环境中准确地使用词语。

3. 掌握多义词和同音词的差别，体会现代汉语词汇的多样化特点。

4. 学习词义的聚合，学会同义词的辨析。

5. 了解熟语，并能够正确使用。

6. 了解词汇的构成和词汇的变化，正确理解词汇的发展变化。

二、过程与方法目标

1. 采取语境分析等方式，通过对比实践，体会词义。

2. 通过小组合作学习的方式，了解词义的差别，培养勤于思考和探究学习的能力，增强合作意识。

三、情感态度与价值观目标

1. 培养学生使用恰当的词语的意识，认识用词的准确性在人际交往中的重要作用。

2. 培养学生勤于思考和探究钻研的精神。

3. 培养学生在合作学习的过程中，乐于与他人协作的团队精神。

4. 培养学生在语言活动中使用恰当的词语的意识。

项目导入

有一次，妈妈让牛牛给在美国工作的爸爸写一封信。牛牛拿起笔，很快就写好了一封信，内容如下：

我最亲如骨肉的爸爸：

您好！近来身体是否健壮如牛？工作是否风调雨顺？收入是否见钱眼开？现在，我正在奋不顾身地学习，老师表扬了我的丰功伟绩，我听了感到沾沾自喜。在家的时候，您总是苦口婆心地批评我滥用词语。您放心吧，我是一个虚怀若谷的人，一定会浪子回头的。

收到我的信，您一定会感激涕零的！我和妈妈都盼着您早日回来。

祝爸爸万古长青！

你的首屈一指的儿子

——摘自《语文世界（小学版）》

同学们，读了牛牛的信，你会发现他的许多词语用得不恰当。现在，请大家对照下列词语的意思思考牛牛哪些地方用词不当。

亲如骨肉：形容关系密切，如一家人。

健壮如牛：形容身体健康，强壮得像牛一样。

风调雨顺：指风雨适合农时。

见钱眼开：形容人非常贪财。

奋不顾身：奋勇向前，不顾生命。

丰功伟绩：伟大的功绩。

沾沾自喜：认为自己做得很好而得意。

苦口婆心：劝说不辞烦劳，用心像老太太那样慈爱，形容怀着好心再三恳切劝告。

虚怀若谷：胸怀像山谷那样深广，形容十分谦虚。

浪子回头：不走正道的人改邪归正。

感激涕零：因感激而流泪，形容非常感激。

万古长青：永远像春天的草木一样欣欣向荣。

首屈一指：表示居于第一位。

任务一 词汇概述

学习要点

1. 了解词汇与词的关系。
2. 掌握词汇单位的类别。
3. 掌握词的结构类型。

学习任务

1. 明确词汇在语言中的地位。
2. 明确词汇各级单位的概念。
3. 能够辨析单纯词与合成词的结构类型。

一、词汇

词汇又称语汇，是一种语言里所有的（或特定范围的）词和固定短语的总和，如汉语词汇、俄语词汇或文言词汇、方言词汇等；还可以指某人或某部作品所使用的词和固定短语的总汇，如鲁迅的词汇、《史记》的词汇等。词汇与词就像人群与人的关系一样，是集体与个体的关系。

语言有三大要素：语音、词汇和语法。词汇是其中的一大要素。词汇是语音所负载的实际内容，没有了词汇，语音也就成了毫无意义的空壳；没有了词汇，语法的规则就没有了存在的必要，语法也就不会产生。

词汇概述

词汇是词的集合体，是语言的建筑材料，没有词汇就没有语言，好比没有建筑材料就没有房子。词汇中的固定用语如成语、谚语、惯用语、歇后语等是按照一个整体来使用的，在内部结构与外部功能等方面与词的作用是相同的，符合语言建筑材料的特点和功能要求，是词汇内容不可或缺的组成部分。

就一种语言讲，它的词汇越丰富、发达，语言本身也就越丰富、发达，表现力就越强。就一个人讲，他掌握的词越多，他的词汇就越丰富，也就越能精准地表达思想。要提高自己理解语言和运用语言的能力，就要不断积累、认真学习汉语的词汇。一是深入生活，在社会环境中增加词汇量；二是加大阅读量，从各类文学作品中汲取营养，培养语感；三是加强写作实践，在实际运用中，反复推敲，提高运用语言的准确性。

二、词汇单位

（一）语素

语素是语言中最小的语音语义结合体。

语素的作用和职能主要就是构词。虽然自由语素也可以单独成词、自由运用，有时与词的功能存在着一定的交叉，但是，从总体上看，语素是一种构词单位。

1. 语素的辨别

（1）语音、语义的结合体

语音可以用音节来表示，如：rén（人）、ne（呢）。

语义一般分为两种：表示事物、现象的意义叫词汇意义；表示语法作用的意义，叫语法意义。例如，“人”的词汇语义是能制造工具并使用工具进行劳动的高等动物，语法意义为名词。我们把既有词汇意义又有语法意义的语素，叫实语素；把只有语法意义，没有词汇意义的语素叫虚语素。这一部分里讲到的语义，一般是指实词的词汇意义。

（2）最小的语言单位

确定是不是最小的语音单位，主要的方法是替代法。所谓替代法，就是用已知语素替代有待确定是不是语素的语言单位。也就是对某个语言片段（一般是双音节）的各个成分进行同类替换。有两个要求：第一，要按照成分的原位置，分别替换其中的一个成分；第二，替换的成分与保留的成分组合后，要与原来的语义有一定的联系。

一个语素的情况：

①是语音、语义的结合体，不能再进行划分，如“天”“民”“吧”。

②是语音、语义的结合体，划分以后，一个成分能被替换，另一个不能。例如：

骆驼——※驼　　羊驼　　背驼　　双峰驼

骆驼——骆※　　络绎　　骆宾王

③是语音、语义的结合体，划分以后，两个成分都不能被替换。例如：

凡士林——※士林　　凡士林——凡※林　　凡士林——凡士※

以上几个例子的特点是都是最小的音义结合体，也就意味着除单音节外，在运用替代法的过程中，所有的双音节、多音节语素都是不能随意拆开的。一旦拆开，要么不能表示任何意义，要么表示的意义与原来的意义没有联系。

两个语素的情况（以双音节为例）：

铁路——※路　　马路　　山路　　水路

铁路——铁※　　铁轨　　铁钉　　铁质

“铁路”的两个成分“铁”“路”，均能拆开替换，并且与原来的意义有所联系，所以“铁路”是两个语素。

2. 语素的分类

汉语的语素大致可以从三个不同的角度进行分类。

（1）按语素音节的多少划分

可以分为单音节语素，如“人”“呢”等；双音节语素，如“铁路”“骆驼”等；多音节语素，如“凡士林”“布尔什维克”等。单音节语素写出来并不一定就是一个汉字，如“鸟儿”“花儿”。

（2）按语素的构词能力划分

一是能够独立成词的成词语素，如“书”“近”“唱”“又”“徘徊”等；二是不能单独成词的不成词语素，包括两种，如下：

一种是表示词的全部或部分基本意义，位置自由的词根语素。例如：

卫：保卫　卫生

荣：光荣　荣耀

语：语文　英语

另一种是表示附加的意义，是位置固定的词缀语素，词根前的叫“前缀”，词根后的叫“后缀”。例如：

阿：阿姨　阿宝

老：老师　老乡

者：记者　舞者

化：绿化　自动化

在语素的分类中，以语素的组合能力（成句或构词能力）为标准的分类，最有实用价值。

(3) 按语素的位置划分

可以分为组合时位置固定的词缀语素，即定位语素。例如，前缀语素，如“老（师）”“第（一）”“阿（宝）”“小（赵）”等；后缀语素，如“（花）儿”“（来）头”“（勇）于”“（胆）子”等。

还有一种组合是位置不固定的词根语素，即不定位语素。例如：

伟：伟大　伟人　伟业　伟略

　　雄伟　宏伟　奇伟　奇伟

（二）词

1. 词的辨别

词是语素的上一级单位，是语言中最小的能够独立运用的有音有义的语言单位。可以用以下几种方法判断一个语言单位是不是词。

第一，是不是能够独立运用的语言单位。一方面，独立运用是指能够单独成句回答问题，单独做句法成分。

例如：焦裕禄又去工作了。

谁工作？——焦裕禄。

焦裕禄去吗？——去。

焦裕禄去干什么？——工作。

另一方面，独立运用是指虽然不能单独成句回答问题，但能够单独做句法成分或单独起语法作用。例如，“焦裕禄又去工作了”一句中，“又”能够单独做句法成分，“了”能够单独起语法作用，但“又”“了”都不能单独成句回答问题。

第二，是不是最小的语言单位。可以采用扩展鉴定法。也就是在一个语言单位的中间尝试插入其他的成分，不能插入的就是词。

上例中的“焦裕禄”“又”“去”“工作”“了”，五个语言单位都不能扩展，是最小的，所以都是词。又如，“红茶”并不是“红的茶”，“骑兵”是指骑马作战的兵种，也不能扩展成“骑马的兵”。再如，“骑马”这个语言单位，采用扩展鉴定法可以变成“骑了一匹马”。这种能够扩展，又合乎语义的语音形式，是短语。因为短语涉及语法规则，我们在这里暂时不做深入的阐述。

2. 词与语素、短语的区别

按照语言单位的层级关系，语素是构成词的单位，词是构成短语的单位。那么三者应该如何区分呢？一般情况下，用能否独立运用（单说、单用）区分词和语素，用是不是“最小的”（不能扩展）区分词和短语。

（三）固定短语

固定短语是词跟词的固定组合，一般不能任意增减、改换其中的词语。固定短语可以分为专名（专有名称）和熟语两类。

专名绝大多数是社会组织机构或企事业单位的名称，如联合国世界卫生组织、国土资源局、新华书店等。

熟语在结构上比较固定，功能上相当于一个词。它包括成语（如“绿水青山”“众志成城”）、谚语（如“牛马年，好种田”）、歇后语（如“小葱拌豆腐——一清二白”）、惯用语（如“马后炮”“泼冷水”）等。

（四）缩略语

缩略语是语言中经过压缩和省略的词语。在使用语言的过程中，为了表达的简洁，人们常将较长的名称或习用的短语进行压缩和省略，成为缩略语。它可分为两类：

1. 词语简称

有提取原词的语素的，如“体检（身体检查）”“外长（外交部长）”等；有借用拉丁字母的，如“WTO”“AA 制”“B 超”等。有些简称经过长期使用，已经凝固成一个单词，全称反而很少使用了，如“地铁（地下铁路）”“劳保（劳动保护）”“空调（空气调节器）”等。

2. 数词缩略

例如：“三好（思想好、学习好、身体好）学生”“五讲四美三热爱”（讲文明、讲礼貌、讲卫生、讲秩序、讲道德，心灵美、语言美、行为美、环境美，热爱祖国、热爱社会主义、热爱中国共产党）等。

需要注意的是，缩略语也是经过社会成员长期使用而约定俗成的，是为全民所接受的一种语言形式，不能生造。

三、词的结构类型

语素是构成词的材料，所以分析词的结构类型，就要从语素的组合关系等方面进行分析。我们可以将词分为单纯词与合成词两大类。

（一）单纯词（单语素词）

由一个语素组成的就是单纯词。

按音节的多少分为以下两类：

1. 单音节单纯词

如“晴”“天”“山”等。

2. 多音节单纯词

是从语音结构的角度进行划分的。

(1) 联绵词：是两个不同的音节连缀成一个语素，表示一个意义的词。它可以分为三类：

①双声词：两个音节的声母相同。例如：

吩咐　伶俐　忐忑　犹豫　崎岖

②叠韵词：两个音节的“韵”相同。例如：

葫芦　逍遥　螳螂　从容

③非双声叠韵词：两个音节的声韵不同。例如：

玻璃　蝌蚪　芙蓉　玛瑙　涟漪

(2) 音译词：是以读音相近的字翻译外族词语的单纯词。例如：

咖啡　沙发　白兰地

(3) 叠音词：是由不成语素的音节重叠构成的双音节语素。例如：

淙淙　姥姥　蝈蝈　翩翩

(4) 拟声词：是模拟自然界和人类声音的词。例如：

咔嚓　轰隆　叽里咕噜

- 单纯词
  - 单音节单纯词：晴　天　山
  - 多音节单纯词
    - 联绵词
      - 双声词：吩咐　伶俐
      - 叠韵词：葫芦　逍遥
      - 非双声叠韵词：玻璃　蝌蚪
    - 音译词：咖啡　沙发
    - 叠音词：淙淙　翩翩
    - 拟声词：咔嚓　轰隆

(二) 合成词 (多语素词)

无论是词根语素还是词缀语素，只要有两个或两个以上语素（其中至少有一个词根语素）组成的就是合成词。按照语素和语素的结构关系可以分为复合式、重叠式、附加式三类：

1. 复合式

由词根加词根直接组合构成。

(1) 联合型，又叫并列式。两个词根的语义关系为相同、相近、相关或相反，具有两个词根并列且词性一致的特点。它可以分为以下四类：

①同义关系，如：

道路　治理　善良

②类义关系，如：

领袖　骨肉　尺寸

③反义关系，如：

开关　来往　始终

④偏义关系，如：

国家　忘记　动静

同义关系是指两个词根的意义相同或相近，可以互相说明。例如，“道路”一词，“道”也是“路”，“路”也是“道”。类义关系指两个词根的意义相似。反义关系指两个词根的意义相反。类义关系和反义关系内部的两个词根结合起来都产生了新的意义。例如，“领袖”指领导人；“尺寸”指长度或办事的分寸。“开关”指电器装置上接通和截断电路的设备；“来往”指交际往来。偏义关系的两个词根组合后，只有一个词根的意义起作用，另一个词根的意义完全消失。例如，“国家”只有“国”的意思；“动静”只有“动”的意思。

(2) 偏正型。前一词根修饰、限制后一词根，具有整个词的主要意义体现在后一个词根上的特点。它可以分为定中关系，如“草帽”“新房”等；状中关系，如“席卷”“轻信”“漫谈”等。

(3) 补充型。前一词根表示动作或事物，后一词根补充说明动作的结果或表示事物的单位，具有中心在前的特点，可以分为补充动作结果的，如“打倒”“推广”“提高”等；补充事物单位的，如，“房间”“车辆”“花朵”等。

(4) 动宾型，又叫支配式。前一词根表示动作行为，后一词根表示动作、行为所支配关涉的事物，如“管家”“投资”“达标”“举重”等。

(5) 主谓型，又叫陈述式。前一词根表示被陈述的事物，后一词根是陈述前一词根的，如“地震”“事变”“头疼”“性急”等。

2. 重叠式

由相同的词根重叠构成，如“姐姐”“妈妈”“刚刚”“仅仅”等。

3. 附加式

由词根加词缀构成。

(1) 前缀＋词根，例如：

老乡　阿姨　第一　小张

(2) 词根＋后缀，例如：

石头　椅子　绿化　创造性

单纯词中的叠音词和合成词中的重叠式看似相同，都是由两个相同的音节构成，但是二者是不同的类型。叠音词中的每个音节在现代汉语中都不能单独表义，如“淙”“姥”“蝈”“翩”等；而合成词中的每个音节都能单独表义，如“姐”“妈”“刚”“仅”等。

- 合成词
  - 复合式
    - 联合型：道路　领袖　开关　国家
    - 偏正型：草帽　新房　漫谈
    - 补充型：提高　推广　花朵
    - 动宾型：管家　投资　达标
    - 主谓型：地震　事变　头疼
  - 重叠式：姐姐　偏偏　仅仅
  - 附加式
    - 前缀+词根：老乡　第一
    - 词根+后缀：椅子　绿化化

拓展阅读

十二个月的雅称

思考与练习

1. 下列字中哪些是不成词语素？哪些是成词语素？

轻　祝　固　伟　习　素　蜻

2. 在下列单纯词中，哪些是双声联绵词、叠韵联绵词、非双声叠韵联绵词或音译词？

蝴蝶　嘀咕　侥幸　芙蓉　尴尬　蝙蝠

吩咐　汹涌　叮咛　沙发　乒乓　从容

翩跹　鸳鸯　忐忑　玲珑

3. 指出下列复合式合成词的结构类型。

雪崩　车辆　矛盾　抓紧　赧然　姑姑　锤子　窗户

姐姐　地震　老师　第一　现代化　动员　课桌　心悸

忘记　变化　消化　绿化　软化　胆小　公路　月食

任务二　词义的构成

学习要点

1. 了解词义的性质。
2. 了解词的概念意义和色彩意义。
3. 把握义素分析的方法。
4. 准确了解多义词各个义项之间的联系。

学习任务

1. 能够正确运用词的概念意义和色彩意义。
2. 进行义素分析。

一、词义的性质

词义的构成

词的外在形式是语音，词的内部形式是词义。词是一定的语音和语义相结合的统一体，能表示各种各样的事物。无论是客观存在的事物，还是人们头脑中想象的事物，都可以用词来表示。例如，“饕餮”是传说中的一种凶恶贪食的野兽，客观世界中并不存在，但现在还会用到。

词义是词的意义，包括表示事物、现象的词汇意义和表示语法作用的语法意义。例如“门”这个词，它有词汇意义，指房屋、车船或用围墙、篱笆围起来的地方的出入口；有语法意义，词性是名词。

（一）词义的概括性和具体性

词义都具有概括性，一般指的是整类事物或现象，也就是舍弃其个别的具体的东西，把同一类事物或现象的共同特征归结在一起。例如，“车”是陆地上有轮子的运输工具。这是“车”所共同具有的本质属性，而不是指某一辆具体的车。凡是“车”所表示的对象都应该有这种共同的本质的特征，不属于这个词范畴内的对象都没有这种特征。只有这样，词义才能准确地把词同相应的事物联系起来。

但另一方面，词义又都具有具体性。也就是说，在特定的语言环境中，词义所指的对象又一定是十分清楚的。例如，“车来晚了”，在特定的上下文和话语中，词义所指的对象是明确的，具有具体性。

（二）词义的明确性和模糊性

具有表明客观事物主要内涵的词义，相对于其他事物来说，界限、范围是清晰的、确定的，具有明确性。例如，“山”“河”“节日”“天气”“高兴”“团结”等，人们知道了这些词义所指的范围，就很容易与其他事物区别开来。但是，有些词义所指范围的界限不够清晰，就形成了词义的模糊性。例如，“清晨”“黄昏”“高”“矮”等，一般来说只是事物的核心部分比较明确，但是究竟几点是清晨、黄昏等，界限并不十分清楚。

（三）词义的稳固性和变异性

有些词义在长期的使用过程中，形成了一定的稳固性。例如，“鸟”“马”“风”“云”等，词义一旦约定俗成，成为共识，便具有稳固性。但是，随着社会的发展，词义也在不断地发生变化。例如，“行李”，在古代是指出使的人，现代是指出门所带的包裹、箱子等。词义的稳固性适应了人们交际的需要，而词义的变异性也是适应社会发展的必然。

二、词义的构成

词义是对客观事物的概括，是人们对客观事物的认识。客观对象本身在不同的环境中往往有不同的表象，展现出不同的词汇意义。其中，词义对客观对象的概括反映，构成了词的概念意义。此外，词汇意义还包括色彩意义和语法意义。

（一）概念意义

概念意义是词义中同表达概念有关的意义部分，是词义的主要部分，又叫理性意义。例如，“布”是指用棉、麻等织成的，可以做衣服或其他物件的材料；“丝绸”是指用蚕丝和人造丝织成的纺织品的总称。这两种客观事物的概念意义从物质的构成、用途、类别等方面，形成了客观对象自身区别于其他事物的意义和内容。概念意义是词义的主体部分，我们一般所说的词义正是指这种概括反映客观对象特征的理性意义。

（二）色彩意义

色彩意义是指词义中所表达的主体对于客观事物的情感、态度等方面的意义，又叫附属意义。它可分为感情色彩、语体色彩和形象色彩三类。

1. 感情色彩

人的感情丰富，在语言表达时也会赋予某些词相应的感情色彩。

（1）带有喜爱、肯定、赞扬、敬仰等感情色彩的，被称为褒义词。例如：

聪明　伟大　敬爱　团结　临危不惧　光明磊落　堂堂正正

（2）带有批评、否定、贬低、轻蔑等感情色彩的，被称为贬义词。例如：

狡诈　虚伪　庸俗　冷漠　附庸风雅　趾高气扬　急功近利

（3）现代汉语中大部分表示客观事物或现象的词，不带有任何的感情色彩，被称为中性词。例如：

工厂　医生　歌曲　思维　建筑　源源不断

有些中性词在特定的语言环境中还可以产生褒义或贬义的感情色彩。例如，“够朋友”“有水平”，都有赞扬和肯定的意思，但“水平”“朋友”原本的词义都不算褒义词。又如，“这么做，有点欠火候”“这菜烧得太老了”，都含有不满意的意思，但“火候”“老”都不是贬义词。

2. 语体色彩

语体色彩又叫文体色彩。有些词语由于经常用在口语中，带有口语色彩，是口语词，如“有空儿”“哆嗦”“纳闷儿”“白搭”等。有些词带有书面语色彩，是书面语词，例如“故乡”“仓促”“珍重”“竭诚”等。另外，一般的口语词也有相对应的书面语词。例如：

妈妈—母亲　生日—诞辰　寻思—思考

3. 形象色彩

形象色彩是词义中能引起对客观事物的形象加以联想和想象的内容。形象色彩的形成有赖于人体的感官联想，涉及听觉、视觉、味觉、嗅觉、触觉等多个方面。例如，“喇叭花”就是视觉上形状像喇叭的花而引起的联想；“酸溜溜”是味觉上舌下生津的感觉让人产生的联想。

（三）语法意义

语法意义是指词所表示的语法特点和语法作用方面的意义。任何词在使用过程中都离不开语法的范畴。例如，“水”“说”“好”等既有词汇意义又有语法意义的实词，以及“和”“呀”“的”等只具有语法意义的虚词，等等，只要使用就要符合语法规范。因此，词义具有语法意义。例如，“突然”的近义词是“忽然”，需要用语法意义加以区分，即“突然”是形容词，常做定语和谓语；“忽然”是副词，常做状语。

词义的三种意义中，概念意义是词义内容的核心，规定了客观对象自身区别于其他事物、现象的意义内容，决定了语言表达的准确与否。它是色彩意义和语法意义产生的基础，而语言的主要交际功能是由概念意义承担的。

由于词义所指的对象是包罗万象而又细致入微的，这些概念意义、色彩意义和语法意义往往是作为一个整体加以应用的。只有全面了解与理解，用起来才能表达得准确、鲜明、生动。

三、词义的分解

（一）义项分析

义项是对词的概念意义的分项说明。义项分析是编纂词典时所采取的重要手段，即把词的概念意义分解为若干义项加以说明、解释，有时也指出其色彩义的类型，并加以标示。它可以分为单义词和多义词两类。

（1）单义词

只有一个义项的词是单义词。单义词大多是人名、地名、事物名称、科学术语等。例如：

出溜：chū · liu〈方〉滑；滑行：脚底下一～，摔了一跤。

单义词一般要求意义单一、固定，能体现严谨性、准确性、不易混淆的特点和要求。单义词也不是一成不变的，在语言演变的过程中可能会增加新的义项，发展为多义词。

(2) 多义词

有两个或两个以上的义项，而且义项之间具有内在联系的词是多义词。例如：

聘：pìn①聘请：～任｜～用。②〈书〉聘问：报～｜～使往来。

③定亲：～礼。④〈口〉女子出嫁：出～｜～姑娘。

词典中，〈方〉、〈书〉、〈口〉分别表示方言、书面语和口语。多义词都是由单义词发展变化而来的，一般的规律是，使用频率越高的词，义项也就越多。多义词在原有义项的基础上，又不断增加新词，是词汇丰富的一种表现。词的多义，既丰富了词的内容，又扩大了词的使用范围。

(二) 义项的分类

多义词往往有多个不同的义项，这些义项之间的地位并不是平等的，其中有一个义项是基本的，叫作基本义。由这个义项直接或间接地发展转化来的，叫作转义。

1. 基本义

基本义并不一定都是本义。本义是指词源学上所说的造字的原始意义。例如，“兵”的原始意义是“武器”，现代汉语的基本义是“战士”。当然，也有基本义和原始意义重合的情况，例如“山”“水”等。基本义是相对于转义而言的。

2. 转义

转义主要有引申义和比喻义两种。

(1) 引申义

引申义就是根据基本义联想、推演而产生的意义。

以“重”为例：

①这条鱼有几斤重？——“重”指重量；分量。

②话说得太重了。——“重”指重量大；比重大（跟‘轻’相对）

③受了重伤。——“重”指程度深。

④军事重地。——“重”指重要。

⑤看重实干精神。——“重”指重视。

⑥老成持重。——“重”指不轻率；稳重。

“重”的第一个义项是“重量；分量”，其他五个义项都是从第一个义项发展而来的。

(2) 比喻义

比喻义是借用基本义来比喻另一种事物而固定下来的新的意义。例如：“园丁”，词典中的第一义项是指从事园艺工作的工人，第二个义项是比喻教师。其中，第二个义项是在第一个义项的基础上通过比喻产生的比喻义。

词的比喻义和修辞上的比喻是不同的。修辞上的比喻是临时的，离开了一定的语言环境，比喻的意义就不存在了。词的比喻义是已经固定下来的新义，是多义词的一个义项。

(三) 同音词

1. 同音词分类

同音词是多词同音，几个词的意义并无联系。一般分为同形同音和异形同音两种。

同形同音的，如“花”字，可有“花钱（耗费）”“花朵（植物）”“花哨（颜色错杂）”等；异形同音的，如“考察（到现场观察了解）”“考查（检查评定）”等。

2. 同音词与多义词的区别

多义词是一词多义，几个意义之间有联系。例如上面的“重”，虽然有六个义项，但这些义项都是有联系的。但是，同音词只是读音相同，例如上例的“花”，它的三个义项没有任何的联系。

（二）义素分析

义素是构成词义的最小意义单位，也是词的区别性特征。义素分析是将义项的内容加以分解：第一步，通过类属关系同别的非本类事物加以区别；第二步，根据某些特征同本类内部的其他事物相区别。例如：

义素：即区别性特征

青蛙 ——【+两栖动物】【+捕虫为食】【+体表光滑】【+背部青绿色】

蟾蜍 ——【+两栖动物】【+捕虫为食】【−体表光滑】【−背部青绿色】

共同义素　　区别义素

方括号内的特征就是区别性特征，“+”表示有这个特征，“−”表示无这个特征。“两栖动物”“捕虫为食”相对于对青蛙、蟾蜍来说是共同特征。这是它们的共同义素，是用来同其他事物相区别的；而“体表光滑”“背部青绿色”则是同类事物内部的区别义素。共同义素和区别义素都有区别意义的作用（共同义素对外，区别义素对内）。

义素分析大致有如下步骤：

1. 确定分析的对象

义素分析一般是在一些相关的词之间进行，只有相关的词才可以比较，才更容易选择适用的义素。例如，同一语义场中的笛子、巴乌和口琴，因同属吹奏类乐器，分析其义素，能够体现它们之间的关系，而笛子、星星和桌子，作为一组义素分析的对象，体现不出与其他词的关系以及分析的意义。

2. 找出共同特征与区别特征

根据所选定的词，进行词义间的比较，即找出相应的义素，比较异同。例如：

笛子——［吹奏乐器］［气流通过吹孔发声］［小型］

巴乌——［吹奏乐器］［气流通过簧片发声］［小型］

口琴——［吹奏乐器］［气流通过簧片发声］［小型］

这里的“吹奏乐器”“小型”是共同义素，“气流通过吹孔发声”“气流通过簧片发声”是区别义素。一般来说，区别义素是人们关注的重点。如果只是为了表明词义的区别，共同义素也可以不列出。

3. 对义素进行概括分类，用“+”“−”加以区分

义素确定之后，还要选择表达的方法。一般要对义素进行概括分类，两项对立的义素可归并成一个，用“+”“−”进行区分，“±”表示既可以是，也可以非。例如：

笛子——［+吹奏乐器］［−气流通过簧片发声］［+小型］

巴乌——［+吹奏乐器］［+气流通过簧片发声］［+小型］

口琴——［＋吹奏乐器］［＋气流通过簧片发声］［＋小型］

义素分析的作用就是可以独立地反映词义之间的区别与联系，帮助我们准确地掌握、解释和理解语义。

◆拓展阅读◆

汉语中的古今词义，如何沟通

思考与练习

一、填空题

1. 词义是________的反映，它包含着人们________。
2. 词义具有________、________、________三种性质。

二、选择题

1. 以下各组词语，感情色彩一致的一组词是（　　）

A. 败类、巴结、煽动、结果　　B. 善良、贤惠、奉献、付出

C. 英雄、杰作、牺牲、竞赛　　D. 赃款、小人、宣传、马虎

2. 感情色彩不同的是（　　）

A. 顺竿爬　　B. 老大爷　　C. 大骨头　　D. 烟花

3. 下列词属于单义词的有（　　）

A. 闹　B. 深　C. 搞　D. 出溜

4.（多选）下列画横线词属于多义词的是（　　）

A. 手里拿了一朵花/他花了五块钱　　B. 白字/白跑了一趟

C. 活到老学到老/这一批活做得很好　　D. 该休息一下了/该生品学兼优

三、根据所列义项的意义，判断哪些是多义词，哪些是同音词。

会：(1) 有一定目的的集会。(2) 熟习，通晓。

开张：(1) 商店等设立后开始营业。(2) 泛指某种事物开始。

生气：(1) 因不合心意而不愉快。(2) 生命力；活力。

成家：(1) 成为专家。(2) 婚姻（旧时多指男子）。

近视：(1) 视力缺陷的一种，只能看清近处的东西。(2) 比喻眼光短浅。

任务三　词义的聚合

学习要点

1. 了解什么是语义场。
2. 掌握同义词的辨析。
3. 掌握反义词的类型。
4. 了解语境与词义的关系。

学习任务

1. 学会同义词的辨析，认识同义词的表达作用。
2. 认识反义词的表达作用。
3. 学会根据语境理解词语的含义。

一、语义场

（一）什么是语义场

词义的聚合

语义场是指语义的类聚，既有共同义素又有区别义素的一组词的相关语义聚合为一个语义场。语义场是通过不同词之间的对比，根据它们词义的相同特点和不同特点划分出来的类别。不同词的共同义素与区别义素示例见表1。

表1　不同词的共同义素与区别义素示例表

词	共同义素		区别义素	
	饮品	含水果成分	酒曲	醋曲
果汁	+	+	−	−
果酒	+	+	+	−
果醋	+	+	+	+

果汁、果酒和果醋，它们的共同义素是含有水果成分的饮品。区别义素是果醋既含酒曲又含醋曲，果酒只含酒曲，果汁两者都不包含。共同义素表明各词义之间的联系，区别义素表示各词义之间的区别，由此可以更准确地辨析词义。

（二）语义场的层次

语义场有不同的层次，上一层次中某个词的义素必然为下一层次的各词所具有，而下一层次又必然有自己一些特殊的义素。例如，“笔”和“铅笔”“毛笔”是两个层次，在“铅笔”“毛笔”这一层次中，都具备“书写工具”这一义素，而“铅笔”的［一用墨汁］这一义素和“毛笔”的［+用墨汁］这一义素，则不是“笔”这个词所具备的。在这里，“笔”是上位词，“铅笔”“毛笔”都是下位词。

上位词必有下位词，下位词也可以有自己的下位词，对它的下位词来说它又成了上位词。例如：

文具

笔　墨　纸　砚　……

钢笔　铅笔　蜡笔　毛笔　……

“文具”是上位词，“笔”是“文具”的下位词，又是“钢笔”“铅笔”等的上位词，而“墨”“纸”等也有自己的下位词。

语义场的各项，也可以没有共同的上位词。例如：

教师　公公　指挥员

学生　婆婆　战斗员

“师生”“公婆”“指战员”只是合称，不是上位词。

二、同义义场与同义词

（一）概念与分类

同义义场是指意义相同或相近的词的语义场。同义义场中的各个词就是同义词。它包括两类情况：

1. 等义词

概念意义和语法意义完全相同，在风格、情趣、色彩等方面有点区别或无区别。例如：

诞辰—生日　知道—晓得

上面的每一组词，无论从哪一方面看，意义都相同，在语言中通常可以换用。

2. 近义词

概念意义相近，色彩意义或语法意义有所差异。例如：

优秀—优异　坚定—坚决　思念—想念

其中，“坚定”和“坚决”都有拿定主意不动摇的意思，但在表达的意义和用法上有一些不同。“坚定”侧重立场稳定，与“动摇”形成反义词；“坚决”侧重态度果断，与“犹豫”形成反义词。在用法上，“坚定”常用来表示立场和意志，“坚决”常用来表示行动和态度。现代汉语词汇中有大量的近义词，因为一些细微的差别，所以能使表达更加精确与细腻。在使用过程中，我们需要仔细辨别，力求准确。

义项相同的一组词即可构成同义义场。例如：“让我骄傲的一点是：他从来就不是一个骄傲的人。”这句话中的“骄傲”一词出现了两次，第一个“骄傲”的义项是“感到光荣”，与“自豪”一词构成同义义场；第二个“骄傲”的义项是“自以为了不起”，与“自满”一词构成同义义场。

（二）同义词的辨析

要恰如其分地使用同义词，准确地表情达意，就必须学会辨析各个同义词之间的细微差别。一般来说，可以从以下几个方面进行同义词的辨析：

1. 概念意义的辨析

（1）范围大小不同。例如，“时代”和“时期”都是指时间范围，但所指的范围又不完全一样。“时代”所指的时间较长，“时期”所指的时间可长可短。

类似的例子还有“事情”和“事件”、“战争”和“战役”、“局面”和“场面”等。

（2）程度轻重不同。例如，“打扫”和“清扫”，都有扫除的意思，但程度的轻重有所不同。“打扫”是指扫除、清理；“清扫”是指彻底扫除。

类似的例子还有“爱好”和“嗜好”、“请求”和“恳求”、“失望”和“绝望”等。

（3）侧重点不同。例如，“爱惜”和“爱护”，出发点都是爱，但是“爱惜”的侧重点是珍惜；“爱护”的侧重点是保护。

类似的例子还有“考察”和“考查”、“破坏”和“损坏”、“侵犯”和“侵占”等。

（4）具体与概括不同。

2. 色彩意义的辨析

主要表现在感情色彩和语体色彩方面：

（1）感情色彩不同。例如，“爱护”“保护”“袒护”都有守护的意思，但三者的感情色彩分别是褒义词、中性词、贬义词。

类似的例子还有“表扬”和“批评”、“攀比”和“比较”等。

（2）语体色彩不同。可分为以下几种情况：

①口语和书面语，例如：

哆嗦—颤抖　　妈妈—母亲

②一般用语和专门用语，例如：

提拔—擢升　　树挂—雾凇

③方言和普通话，例如：

晓得—知道　　棒子—玉米

3. 语法意义的辨析

（1）词性与句法功能不同。例如，“充满”和“充足”都有充裕的意思，不同之处在于“充满”是动词，意思是填满、布满，能带宾语，不受“很”的限制；“充足”是形容词，意思是多到能满足需要，不能带宾语，受“很”的限制。

类似的例子还有“即将”和“将来”、“忽然”和“突然”等。

（2）搭配不同。例如，“维持”和“保持”都有停留或持续的状态的意思，但是它们的搭配对象不同。“维持”可以和“秩序”“现状”“生活”等搭配，“保持”则与“卫生”“记录”“距离”等搭配。

类似的例子还有“履行”与“条约”“义务”等搭配，“执行”与“任务”“命令”“计划”等搭配。

(三)同义词的表达作用

1. 语言表达精确、严密

例如:“一个婴儿刚出生就夭折了,一个老人寿终正寝了,一个中年人暴亡了。他们的灵魂在去天国的途中相遇,彼此诉说起了自己的不幸。”

现代汉语中有很多“死亡”的同义词,应用于不同年龄段、身份、地位的人和不同的场合。在这段话中,婴儿用“夭折”、老人用“寿终正寝”、中年人用“暴亡”,表达得精确而严密。

2. 可以使语气委婉

例如:“3 月 14 日下午两点三刻,当代最伟大的思想家停止思想了。让他一个人留在房间里不过两分钟,等我们再进去的时候,便发现他在安乐椅上安静地睡着了——但已经是永远地睡着了。”

同样是表达“死亡”的意思,这段文字运用“停止思想”“睡着”委婉地写出了受人敬仰的马克思离开人世的现实。

3. 行文避免重复,富于变化

例如:“真的猛士,敢于直面惨淡的人生,敢于正视淋漓的鲜血。”

“直面”和“正视”都有看的意思,间隔比较近的上一句和下一句,使用了不同的词语,避免了用词的重复。

4. 表现鲜明的语体风格

例如:“庆祝中国共产党百年华诞。”

“华诞”是“生日”的书面语,在举国上下庆祝中国共产党成立一百周年这样隆重的场合,用“华诞”一词,体现出了庄严、郑重的语义特点。

5. 同义词连用,表义充分,增强语势

例如:“大陆上的秋天,无论是疏雨滴梧桐,或是骤雨打荷叶,听去总有一点凄凉、凄清、凄楚。于今在岛上回味,在凄楚之外更笼上一层凄迷了。”

“凄凉”“凄清”“凄楚”“凄迷”同为近义词,但又各有侧重。四个近义词的连用,增强了语势,突出了表达效果。

三、反义义场与反义词

(一)概念与分类

反义义场是指意义相反或相对的两个词的相关语义构成的语义场。这两个词互为反义词。反义词可以分为绝对反义词和相对反义词两种类型。

1. 绝对反义词

是建立在矛盾关系的基础上,即肯定一方必否定另一方,否定一方必肯定另一方,两者中间绝不允许出现第三种情况。它又叫互补反义词。例如:

对—错　　出席—缺席　　有—无　　生—死　　正数—负数　　曲—直

以“对”和“错”进行说明,它们是相互排斥的,不是对就是错,不是错就是对,排除了既不是对也不是错的中间状态。这种相反是绝对性质的。

2. 相对反义词

是处于对立关系两端的两个词，肯定一方必否定另一方，但否定一方不一定肯定另一方。两者之间可以有中间状态和其他情况。它又叫极性反义词。例如：

大—小　　朋友—敌人　　冷—热　　黑—白　　先进—落后　　快—慢

以“大”和“小”进行说明。它们相反，是大就不是小，是小就不是大，但是不大却不一定小，不小也不一定大，可以有中间状态存在。这种相反是相对性质的。

（二）反义词的鉴定

1. 反义词必须属于同一意义范畴

反义关系是词与词在语义上的一种横向联系。构成反义词的一对词或一组词必须属于同一个意义范畴。例如，“长”和“短”都属于度量，“轻”“重”都属于重量，“早”和“晚”都属于时间。所以，它们都是反义词。又如，“黑”属于颜色，“大”属于体积，不能构成反义词。

2. 反义词是词与词的关系，不是词与短语的关系

例如，“好”和“坏”、“诚实”和“虚伪”都是词，可以构成反义词。但是，“好”和“不好”、“诚实”和“不诚实”都是词与短语的关系，所以不能构成反义义场，不是反义词。

3. 基于义项构成反义关系

反义词的反义关系以义项为基本单位，如单音词“凸”和“凹”、“公”和“私”、“同”和“异”。多义词也是如此。一个多义词有多少个义项就有可能组成多少组反义词。例如，“开”的义项有发动、举行、打开等，可以形成“开车”和“停车”、“开会”和“闭会”、“开门”和“关门”等反义义场，从而构成反义词。

（三）反义词的表达作用

1. 揭示事物矛盾和对立的关系，对照鲜明，深刻地表现事物的特点

例如：“如果说白昼是群体的，夜晚则是个人的。白昼若是紧张的，夜晚就是放松的。白昼劳作，夜晚歇息。”

“白昼”和“夜晚”、“群体”和“个人”、“紧张”和“放松”、“劳作”和“歇息”，对照鲜明，深刻地表现事物的特点。

2. 构成对偶与映衬，使语言更加深刻有力

例如：“谦虚使人进步，骄傲使人落后。”

上句中的“谦虚”和“进步”与下句中的“骄傲”和“落后”构成对偶。

再如：“有的人活着，他已经死了；有的人死了，他还活着。”

上下句中的“活着”和“死了”构成映衬。

3. 反义词连用，增强语势

例如：“一个人坚强还是懦弱，诚实还是虚伪，文明还是粗野，文雅还是粗俗，慷慨还是自私，温柔还是粗暴，好学还是懒惰？这一切……是别的职能部门不好管，也不便管的。”

句中连用了“坚强”和“懦弱”、“诚实”和“虚伪”、“文明”和“粗野”、“文雅”和“粗俗”、“慷慨”和“自私”、“温柔”和“粗暴”、“好学”和“懒惰”七对反义词，突出了表达的内容，增强了语势。

4. 形成总括的语言效果

反义词，因为处于反义义场的两端，往往可以统指整个范围的全部。例如，“吾将上下而求索”中的“上”和“下”，就是涵盖了广阔的天地之间，言简意赅。

四、词义与语境

（一）语境对解释词义的作用

语境就是语言单位出现时的环境。它一般分为两类，即上下文语境和情景语境（又叫社会现实语境）。

1. 上下文语境

上下文语境是指口语中的前言后语和书面语中的上下文。在语流中，出现在词、短语、句子之前的语句都属于上文，出现在之后的都是下文。更贴近的上下文是跟该词处于同一个句子的其他的词或短语。例如，“别”是同音词，在下面的语境中，语义就会区别开来。具体事例如下：

①开会时，把团徽别衬衫上。

②下雨了，你还是别去了。

“开会时”“下雨了”分别是两个句子的上文语境，“衬衫上”“去”就是两个句子的下文语境，也分别是两个“别”更贴切的上下文语境。

有些词语所表示的内容无法明确，就需要依靠上下文语境来解释，一旦进入了语境，词义就分化了。当然，对上下文了解得越多，越有利于理解。例如，在两个人讨论时，第三方加入谈话，那么第三方往往需要弄清楚两人之前谈话的内容，相当于上文语境，这样才能更好地加入讨论。

2. 情景语境

情景语境是指说话时的人物、背景，涉及的人或物、时间处所、社会环境以及说话双方的辅助性交际手段（包括表情、姿态、手势等非语言因素）。

在日常对话中，人们总是结合着情景语境选择词语、理解词语。例如：“这小不点儿真可爱。”我们知道“小不点儿”是不大的意思，而且带有喜爱的感情色彩。它可以指小孩儿、小动物，也可以指小的物件儿。一般情况下，不会指大人或大的物件。

总之，情景语境越具体，上下文语境所起的作用就越小。反之，情景语境越不清晰，上下文语境的作用就越大。

（二）语境对词义的影响

现代汉语中的多义词比较多，因此语境对词义的明确化就起到了非常重要的作用。语境对词义的影响主要有以下几个方面：

1. 语境限定了词义的某一义项

词往往是多义的，但是在一定的语境中只使用一个义项。例如，“发”是一个多义词，但是在“发货”这样的语境中只适用于“送出；交付”这一义项；在“发面”中只适用于“食物等因发酵或水浸而膨胀”这一项；在“发言”中只适用于“表达；发表”这一义项。

2. 语境使词义具体化

有些词义可以直接在语境中明确意义。

（1）指示法，往往在日常生活中运用。例如，解释“微课”一词，可以直接在电脑或手机上，打开介绍微课的视频，使解答具体化。

（2）因文定义，依靠文字材料里的上下文语境明确词义。

（3）对词义进行确指。例如，同样是“我去开个会”，具体到不同的场景，可以指公司经理去召开会议，也可以指公司员工去参加会议。

◆拓展阅读◆

近义词辨析

思考与练习

一、选择题

1. 下列属于关系义场的是（　　）

A. 初试—复试　　B. 桌子—椅子—板凳

C. 来—去　　D. 大学—中学—小学

2. 属于同一互补反义义场的是（　　）

A. 大—小；先进—落后　　B. 正确—错误；快—慢

C. 生—死；动—静　　D. 高—低；出席—缺席

二、分析下面同义词的主要区别

1. 请求—恳求
2. 信—信件
3. 父亲—爸爸
4. 侮辱—凌辱
5. 赞扬—吹捧
6. 爱护—爱戴
7. 宏伟—雄伟
8. 边疆—边境

三、给下列各个词分别填上一个同义词和反义词

扩大　本质　喜爱　容易　出现　丰富　繁杂

四、在所提供的同义词中挑选一个恰当的词语，使句子表述准确

1. 选举投票的现场（云集　聚集）着各大新闻媒体的记者。

2. 如果没有丰富的生活积累与深厚的艺术功底，没有较高的语言文字修养，是很难写出高（品位　品味）的作品来的。

3. 曹操四言诗的雄浑，陶渊明田园诗的恬淡，自然受人的称誉；而张旭草书的雄奇，颜真卿楷书的厚重，也同样令人（赞扬　赞叹）。

任务四　词汇的构成

学习要点

1. 掌握词汇的构成。
2. 熟悉基本词汇和一般词汇的特点。

学习任务

认识基本词汇和一般词汇的关系。

一、词汇的构成

词汇由基本词汇和一般词汇构成。

（一）基本词汇

词汇中最主要的部分是基本词汇，是反映自然界和人类社会生活中最基本的概念的词汇，是词汇中最主要的部分。虽然基本词的总和比一般词汇少，但很重要，使用频率高。

词汇的构成

1. 基本词汇的构成

（1）有关自然界事物的：天、地、风、云、水、火、雷、电等；

（2）有关生活和生产资料的：米、油、车、灯、布、纸、刀、船等；

（3）有关亲属关系的：爷爷、奶奶、爸爸、妈妈、姐姐、弟弟等；

（4）有关人体各个部分的：头、眼、手、脚、嘴、心等；

（5）有关人或事物行为变化的：走、想、写、画、跑、唱、来等；

（6）有关人或事物性质状态的：大、小、长、短、粗、细、好、坏等；

（7）有关指称和代替的：我、你、他、这、那等；

（8）有关数量和单位的：十、百、千、万、个、只、尺、斤等；

（9）有关方位和时令的：东、西、前、后、春、夏、秋、冬等。

2. 基本词汇的特点

（1）稳固性

许多基本词汇从甲骨文时代到现在还在一直使用着，如“日”“月”“山”“水”“鸟”“虫”“鱼”“马”“牛”“羊”等。因为这些基本词所标志的事物是稳定的，所以决定了基本词汇的稳固性。

（2）能产性

基本词大多为词根语素，因其是自由语素，所以构词能力很强，是构成新词的基础。例如，“大”，以“大”字开头可以组成“大胆”“大局”“大型”“大革命”“大自然”“大刀阔斧”“大快人心”等双音节和双音节以上的词；以“大”字收尾可以组成“强大”“浩大”“巨大”“发扬光大”等词；以“大”字作为第二个字、第三个字或者穿插组成的有“胆大心细”“长篇大论”“大是大非”“大摇大摆”等词。当然，基本词也有构词能力弱或者几乎没有什么构词能力的，例如“谁”“你”“没有”等。

(3) 普遍性

基本词为全民族所共同理解，流行地域广，使用频率高，不受阶级、行业、地域、文化程度等方面的限制。

(二) 一般词汇

一般词汇是指语言中除基本词汇以外的词汇。它包括古语词、新造词、方言词、行业词、外来词等。例如，法律术语中的“违法”“犯罪”“起诉”“上诉”“法人”“法定代表人”等，这些词尽管不是基本词，但都是法律部门使用的不可缺少的词。

一般词汇没有基本词汇那样强的稳固性，却具有很大的灵活性。社会的发展，在语言中首先反映在一般词汇上。一些新词总是先成为一般词汇，然后有一部分可能成为基本词汇。一般词汇数量多，但不一定为全民族的成员所普遍掌握，掌握哪些一般词，大体都是根据自身所需决定的。基本词汇与一般词汇是相互依存且相互渗透的。基本词汇是构成新词的基础，一般词汇也会因为使用频率的降低，而直接转为一般词，如“吾”“殿下”等；一般词汇中有的词又能逐渐取得基本词的性质而转为基本词，如“党”“书记”等。

二、一般词汇的构成

(一) 古语词

古语词是现代汉语中仍使用的那部分古代汉语词语，是现代汉语词汇的组成部分。

1. 界定与类型

(1) 历史词

表示历史上的事物或现象的古语词。在一般交际中不使用历史词，在叙述历史事物和现象时才使用。例如，表示古代官职名称的“丞相”“巡抚”“太尉”等，表示器物名称的“鼎”“樽”“戟”等，表示人名或地名的“轩辕”“精卫”“汴京”等。

(2) 文言词

文言词就是指那些在古代汉语中使用的词语。它们所代表的事物、现象等在现实生活中仍然存在，但多数已经被现代汉语词替换。例如，“忤逆（违背）”“拜谒（拜访）”“囹圄（监狱）”“尚且（还）”等。

2. 古语词的表达作用

(1) 可以表达庄重严肃的语体色彩，例如：

人们怀着对中山先生伟大精神的崇敬与景仰来到这里凭吊拜谒。

(2) 可以使语言凝练匀称，言简意赅，例如：

彪炳史册的伟大成就，坚如磐石的中流砥柱。

(3) 可以突出幽默、讽刺的修辞效果，例如：

或作文章，则夸夸其谈的一大篇。无实事求是之意，有哗众取宠之心。华而不实，脆而不坚。自以为是，老子天下第一，“钦差大臣”满天飞。（毛泽东《改造我们的学习》）

（二）新造词

新造词是指为指称新事物、新概念和新现象而创造的词语。例如，社会生活领域的“直播”“网红”“高铁”“手机”等，经济领域的“合资”“房改”“电商”等，文化领域的“扩招”“函授”“学分制”“推免生”等，科技领域的“互联网”“软件”“兼容”“数据库”等。

关于新造词产生的时间，一般以 20 世纪 70 年代末的改革开放为起点。新造词的不断产生是社会发展的必然，但不是所有的新造词都会加入现在的汉语词汇中。使用频率高、范围广的新造词能够逐渐成为基本词汇，有些则会随着使用频率的减少而逐渐消亡。

（三）方言词

方言词并不是指存在于各地方言中的方言词，而是指普通话从各方言中吸取来的词，是在共同语范围内普遍使用的词，例如“垃圾”“忽悠”“滑溜”“尴尬”“编排”“蹩脚”等。恰如其分地使用方言词，可以使表达更生动，更具有地域色彩。

（四）行业词

行业词是指在各种不同学科专业和行业中使用的专门用语。如下：

1. 专业术语

（1）物理领域：折射、电流、浮力、电压等；

（2）哲学领域：对立、理性、实践、能动等；

（3）生物领域：细胞、胚胎、基因、遗传等。

2. 行业用语

（1）教育领域：教案、德育、网课、课时等；

（2）经贸领域：带货、促销、盘点、采购等；

（3）戏曲领域：花旦、小生、过门、行头等。

普通话对方言词、行业词的吸收：

第一，吸收表示特定的感情色彩和地域色彩以及普通话里没有对应词的方言词，例如“磨蹭”“别扭”等。

第二，不少行业词随着使用频率的增加和使用者的逐渐增多而逐渐融入普通话，例如“麻痹”“下岗”等。

（五）外来词

外来词是指从外族语言里借来的词。译借的方式主要有以下几种：

1. 音译式

是指用汉字直接译写外语词的读音。例如：

克隆（clone）、咖啡（coffee）、沙发（sofa）、拷贝（copy）

2. 半音译半意译式

是指部分音译，部分意译。例如：

迷你裙（miniskirt）　柠檬水（lemonade）

3. 音意兼译式

是指整体音译，兼顾意译。例如：

基因（gene）　俱乐部（club）

4. 音译加语素式

是指音译加类别语素或替换部分语素。例如：

啤酒（beer）　吉普车（jeep）　大巴（bus）

5. 借音借形式

一种是借用外文字母的。例如：

VCD　B超　3D

还有一种是借用日语汉字字形的。例如：

茶道　引渡　元素

拓展阅读

现场问答

思考与练习

1. 基本词汇的特点有______、能产性和______。

2. 一般词汇包括______、______、方言词、______和______。

3. 下列不属于课堂教学用语的是（　　）

A. 同学们，通过品读感悟与交流分享，我们明白了……

B. 这位同学能够大胆发言，好样的！谁有补充？

C. 这位同学的做法令人厌恶，大家以后不要和他接触。

D. 这个问题提得真好，谁愿意一起参与解决？

4. 简述基本词汇和一般词汇的关系。

任务五　固定用语

学习要点

1. 了解固定用语的构成。
2. 了解成语的来源、特点以及基本结构。
3. 了解惯用语、歇后语的主要特点。

学习任务

1. 认识正确使用固定用语的意义。
2. 掌握容易写错的成语的写法。
3. 理解容易用错的成语的含义。

固定用语通常指熟语。它是在语言运用中具有整体意义的、定型化了的用语。它是在结构上大于词，但在使用时又相当于一个词的语言单位。熟语属于一般词汇，主要包括成语、惯用语、歇后语和谚语。

一、成语

成语是一种相沿习用、形式简洁而又含义丰富、具有书面语色彩的固定用语，又称为固定短语。它是一种需整体使用并具有整体意义的语言单位。

固定用语

1. 成语的来源

主要有以下几个方面：

(1) 神话寓言

愚公移山（《列子·汤问》）　精卫填海（《山海经·北山经》）

刻舟求剑（《吕氏春秋·察今》）

(2) 历史故事

投笔从戎（《后汉书·班超传》）破釜沉舟（《史记·项羽本纪》）

洛阳纸贵（《晋书·文苑传》）　完璧归赵（《史记·廉颇蔺相如列传》）

(3) 诗文语句

当仁不让（《论语·卫灵公》）　老骥伏枥（曹操《步出夏门行》）

(4) 口头俗语

千方百计　说三道四　七嘴八舌　鸡毛蒜皮

成语的来源广泛，有的是直接援用的，有的是经过改造的，多数是对神话寓言或历史故事的情节加以概括而成的。

2. 成语的特点

(1) 意义的整体性

成语的意义并非其构成成分意义的简单相加，不能从构成成分的意义引导出来，而是在各个成分表面意义的基础上，经过整合、概括、引申而得出的整体的、新的意义。例如，“七月流火”是指天气将要日渐变凉。

(2) 结构的凝固性

成语的字数、构成成分和词序，一般都是固定的。例如，“五十步笑百步”不能说成“五十步笑话百步”；“情同手足”不能说成“情同手脚”；“石破天惊”不能说成“破石惊天”。

(3) 形式的整齐性

成语的基本形式为四音节，整齐匀称，简洁明了，如“筚路蓝缕”“一衣带水”“唇亡齿寒”“休戚相关”等。

少数为非四音节成语，例如：

三音节：忘年交；

五音节：一言以蔽之；

六音节：吃一堑，长一智；

七音节：识时务者为俊杰；

八音节：人为刀俎，我为鱼肉；

九音节：司马昭之心，路人皆知；

十音节：以小人之心，度君子之腹；

十一音节：以其人之道，还治其人之身；

十二音节：只许州官放火，不许百姓点灯。

3. 成语的基本结构

四音节的成语主要有以下五种基本结构：

(1) 主谓结构，如：

老马识途　波澜壮阔

(2) 偏正结构，如：

百年大计　世外桃源

(3) 动宾结构，如：

平分秋色　叱咤风云

(4) 补充结构，如：

流芳百世　重于泰山

(5) 联合结构，如：

天翻地覆　开源节流

还有其他结构类型的成语。例如，连谓结构，“手到病除”“开门见山”等；兼语结构，“指鹿为马”“调虎离山”等；紧缩结构，“熟能生巧”“少见多怪”等；重叠结构，“口口声声”“形形色色”等；自由结构，“五花八门”“慢条斯理”等。还有的成语已经无法分析它的结构了，如“乱七八糟”等。

4. 成语的表达效果

(1) 形式简洁，内涵丰富，例如：

领导者要深入了解国情，了解人民所思所盼，要有“如履薄冰，如临深渊”的自觉……（2013年3月19日，习近平接受金砖国家媒体联合采访）

(2) 整齐匀称，富于节奏感，例如：

我一直讲“从善如登，从恶如崩”，思想的口子一旦打开，那就可能一泻千里。（习近平在兰考县委常委扩大会上的讲话）

(3) 生动形象，感染力强，例如：

中国将坚定不移走和平发展道路，永远不称霸，永远不搞扩张。“君子一言，驷马难追。”我们说话是算数的……（2013年3月19日，习近平接受金砖国家媒体联合采访）

二、惯用语

惯用语是有比较定型的结构和完整的意义内容、口语中习惯性应用的短语。它具有比喻性。

1. 惯用语的结构

以三个字的动宾结构居多。例如：

动宾结构：滚雪球　挖墙脚　扯后腿　开绿灯

偏正结构：闷葫芦　醋坛子　铁饭碗　风凉话

主谓结构：窝里斗　狗咬狗　一刀切　天晓得

2. 惯用语的特点

(1) 简明生动，通俗有趣

形式短小的惯用语因意义具有比喻性，往往能表达出形象生动的意思来。例如，比喻败别人的兴头，打击别人的热情，用“泼冷水”这一惯用语，既节省语料，又通俗有趣。

(2) 意义具有整体性

惯用语的意义是在字面意义的基础上产生的整体性意义。例如，“不管三七二十一”不是顾不上乘法口诀了，而是指不顾一切，不问是非情由。

又如，“蜻蜓点水”是用蜻蜓点水的情态，比喻做事肤浅不深入。

(3) 可以有扩展式

惯用语是比较定型的短语。所谓定型是指结构关系和基本词语确定。但是，在实际应用中，动宾结构的惯用语可以有扩展形式。例如：套近乎—套了几次近乎。

(4) 大多带有贬斥的感情色彩

惯用语多数是表示贬斥意义的，如“穿小鞋”“磨洋工”“出风头”“卖关子”等。

三、歇后语

歇后语是由近似于谜面、谜底两部分组成的带有隐语性质的口头用语。前一部分是真正意义的比喻，后一部分才是真正要表达的意思。因此，往往先说出前一部分，然后留有间歇，让人猜想真正的意思。

(一) 歇后语的类型

歇后语可分为两类：一是谐音歇后语，二是喻意歇后语。

1. 谐音歇后语

前一部分运用比喻，后一部分利用谐音，形成言在此而意在彼的效果。例如：

隔窗吹喇叭——鸣（名）声在外　　皮皇帝的妈妈——皮太后（厚）

咸菜烧豆腐——有盐（言）在先　　膝盖上钉掌——离蹄（题）太远

2. 喻意歇后语

前一部分运用比喻，后一部分对上句加以解释，揭示出真意。例如：

肉包子打狗——有去无回　　弄堂里搬木头——直来直去

砌墙的砖头——后来居上　　水仙不开花——装蒜

(二) 歇后语的特点

歇后语具有诙谐生动、风趣活泼的特点。因为像猜谜语一样让人充满新奇感，所以运用在口语中容易调节气氛、增加趣味性，具有浓郁的生活气息，容易给人留下深刻的印象，可以收到较好的表达效果。

四、谚语

谚语是流传于人民大众口头的，形成了一定固定形式，具有特定意义的现成语句。它可以分为很多类型，如下：

1. 农谚

例如：

(1) 冬天麦盖三层被，来年枕着馒头睡。

(2) 麦黄不收，有粮也丢。

2. 气候谚

例如：

(1) 清明断雪，谷雨断霜。

(2) 一场秋雨一场寒，十场秋雨要穿棉。

(3) 八月十五云遮月，正月十五雪打灯。

3. 哲理谚

例如：

(1) 吃一堑，长一智。

(2) 不见兔子不撒鹰。

(3) 三百六十行，行行出状元。

4. 修身谚

例如：

(1) 刀在石上磨，人在事上练。

(2) 艺高人胆大。

（3）师傅领进门，修行在个人。

（4）吃得苦中苦，方为人上人。

谚语的内容包罗万象，可以用简短的话语对客观现象或事理进行形象解说，既通俗易懂又生动形象，也能启迪智慧，发人深省。

拓展阅读

“七月流火”是季节变换

思考与练习

1. 成语的基本特点：____________、结构的凝固性和____________。

2. 下列属于惯用语的是（　　）。

A. 碰钉子　　B. 脑门　　C. 肚子　　D. 棒子面

3. 下列各句中，画线的成语使用恰当的是（　　）

A. 北京虽然是“五四”运动的策源地，但从支持《新青年》的人们风流云散以来，倒有几分寂寞荒凉的古战场情景。

B. 历史上因贪腐而亡国的例子比比皆是，虽说值得注意，但“后人哀之而不鉴之”，流风余韵绵绵不绝，令人遗憾不已。

C. 面对铺天盖地的负面消息，汽车公司的管理人员说，将用数据反戈一击，澄清事实，恢复公司的信誉。

D. 农运会开幕式表演围绕“中原”“南阳”“农业”三大特色展开，演员们绘声绘色地表演，把华夏文化的博大精深演绎得非常到位。

4.（判断）“黄鼠狼给鸡拜年——没安好心”是惯用语。（　　）

5. 根据下列谚语的内容指出它所属的类型。

（1）基本吃素，经常走步。

（2）人勤地生宝，人懒地生草。

（3）月晕而风，础润而雨。

（4）湖广熟，天下足。

（5）人心齐，泰山移。

6. 改正下列词语中的错别字。

坚如盘石　惨绝人环　轰堂大笑　强努之末　风尘朴朴

出奇不意　声名雀起　娇揉造作　一掷千斤　变本加利

项目检测

一、说说下列词语中哪些是外来词

咖啡　沙发　鸦片　摩登　芭蕾　香槟　巧克力　三明治　吉普
幽默　歇斯底里　逻辑　便当　料理　基因　可口可乐

二、分析下列句子中加点词语的词义

1. 女孩给男朋友打电话，她是这么说的：“我已经到了，你快出来往地铁站走。如果你到了我还没到，你先等着吧。如果我到了你还没到，你就等着吧。”

2. 雨天路滑，还好我一把把车扶住了。

3. 这几天天天天气不好。

4. 账本拿回来了，你对对对不对。

三、成语是我国独有的词汇，请根据成语的不同来源写几则成语故事

项目四
运用规范的语法

项目背景

语法是现代汉语三要素之一，是将语音、文字、词汇等语言材料按照长期以来社会约定俗成的形式组合起来的规则，即按照这种语法规则组织起来的语言表达形式才能够在社会生活中使用，并为全民所认同。

多数人的语法知识是在语言实践的环境中自然形成的，也因环境的差异产生了不同的误差。规范地使用本民族的语法，有利于人们的交际交流，有利于学生语文素养的提高，可满足汉语走向世界的需求。

项目目标

一、知识与能力目标

1. 学习现代汉语语法的基本知识，熟悉普通话的语法体系，使语法的使用更加规范。
2. 掌握现代汉语实词和虚词的语法特点，并在社会生活中正确地使用。
3. 掌握短语的构成及其类型，能够分析词与词的组合规律。
4. 了解句子的类型，能够辨析句子的正误。
5. 能够正确使用标点符号。

二、过程与方法目标

1. 采取辨析、评改等方式，熟悉语言材料分析的方法。
2. 在合作交流学习的过程中，培养团队精神，增强合作意识。

三、情感态度与价值观目标

1. 培养学生规范使用语法的意识，认识使用规范的语法的必要性。

2. 培养学生勇于发现问题，并积极解决问题的品质。

3. 引导学生形成规范使用祖国语言文字的责任感和使命感。

项目导入

“你们人类真幸福，有士力架可以迅速满足饥饿，而且到处都买得到。”这是士力架巧克力系列食品广告中的第一句话。试想，句中的“满足饥饿”是什么意思？难道是广告所要推销的士力架可以迅速让人类的饥饿得到满足吗？

从整体看，该广告采用童话文体，完全以文字符号表现创意，使所推销商品具有诱惑力。其创意独特，表达手段新颖，是一个广告佳作。

任务一　语法概述

学习要点

1. 掌握语法的含义，了解语法的特点。
2. 识记语法的结构单位。
3. 识记配对的句法成分。

学习任务

1. 正确认识学习语法的意义。
2. 明晰四个语法结构单位的层级关系。
3. 明确配对的句法成分之间的语法关系。

一、什么是语法

语法是词、短语、句子等语言单位的结构规律。人们从呱呱坠地开始，就身处在一定的语言环境之中。从发出简单的语音，由少到多积累大量的词汇，一直到能够说完整的语句，在这个过程中，语法已经潜移默化地融入我们的语言之中，只是我们感觉不到罢了。我们要学会某一种语言，不但要理解构成语言的结构单位中每一部分的含义，还要理解构成这种语言的每一部分的组合规律和逻辑关系。就现代汉语来说，要弄清组成句子的词、短语等所表达的含义，如词汇意义；要弄清这些语言单位的结构关系和组合规律，也就是语法意义。只有按照规范的语法组织语言材料，才能为社会所接受，也才能达到交流的目的。例如，“不”“孩子”“苹果”“吃”只是四个词，不是句子，要按照一定的语法规律将它们组合起来，加上语调才能传递信息。我们看下面的四种组合：

语法概述

①孩子不吃苹果。

②苹果，孩子不吃。

③孩子不苹果吃。

④苹果吃不孩子。

同样是四个语言材料，但是我们都知道前两句是对的，后两句是不对的。因为句①和句②是按照正确的语法规则组织的材料。句③和句④即使是使用了同样的语言材料，但是未按照规范的语法规则加以组织，所以不能传达正确的信息。

“语法”这个术语有两个含义：一个是语言中客观存在的结构规律，即语法规律；另一个是指语法学，即语法学者对语言中结构规律的说明，是研究语言结构规律的科学，代表着人们对客观的语法规律的主观认识。

二、语法的特点

语法具有概括性、稳固性和民族性。

（一）概括性

汉语的语言材料里包括的词、由词与词组合而成的短语以及短语加上语调而形成的句子，非常之多，难以计数。同时，随着社会的不断发展，还会产生更多的新词，再由词组成短语和句子，如此往复，无穷无尽。但是，它们内部的组合规律和结构格式是有限的。也就是说，它们具有语法规则。正因为有这些语法规则，才使语言材料有了多种多样的组合形式，从而形成了丰富多彩的语言。

语法是从众多的语法单位里抽象出其中共同的组合方式、聚合类型以及语义的规则。例如：

我上学。/天很蓝。/飞机起飞。/电影票丢了。/家乡美。/祖国强大。

组成这些语句的词语各不相同，具体的意义上也没有任何共同之处，但构成这些语句的结构规则是一致的。我们可以从上述的语句中抽象出一条词语的组合规则：前面都是被陈述的对象，后面加上陈述的内容，形成被陈述与陈述的关系，构成了主谓结构。这就是语法概括性的体现。这种舍弃了个别的、具体的内容，从语言现象中概括出来的语法规则，可以将各自独立的语言材料规范地组合起来，形成语言。

（二）稳固性

世界万物没有变化，就没有发展。任何事物在漫长的历史演变过程中，都是在不断地发展和变化的，而语法也不例外。虽然语法也有变化，但变化的速度十分缓慢。因为它作为组织语言材料的规则，可以说是人们代代相传的共识，是潜移默化的、大家共同遵守的准则。如果改变或废弃其中的一条规则，不仅人们的日常交流会受到影响，而且会改变整个的语法体系，从而造成交流的障碍，严重影响人们的社会交流与生活。所以，语法的变化比起语音和词汇来说要缓慢得多。古汉语中，名词和名词性短语可以直接组合成主语和谓语，如“廉颇者，赵之良将也”，在现代的译文中，虽然变为中间加“是”的句型，即“廉颇，是赵国的良将”，但直到现代，在某些特定条件下仍然保留着这种格式，如“鲁迅，绍兴人”。

语法的稳固性并不限制语法的演变。因为语法是具有时代特征的，所以研究语法时要分清古今语法，不能混同。

（三）民族性

每个民族的语言都具有各自的民族特点，这也是语言的社会属性的集中表现。汉语语法也具有独特的民族性。例如，汉语用语序和虚词来表示语法意义和语法关系，俄语用词形变化表示词的句法功能，语序就比较自由、随意；现代汉语的名词和数词组合，中间要加对应的量词，而英语没有加量词这条规则，但是数词在前，名词在后的语序则是一致的；汉语陈述句的一般顺序是主语＋动词＋宾语，如“我吃饭”，日语陈述句的顺序是主语＋宾语＋动词，如“我饭吃”。总之，学习汉语语法，不能因为共性而忽视语法的民族性，也不能用其他民族的语法规则来套用汉语的语法。

三、语法的结构单位

语法单位可以分为四级：语素、词、短语、句子。

语素是语言中最小的语音语义结合体，是构词单位，也是语言的备用单位。语素可以组合成合成词，有的可以单独成词。

词是最小的能够独立运用的语言单位，是构成短语和句子的备用单位。一部分词加上句调可以单独成句。

短语是由词组成的、没有句调的语言单位，是造句的备用单位。大多数短语可以加上句调成为句子。

句子是具有句调，能够表达一个相对完整的意思的语言单位。句子的前后有隔离性停顿。语法结构单位见图1。

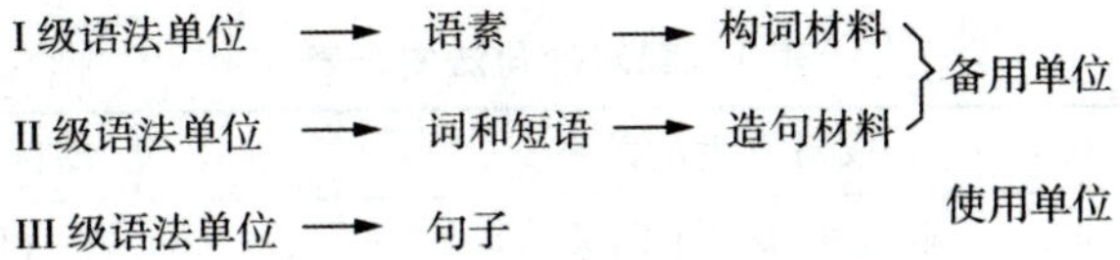

图1　语法结构单位图

四、句法成分

句法成分是句法结构的组成成分。各种句法成分是按照若干的语法规则排列组合的。现代汉语有八种基本的句子成分，即主语、谓语、动语、宾语、定语、状语、补语和中心语。这八种句法成分中，一个句法成分会跟另一个句法成分互相依存，发生一定的语法关系（可以分为五种）。

（一）配对的句法成分

1. 主语—谓语

在现代汉语中，大多数的句子都有主语和谓语。一般来说，主语在前，谓语在后。二者是陈述关系。主语是谓语陈述的对象，谓语是用来说明和陈述主语的。主语和谓语之间往往用双竖线“‖”隔开，双竖线的左侧是主语，右侧是谓语。例如：

①时间‖过得真快。

②我们学校‖已经完成了本学期的教学任务。

③人民的利益‖高于一切。

④黄河奔腾的景象‖十分壮观。

2. 动语—宾语

谓语里如果有宾语，就会有动语。动语在前，宾语在后。动语表示动作行为，是支配、关涉后面的宾语的成分，宾语表示人、事物，是动作所支配、关涉的对象。二者是支配或涉及关系。如，例②中的“完成”是动语，在前；“本学期的教学任务”是宾语，在后。

3. 定语—中心语

定语是名词性短语里中心语前面的修饰、限制成分。定语在前，中心语在后。二者是修饰、限制关系。如，例③中的“人民”是定语，在前；“利益”是中心语，在后。

4. 状语—中心语

状语是动词、形容词性短语里中心语前面的修饰限制成分。一般来说，状语在前，中心语在后。二者是修饰、限制关系。如，例④中的“十分壮观”是形容词性短语，其中，形容词“壮观”是被修饰的成分，是中心语；“十分”是修饰成分，是状语。

5. 中心语—补语

补语是动词、形容词性短语里中心语后面的补充成分。中心语在前，补语在后。二者是补充说明关系。如，例①中的“过得真快”是动词性短语，动词“过”是中心语，“真快”是补语。

中心语在定中关系、状中关系和中补关系中是被修饰、限制和补充的成分，分别是定语中心语、状语中心语和补语中心语。配对的句法成分见表1。

表1 配对的句法成分表

配对的句法成分	成对发生的关系	举例（成分符号）
主语—谓语	陈述关系（主谓关系）	祖国‖强大
动语—宾语	支配或涉及关系（动宾关系）	回顾｜历史
定语—中心语	修饰、限制关系（定中关系）	（固有）的领土
状语—中心语	修饰、限制关系（状中关系）	［顺利］地回归
中心语—补语	补充说明关系（中补关系）	处理得〈好〉

（二）划分句法成分的方法

由于现代汉语的句子长短不一，成分也十分复杂。八种一般句法成分之间的关系可以采用两种方法进行分析：一种是借助成分符号（符号见“配对的句法成分表”），采用中心词分析法；一种是借助框式图解，采用层次分析法。用符号或者框线做标识进行分析，将各个句法成分凸显出来，也容易看清句法成分之间的结构关系。方法如下：

1. 中心词分析法（成分符号法）

（每位）园丁‖［必须］培育〈好〉｜（祖国）的花朵。

定语　主语　状语　动语　补语　定语　宾语

上面用的是中心词分析法（成分符号法），为了避免符号重重叠叠，可以采用“成分符号减半法”，把几层的句法成分和它的符号线性排列出来，显示核心动词和它前后成分的位置，即“动前有主状，动后有补宾”。通过这个口诀，牢记基础句中各成分的相对位置。

中心词分析法的分析步骤如下：

第一步，先用双竖线把主语部分和谓语部分分开。双竖线左侧是主语部分，右侧是谓语部分。画了主语符号双横线，就表示主语右边全是谓语，谓语的符号单横线，就可以省去不画。

第二步，按照从左至右的顺序，先看双竖线的左侧：“每位”做主语中心“园丁”

的定语，画了定语符号圆括号，就可以省去中心语符号小圆点（以下中心语同）。

第三步，看双竖线的右侧：要先找到谓语部分的动语“培育”，动语和宾语共存共现，“祖国的花朵”是宾语，画了宾语符号波浪线，表示谓语中波浪线的左侧都是动语，可以省去动语符号单箭头，但是动语的中心可以用着重号标出，以便突出谓语中心。动语和宾语之间用单竖线表示。运用基础句口诀“动前有主状，动后有补宾”，分别找到状语“必须”，画方括号；找到补语“好”，画补语符号尖括号；宾语中的“祖国”做花朵的定语，画括号。至此，已经画到词，分析完毕。

2. 层次分析法（框式图解法）

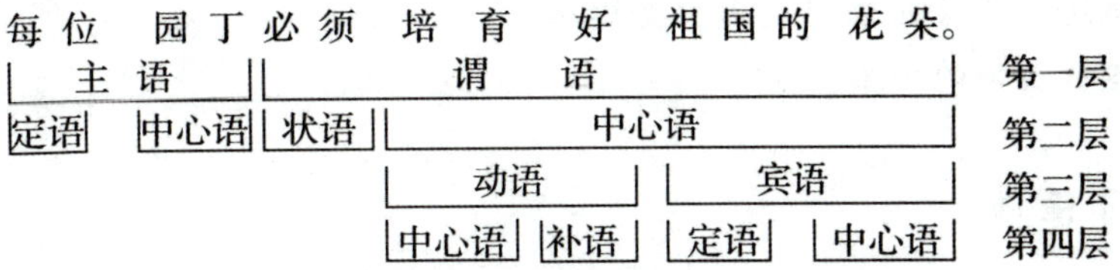

图 2　层次分析法

图 2 用层次分析法（框式图解法）把每层的每一个短语一分为二，即“二分法”。根据基础句成分位置口诀，依次把每层的每一个短语一分为二，根据两部分的语法关系写出两个句法成分。最后一层的中心语“培育”，是谓语中心，即全句的核心。这说明一个带宾语的动词，在句中有它的前后成分，它的前面可以有主语和状语，它的后面可以有补语和宾语。

中心词分析法的特点是，省时省力，能够细致地显示句型内部的成分，也可以画长句，但是层次显示不太清晰；层次分析法的框式图解法比较形象、细致，层次显示清晰，但是占地方、费时间，重重叠叠，不能画太长的句子，不便于细致地显示句型。两种分析句子成分的方法各有利弊，可以根据实际情况有选择地使用。

拓展阅读

面向语文教学的汉语语法应用研究

思考与练习

1. 语法单位主要有哪四级？试描述它们的层级关系。

2. 一般句法成分有几个？它们成对发生的关系都是什么？试举例说明。

3. 分别运用中心词分析法和层次分析法，分析下列短语的句法成分。

（1）水面上淡淡地笼罩着一层雾气。

（2）手机是信息时代的产物。

（3）党和国家时时刻刻关心着群众的疾苦。

（4）我们一定把国家建设得更加繁荣。

任务二 词的分类（上）

学习要点

1. 掌握词类的概念，明确划分词类的目的。
2. 明确语法功能是划分词类的主要标准。
3. 掌握各类实词的词性。

学习任务

1. 正确理解划分词类的标准。
2. 能够为各类实词定性归类。
3. 识记实词的用法。

一、词类的划分

词类是词的语法性质的分类。划分词类的目的在于说明各类词的用法和句子的结构规律。划分词类的标准一般有词的语法功能、词的形态和词的意义三种，合称为词性。其中，主要依据词的语法功能划分词类。

词的分类（上）

1. 语法功能

词的语法功能指的是各类词在句子中充当句法成分的能力和词与词的组合能力。

（1）充当句法成分的能力

现代汉语的大部分词都具有充当句法成分的能力。例如，“冬天”“大”“都”“下”“雪”“地区”“部分”“鞭炮”“会”“小孩儿”“楼下”“在”“放”等词可以组成“小孩儿在楼下”“放鞭炮”“小孩儿在楼下放鞭炮”“冬天下雪”“大部分地区会下雪”“冬天大部分地区都会下雪”等语句。这些词都在语句中充当了句法成分，被称为实词。而另外一些词，如“的”“了”“吗”“连”“从”“与”“因为”“只能”等，不能充当句法成分，被称为虚词。

词分为实词与虚词两大类。实词既有词汇意义，又有语法意义，并且意义实在，能独立充当句法成分；虚词只表示语法意义，没有词汇意义，不能独立充当句法成分。具体来说，实词包括名词、动词、形容词、区别词、数词、量词、副词、代词、拟声词和叹词十类；虚词包括连词、介词、助词、语气词四类。词共有十四类。

（2）词与词的组合能力

词与词的组合能力大体包括实词与实词的组合能力以及实词与虚词的组合能力两类。实词中除了拟声词和叹词之外的八类，一般都可以与其他词语组合。拟声词和叹词与实词、虚词组合使用的频率不高。根据主要的句法功能，有的书中将实词中的名词、数词和量词合称为体词，将动词、形容词合称为谓词，将区别词和副词合称为加词；将虚词中的连词和介词合称为关系词，将助词和语气词合称为辅助词。从这种更为细致的归类方法中，可以看出各类词的相似点以及功能类型。

2. 词的形态

汉语中只有少数词带有形态标志。这种形态标志表现在以什么样的形式去标记词以及词有怎样的变化方式。比如，动词在表示动量少或时量少的时候往往重叠使用，如“尝尝”“讨论讨论”等；形容词在表示程度加深和程度适中时也常常重叠使用，如“早早”“快快乐乐”等。除了这种重叠方式之外，还有一种构词形态，即加词缀。例如，“叉”这个语素可以单独成为动词，加上词缀“子”，就构成了另一个词汇意义不同的名词——“叉子”。另外，以“头”“们”“家”“儿”等词缀结尾的一般也是名词。但是，汉语在形态方面所表现出来的这些特点只适用于一部分词，只能作为划分词类的辅助标准。

3. 词的意义

词的意义是指语法上同一类词的概括意义和语法意义。以形容词为例，它表示事物的形状、性质和状态，如“好”“美”“高兴”等。虽然它们的词汇意义不同，但同时符合形容词的特点。有的词如“忽然”和“突然”，虽然它们意义相近，但“忽然”是副词，“突然”是形容词，分属于不同的词类。所以，词的意义也只能作为划分词类的参考标准。

综上所述，汉语划分词类的主要标准是语法功能，但是词的形态和词的意义在划分词类的过程中也起到了一定的作用，不能完全忽视。

词类与句子成分之间不存在一对一的对应关系。例如，名词主要充当主语和宾语，但有时充当谓语和状语；动词主要充当谓语，但有时可以充当定语、主语、宾语和状语。“批判”一词就是这样。因此，对各类词功能进行分析时要分清主次，还要判断一般规律和个别现象，不能用个别否定一般，也不能认为同等重要。

二、实词

（一）名词

名词表示人或事物或时间地点的名称。它主要指称人和事物，但除了具体的指称之外，名词也可以表示一些抽象的概念、性质和关系等。

1. 名词的类别

（1）专有名词。例如：

黄河　雷锋　北京　奥林匹克　泰山

（2）普通名词。例如：

花　羊群　灵感　空气　雨　火

（3）表示处所。例如：

墙外　附近　河岸　山顶

（4）表示时间。例如：

二月　白天　冬天　前年　夏至　春节　明天

（5）表示方位。例如：

上　下　东　西　前　后　左　右　左边　里头

2. 名词的语法特征

（1）经常做主语和宾语，一般不能做补语。例如：

①面包是新烤出来的。（主语）

②他全神贯注地看着话剧。（宾语）

（2）多数能带定语和做定语。例如：

①天边是绚丽的晚霞。（带定语）

②最爱的是家的味道。（做定语）

（3）前面一般能加上数量短语，一般不能加副词。例如，能说“三斤桃”“四两肉”，不能说“不机器”“不讲师”。

（4）表人的名词能够加“们”表示群体。例如：

老乡们　孩子们　姐妹们

（5）经常用在介词后，组成介词短语。例如：

在上海　关于个人主义

（6）一般不能用重叠式表示某种共同的语法意义。例如，不能说“树树”“书书”。一些亲属称谓是构词的语素重叠，不是形态变化。例如：

妈妈　姐姐　爷爷　弟弟

例外的有以下两种情况：

①单音节名词重叠后带有量词的性质。例如：

家家　户户　月月　岁岁　年年

②部分名词对举时可以复叠。例如：

猫猫狗狗　枝枝叶叶　瓶瓶罐罐　沟沟坎坎

3. 时间名词和方位词

（1）时间名词

时间名词还经常做状语，表示事情发生的时间。例如：

①领导刚才来检查过了。

②员工们星期日休息。

（2）方位词

方位词可以表示方向。例如：

前　后　东　南　东南　西北　南北　东西

方位词还可以表示位置。例如：

上边　前边　下面　里面　上头　外头

方位词附加在其他词语后面，组成方位短语，表示处所或时间。例如：

节日里　开饭前　打雷之后　椅子上　睡觉以前　懂事以来

方位短语除了表示方位之外，还可以表示时间关系和数量的界限。例如：

两年以上　多年以来　二十以内　六千左右

名词加上方位词构成方位短语，方位短语前加上介词，组成介词短语。例如：

①在图书馆里，同学们都在安静地复习功课。

②自从相识以来，他们从来没吵过架。

（二）动词

动词表示动作、行为、心理活动或存现等。

1. 动词的类别

（1）动作动词：表示动作、行为的动词。例如：

坐　看　听　跑　捏　打　拿　表扬　宣传　研究　考察

（2）使令动词：表示命令或请求的动词。例如：

使　令　催　让　派　叫　请　吩咐　命令　请求

（3）心理动词：表示人的心理活动的动词。例如：

爱　恨　怕　想　喜欢　鄙视　羡慕　希望　想念　厌恶

（4）存现动词：表示存在、变化、消失的动词。例如：

有　无　死亡　出现　失去　消失　发生

（5）判断动词：表示判断说明的动词。例如：

是

（6）能愿动词：表示客观的可能、必要和意愿等的动词。例如：

能　会　要　应当　可以　愿意　应该　能够

（7）趋向动词：表示动作、行为方向的动词。例如：

来　去　往　进来　出来　上去　回去　回来　过来　起来

此外，还有形式动词，如“加以”“予以”“进行”等；关系动词，如“姓”“等于”“好像”等。

2. 动词的语法特征

（1）动词能做谓语或谓语中心，多数能带宾语，如“他笑了”“爱祖国”“复习功课”等；大多数动词还可以带动量补语，如“读三遍”“跑两趟”“见一面”等。

（2）动词能受副词“不”的修饰限制，多数不受程度副词限制，但表心理活动的动词和一些能愿动词例外。例如：

①受否定副词修饰，如“不干”“不乐意”“不唱”“不应该”“不要进行”等；

②受程度副词修饰，如“非常高兴”“特别开心”“相当讨厌”“有点羡慕”等。

（3）多数动词可以带“着”“了”“过”等动态助词。例如：

①表持续，如“看着”“跳着”“调查着”等；

②表完成，如“看了”“跳了”“调查了”等。

（4）有些动词可以有AA式、A了A式、A一A式、A了一A式（单音节动词）、ABAB式（双音节动词），表示动作的动量少、时量少或尝试、轻松的意义；少数有AABB式，突出状态的重叠。例如：

①踩——踩踩　踩了踩　踩一踩　踩了一踩

②讨论——讨论讨论　　体验——体验体验

③摇晃——摇摇晃晃　　哆嗦——哆哆嗦嗦

3. 特殊的动词

动词比较复杂，有些需要单独加以说明。

（1）判断动词“是”

现代汉语的判断动词只有一个“是”。与其他动词不同的是，“是”不能重叠，也不能与表示时态的助词和表示趋向的动词组合。多数情况下，“是”用在主语和宾语之间，有多种用法：

①表示等于或属于。例如：

a. 发展是硬道理。

b. 他是外聘的人员。

②表示事物的存在。例如：

a. 房前屋后到处是草坪。

b. 工厂的后面是一座小山。

③表示事物的特征、质料。例如：

a. 新来的小张是高鼻梁。

b. 地板是竹子的。

④表示比喻、比况。例如：

党是阳光，是雨露，是人民群众不可缺少的铜墙铁壁。

（2）心理动词

心理动词前面可以受程度副词修饰，后面还能加上谓词性宾语。例如：

①他非常希望找到属于自己的一片天地。

②他尤其喜欢画油画。

（3）能愿动词

能愿动词又叫助动词，能用在动词、形容词前，不能用在名词前，不能重叠，不能带动态助词“着”“了”“过”。例如：

①我愿意努力展现出自己优秀的一面。

②我们应该学会保护自己的合法权益。

（4）趋向动词

①趋向动词分为以下两类：

单音节趋向动词：进、出、上、下、回、过、起、开、来；

双音节趋向动词：进来、上来、回来、过来、起来、进去、下去、回去、过去。

②趋向动词可以单独做谓语。例如：

潜水艇下去了。

③经常用在别的动词、形容词后表示趋向，做补语，例如：

团长想都没想就冲出去了。

（5）使令动词

能带兼语词，组成以使令动词为代表的使令动词兼语句。例如：

①公司派小王去北京出差。

②水杯让孩子打碎了。

（三）形容词

形容词表示形状、性质、状态和属性等。

1. 形容词的类别

（1）性质形容词

①单音节的。例如：

甜　苦　方　圆　高　低　大　小　冷　热　硬

②双音节的。例如：

优秀　聪明　年轻　勇敢　温柔　伟大　高尚　朴素

（2）状态形容词

例如：

黑亮　美　尴尬　模糊　白生生　灰不溜秋　愉快　轻松

（3）不定量形容词

例如：

多少　少许　一些　全　全部

2. 形容词的语法特征

（1）形容词能做谓语、谓语中心语和定语、状语、补语，多数能够直接修饰名词。例如：

①他为人善良。（谓语中心语）

②火热的夏天开始了。（定语）

③热烈欢迎新同学。（状语、定语）

④她英语好得很。（补语中心语）

⑤漫长岁月中结下的深厚友谊。（直接修饰名词）

（2）性质形容词大都能受程度副词修饰。例如：

不漂亮　很模糊　十分愉快

（3）形容词不能带宾语。但是，有些性质形容词兼动词，做动词时能带宾语，如"安定人心""稳定情绪""端正态度""纯洁思想"等。这种有致使意义用法的词叫作使动词。这种词，前加程度副词时是形容词，如"很花""很高""很直"，不能带宾语；带宾语时不能前加程度副词，如"花了眼""高过我""直着身子"。这些词兼属形容词和动词两类。

（4）性质形容词大都可以重叠。分为三类：

①单音节的重叠式为 AA 式。例如：

轻轻　细细　远远　早早　紧紧　满满

②双音节的重叠式为 AABB 式。例如：

冷冷清清　冒冒失失　明明白白　漂漂亮亮

③A 里 AB 式。例如：

稀里糊涂　古里古怪　粗里粗糙　慌里慌张

这种重叠方式大多是带有贬义的性质形容词。

(5) 有些单音节性质形容词可带上叠音词缀或其他词缀，用法与状态形容词相同。例如：

白茫茫　水汪汪　亮晶晶　羞答答　灰不溜秋

3. 动词和形容词的辨别

动词和形容词的语法特征大同小异，但是又各有特性，大体可以按照以下几种方法加以区别：

(1) 动词表示动作、行为、活动等，形容词表示性质和状态等。

(2) 能否带宾语。(动词多数能，形容词不能)

(3) 能否受"很"修饰。(动词多数不能，形容词多数能)

(四) 区别词

1. 什么是区别词

区别词表示事物的属性，有分类的作用，也称为非谓形容词。例如：

雌　雄　西式　大型　中型　小型　公有　私有　阴　阳　男　女　初级　高级

2. 区别词的语法特征

(1) 能直接修饰名词做定语。例如：

今晚要举行大型舞会。

(2) 不能做谓语、主语、宾语，能够做主语、宾语的是"的"字短语。例如：

①巨型的游轮驶出港口。(做主语)

②技能证书终于变成了高级的。(做宾语)

(3) 不能受程度副词修饰，能加否定形式"非"，不能加"不"。例如：

非人造　非国产　非合法　非野生

少数可以受程度副词修饰的区别词，都是一些正在转化中的形容词兼区别词。例如：

很封建　很高级　太低级　太正式　相当典型　非常直接

因为区别词又被称为非谓形容词，所以要注意分辨区别词与形容词的不同。

①能否充当谓语、补语。(形容词能，区别词只能充当定语)

②能否前加副词"不"。(形容词能，区别词不能)

(五) 数词

数词表示数目和次序。它可分为基数词和序数词两类。

1. 数词的类别

数词分为基数词和序数词。

(1) 基数词：表示数目的多少，可以分为：

①系数，如：一、二、三、四、五 (或壹、贰、叁、肆、伍)；

②位数，如：十、百、千、万、亿、兆。

基数词可以组成表示倍数、分数、概数的短语。

①倍数：由基数加"倍"字组成，如"五倍""四十多倍"。

②分数：用"～成""～分之～"等固定格式表示。

③概数：在数词或数量短语后加“上下”“左右”“开外”“来”“多”等。

（2）序数词：序数词表示次序的前后。一般是在基数前加“第”“老”或“初”，如“第七”“初六”“老十”等。

2. 数词的语法特征

（1）数词一般不直接跟名词组合，通常与量词组成数量短语，做定语、补语。例如：

①（三个）苹果（做定语）

②来来回回走〈十趟〉（做补语）

（2）数词一般不能单独做句法成分，通常与量词组成数量短语做定语、状语和补语。例如：

①（一本）教科书（做定语）

②回了〈一趟〉家（做补语）

③ [一个一个] 地数（做状语）

3. 一些数词的固定用法

（1）倍数只能用来表示数目的增加，不能表示数目的减少，如“增加了十倍”。

（2）分数既可以表示数目的增加，也可以表示数目的减少，如“增加了五分之一”“减少了六分之一”。

（3）表达数目增减的固定用法。

①增加（了）、增长（了）、上升（了）、提高（了）——不包括底数，只指净增数。例如，原有十元，后来的总数是三十元，可以说增加了二十元。

②增加到（为）、增长到（为）、上升到（为）、提高到——包括底数。

例如，原有十元，增加了二十元，可以说增加到三十元。

③减少（了）、降低（了）、下降（了）——指差额。

例如，原有二十元，后来的总数是十元，可以说下降了十元。

④减少到（为）、下降到、降低到——指余数。

例如，原有四十元，减少了十元，可以说减少到三十元。

（六）量词

量词是表示人、事物或动作的数量单位的词。

1. 量词的类别

（1）物量词：表示人和事物的单位。

专用物量词包括度量衡量词、个体量词、集体量词、不定量量词，如“吨”“亩”“尺”“斤”“把”“块”“条”“匹”“对”“副”“双”“套”“堆”“伙”“批”“串”等。

借用物量词，如借自于名词的“尾”“杯”“盒”“桶”“碗”等，借自于动词的“拨”“包”“担”“堆”“扎”等。

（2）动量词：表示动作行为的单位，表示动作的次数。

专用动量词，如“下”“次”“趟”“遍”等。

借用动量词，如借自于名词的“笔”“刀”“天”“小时”等，借自于动词的“踢”

“看”“摸”“碰”“踹”等。

物量词和动量词都有专用、借用之分，专用的量词是固定的，借用的量词是临时的。

(3) 时量词：表示时间的量词，如“秒”“分”“天”“日”“周”“季”“年”等。这些时量词，往往和数词组成量词短语。

(4) 复合量词：由两个或两个以上的量词组成，如“架次”“人次”等。

2. 量词的语法特征

(1) 大多数量词与数词和指示代词组合成量词短语，做定语、状语或补语等。例如：

二两棉花　那群学生　这袋垃圾　那头老牛（做定语）

三米宽　　二尺长　　一下推开　一脚踩空（做状语）

去了三次　唱了五遍　瞪了一眼　摸了一把（做补语）

(2) 单音节量词重叠后有“每一”“众多”的意思，能充当定语、主语、谓语。例如：

①个个都是人才。（做主语）

②条条大路通罗马。（做定语）

③花儿朵朵。（做谓语）

由数词“一”和量词组成的量词短语也可以重叠，组成“一A一A”或“一AA”式。这种数量短语重叠后可以做定语、状语、主语，表示“每一”“逐一”“众多”等意思。例如：

①舞蹈队的演员，一个一个都很有气质。（做主语）

②母亲收到了一束一束的鲜花。（做定语）

③同学们一排一排地走过主席台。（做状语）

这种重叠格式中的后一个“一”可以省去，成为“一AA”格式。例如：

一个个　一束束　一排排

(3) 量词只有数词是“一”或前加指示代词“这”“那”时，可以省略数词单用。例如：

盛碗米饭　喝口水　吃粒葡萄　这件事　这首歌　那本书　那张全家福

（七）副词

1. 副词的类别

副词用来修饰、限制动词和形容词性词语，表示程度、频率、处所、范围、时间、方式等。

(1) 表示程度：很、非常、十分、最、格外、几乎、更加、稍微；

(2) 表示范围：都、全、总、共、只、光、净、统统、仅仅、一概、单单；

(3) 表示情态、方式：忽然、大肆、肆意、连忙、特意、亲自、赶紧、暗暗；

(4) 表示时间、频率：已经、刚才、将要、曾经、正在、马上、立刻、渐渐、从来、往往、仍然、屡次、依然、再、再三、终于、常、时时；

(5) 表示处所：到处、处处、随处、四处；

(6) 表示肯定、否定：不、没、没有、未、别、不必、不曾；

(7) 表示语气：难道、简直、就、偏偏、未免、大约、大概、岂、反正、也许、果然、居然、索性、难怪、究竟、幸亏、只好、不妨、何必。

2. 副词的语法特征

(1) 副词都能做状语。例如：

①他始终不忘以前的事情。

②旅游旺季，所有的房间都预定出去了。

(2) 少数程度副词如“很”“极”还可以做补语。例如：

①这件事情顺心得很。

②广场上冷清极了。

(3) 副词附着性较强，一般不能单用，只有“不”“别”“没有”“马上”“也许”“大概”“一点儿”“当然”“何必”“刚好”“刚刚”等可以单用。

(4) 有部分副词兼有关联作用。例如：

①单用。例如：

练了又练　说不过就走　不去也罢　生闷气更没用

②合用。例如：

又细又高　不早不晚　越说越来劲　不但……还　如果……就　只有……才　不论……都　除非……才　即使……也

(5)“没有（没）”既是副词又是动词，是兼类词。用在动词、形容词前，它是副词，表示否定；用在名词前它是动词，表示不存在某种事物或现象。例如：

①从来没有见过这个人。(副词，做状语)

②兜里没有钱。(动词，做谓语中心)

3. 副词的辨析

(1) 副词和动词

动词出现在名词前，否定人或事情的存在，充当谓语中心。例如：

①报告厅没有人。

②这篇论文没问题。

副词出现在动词、形容词前，否定动作或性状的存在，充当状语。例如：

①房子［没有］装修。

②我今天［没］去上班。

(2) 副词和形容词

形容词常常做状语，因此就容易和副词相混淆。区别的办法就是看这个词除了做状语之外，还能不能再做别的成分。例如：

①全班一致通过。(做状语) /全班一概通过。(做状语)

②想法很一致。(做谓语) /* 想法很一概。

③一致的意见。(做定语) /* 一概的意见。

例①中，“一致”是形容词，“一概”是副词，都能做状语。例②和例③中的“一致”还可以做谓语和定语，并且能受“很”的修饰；而“一概”只能做状语，其他的都不行。可见，只能做状语的是副词，既能做谓语、谓语中心，又能做状语、定语的是形容词。

(3) 同音现象

“白”“怪”“老”“净”“好”等都是同音同形。修饰名词时，它们是形容词；修饰动词、形容词时则是副词。例如：

形容词	副词
白裙子	白收拾了
怪事情	怪冷的
老房子	老抖个不停
桶里净是水	桶里是净水
好山好水	好说好说

(4) 时间名词和时间副词

时间名词和时间副词的相似点是都表示时间，又可以充当状语。

时间名词，如：现在、最后、过去、将来；

时间副词，如：正在、刚刚、已经、即将。

区别的方法：时间名词可以做主语，可以单独回答问题，可以在前面加上介词“在”，还可以用“A 是 A”的格式；时间副词都不能，只能做状语。例如：

时间名词	时间副词
①现在就行动。(做主语)	①［正在］行动。
②“第几个到的?”“最后。”(单独回答问题)	②［终于］到了。
③在过去，这是不可想象的。(前加介词“在”)	③［已经］不可想象了。
④将来是将来。(“A 是 A”的格式)	④*即将是即将。

(八) 代词

1. 代词的类别

代词是有代替、指示作用的词。

(1) 按照句法功能可以分为代名词、代谓词、代副词三类。

(2) 按语法作用可以分成三大类：代替人或事物的叫人称代词；指称或区别人、事物、情况的叫指示代词；表示疑问的叫疑问代词。

①人称代词

单数：我、咱、俺、你、您、他、她、它；

复数：我们、咱们、俺们、你们、他们、她们、它们；

其他：自己、自个儿、大家、大伙儿、人家、别人、他人、之、其。

②指示代词

基本：这、那、该、此、彼；

派生：这里、这些、这样、这么、这阵儿、这点儿、这么着、这么些；

其他：每、各、另外、该、别、别的、任何、某、其他（其他)、彼此。

③疑问代词

问事物、时间、处所、数量：谁、何、什么、哪儿、哪里、几时、几、多少；

问方式、性状、原因：怎、怎么、怎么样、怎么着、如何、为什么。

使用代词有使语言简洁、经济的作用。例如：

你随意打断别人的讲话是不礼貌的。——你这样是不礼貌的。

代词总表见表 2。

表 2 代词总表

<table>
<tr><td colspan="2">按功能分类</td><td colspan="6">按意义分类</td></tr>
<tr><td>代替
哪类词</td><td>相当于
哪类词</td><td colspan="3">人称代词</td><td>疑问代词</td><td colspan="2">指示代词</td></tr>
<tr><td rowspan="8">代
名
词</td><td rowspan="5">一
般
名
词</td><td></td><td>单数</td><td>复数</td><td rowspan="5">谁
什么
哪</td><td>近指</td><td>远指</td></tr>
<tr><td>第一人称</td><td>我</td><td>我们、咱们</td><td rowspan="4">这</td><td rowspan="4">那</td></tr>
<tr><td>第二人称</td><td>你、您</td><td>你们</td></tr>
<tr><td>第三人称</td><td>他、她、它</td><td>他（她、它）们</td></tr>
<tr><td>其他</td><td colspan="2">自己、自个儿、别人、大家</td></tr>
<tr><td>处所名词</td><td colspan="3"></td><td>哪儿、哪里</td><td>这儿、这里</td><td>那儿、那里</td></tr>
<tr><td>时间名词</td><td colspan="3"></td><td>多会儿</td><td>这会儿</td><td>那会儿</td></tr>
<tr><td>数词</td><td colspan="3"></td><td>几、多少</td><td colspan="2"></td></tr>
<tr><td>代谓词</td><td>动词
形容词</td><td colspan="3"></td><td>怎样、怎么
怎么样</td><td>这样
这么样</td><td>那样
那么样</td></tr>
<tr><td>代副词</td><td>副词</td><td colspan="3"></td><td>多</td><td>这么</td><td>那么</td></tr>
</table>

2. 代词的语法特征

代词是指其所代替的词语能做什么句子成分，代词就具有同样的语法功能。代名词时，分为代一般名词、处所代词、时间代词和数量代词四种。其中，代一般名词包括人称代词、疑问代词、指示代词。代谓词是指代替动词和形容词，功能也与二者大体相当。代副词时功能与副词大体相当。（参看表 2）

（1）人称代词

人称代词主要代替人，可分为两类。

第一类：第一人称、第二人称、第三人称。

第一人称：指说话人一方。例如：

①姑姑过生日，咱们一起去吧！

②他这么一说，咱们走也不是，不走也不是。

以“我们”为例，第一种情况是：“我们”与“咱们”用在一句话中，“我们”只包括说话人一方，排除听话人一方。例如：“我们走不动了，咱们歇一会儿吧！”

第二种情况是：“我们”单用，可以指说话人一方，也可以指听说双方。例如：“我

们都是一个家属楼的，有事一起去找街道呗。”（指听说双方）又如：“你要是挺不住了，我们怎么办？”（指说话人）

第三种情况是：“我们”有时实际指“我”，是一种委婉谦虚的表达方式。例如：“我说过吧，我们一定能行。”

第二人称：“你”“你们”指听话人一方。例如：

①你下班吧，我再整理整理。

②你们先去彩排，然后再去化妆。

第三人称：“他”“她”“它”“他们”指除对话双方以外的第三方，或称代事物，区别人的性别和事物。例如，“他”指代男性，“她”指代女性，“它”指代事物。

不确指代词：没有明确的指代。例如：

①邻居们你看看我，我看看你，都很惊讶。

②都这种时候了，就不要分你我了。

这里的“你”“我”不确指哪一个人，用于虚指。

第二类：其他代词。

第一组，“自己”“自个儿”，用来复指前面的名词或代词。例如：

①你自己做的决定，还能怪谁呢？

②是去还是留，你自己做一个选择吧！

也可以泛指任何一个人。例如：

自己的事自己做。

第二组，“别人”“人家”，泛指除对话双方以外的人。例如：

①别人的家务事儿，不适合多说。

②人家都说了，不要你管。

“人家”还用于自指，多为女性使用。例如：

人家都没准备好呢。

（2）指示代词

用来指代人和事物，主要起指示代替的作用的“这”为近指，“那”为远指。例如：

①这是我新买的写字台。

②那事到现在我都没忘。

“这”“那”对举时，往往是虚指众多的人或事物。例如：

这也不吃，那也不吃，你还怎么活？

还有“每”“各”“某”“另外”等，例如：

①每天都去图书馆。（侧重于个体的相同面）

②各走各的阳关道，各过各的独木桥。（侧重于不同面）

③某年某月的某一天。（不定指）

（3）疑问代词

主要用途是表示有疑而问或无疑而问。

第一，有疑而问。（表询问）例如：

①你暑假准备去哪儿旅游？

②你最近遇到了什么困难？

疑问代词的非疑问用法有任指、虚指和不确指三种。

一是任指。疑问代词表示全包括在所说的范围内的普遍意义。例如：

①谁都得付出自己的劳动。

②无论到哪儿，我都忘不了祖国。

二是虚指，指不能确定或不想表明的人或事物。例如：

①我记得好像谁说过这句话。

②外面好像谁在唱歌。

三是不确指，一般都是对举的。例如：

①谁爱去谁去，反正我是不去。

②上什么山唱什么歌。

另外，加上“什么……的”还可以用于列举，相当于“等等”。例如：

什么奴颜婢膝，打击报复的，他都不会做。

第二，无疑而问。例如：

①谁说不熬夜来着？（反问）

②谁是无私奉献的人？白衣天使。（设问）

（九）拟声词

拟声词是模拟自然界各种声音的词，又叫象声词，如“当”“砰”“咣”“乒乓”“哗啦”“沙沙”“扑通”“稀里哗啦”“噼里啪啦”。

拟声词的语法特征：

1. 独立成句或充当独立语

例如：

①噼里啪啦！外面鞭炮齐鸣。（独立成句）

②啾，啾，小鸟叫个不停。（做独立语）

2. 可以做状语、定语、谓语、补语等

例如：

①屋里有人叽叽咕咕地说话。（做状语）

②风吹树林，发出沙沙的声音。（做定语）

③大雨稀里哗啦。（做谓语）

④鼓敲得咚咚响。（做补语）

3. 拟声词没有否定形式，不受程度副词修饰

（十）叹词

叹词是表示感叹和呼唤、应答的词，常用的有“嘿”“哼”“呸”“啊”“哦”“哇”“哎”“哟”“哎呀”“哎哟”等。

叹词的语法特征：

1. 叹词的独立性很强，常做独立成分或单独成句

例如：

①喂，你快来啊！

②嗯，我知道了。

③哎哟！

2. 叹词有时可充当句法成分

例如：

①婴儿“哇——哇——”的哭声传来。（做定语）

②他一抬头，呵呵地笑起来。（做状语）

拓展阅读

词类歌诀

思考与练习

1. 划分词类的标准主要是（　　）

A. 意义标准　B. 形态标准　C. 综合标准　D. 功能标准

2. 下列各组词中全是动词的是（　　）

A. 可爱　重视　B. 重用　盼望　C. 喜欢　美丽　D. 希望　理想

3. 下列词中不能受程度副词修饰的形容词是（　　）

A. 漂亮、结实、尴尬　B. 通红、崭新、蔚蓝

C. 金色、橘黄、紫红　D. 和气、优秀、喷香

4. （判断）“坚决”是动词。（　　）

5. 将下列各词分别归类。

①可爱　喜爱　②讨厌　讨论　③新年　青年　④怪事　奇怪

任务三　词的分类（下）

学习要点

1. 掌握各类虚词的词性。
2. 掌握词的兼类和同音词的区别。

学习任务

1. 能够理解各类虚词在区别结构和意义上所起的作用。
2. 能够正确使用各类虚词。

一、虚词

现代汉语表达语法意义的手段主要是语序和虚词。虚词虽然数量不多，没有明确的概念意义，也不做短语和句子的任何成分，但它经常附着于实词或语句的后面表达丰富的语法关系，使用频率高，用法也多种多样。介词、连词、助词、语气词四类虚词各具特色，也有的只有一些细微的差别，需要准确辨析，掌握各类虚词的用法。

（一）介词

介词依附在实词或短语前面，与其共同构成介词短语。通俗地说，介词就是在词与词之间起介绍作用的词，主要用于修饰、补充谓词性词语。

词的分类（下）

1. 介词的类别

（1）表示时间、处所、方向：从、自、自从、以、到、在、当、由、向、沿着；
（2）表示对象、范围：对、对于、关于、跟、和、给、同、除了；
（3）表示方式、依据、比较：按照、依据、靠、本着、用、经过、拿、比；
（4）表示施事、受事：被、给、把、叫、让、由；
（5）表示原因、目的：因、因为、由于、为、为了。

2. 介词的语法特征

（1）介词不能单独做句法成分，置于名词、代词和短语前组成介词短语做状语、补语、定语。例如：

①我们向英雄致敬！（做状语）
②除夕，大家一起守岁到天明。（做补语）
③民间一直流传着关于女娲补天的传说。（做定语）

（2）汉语的介词绝大多数是古代汉语的动词虚化而来的，有些词至今仍兼有介词和动词两个词性。有几种情况：第一，有的动词完全虚化，成为专用的介词，如“被”“从”“沿”“除了”等。第二，动词和介词同音同形，有的意义区别明显，如“把”“打”“给”“跟”等；有的意义很难区分，如“在”“替”“靠”“往”“到”“向”“朝”“比”“通过”“按照”等。这就需要注意介词和动词的区别：介词不能做助词，动词与之相反。更为简单的方法是：看这些词能不能做谓语或谓语中心。如果句中没有其他的谓语动词了，它就是动词；如果有，则是介词。例如：

①程序员在公司。(动词)

②程序员坐〈在电脑旁〉。(介词)

③程序员［在公司］编程。(介词)

例①中，“在”的后面是名词“公司”，前后没有别的动词了，“在”是动词；例②和例③中的“在”的前后分别有“坐”和“编程”，“在”就是介词。类似的例子还有：

①他〈到湖边〉练拳了。(介词)

②说着说着，你就到了。(动词)

③闺蜜〈给我〉买了玫瑰。(介词)

④朋友给了我几斤山楂。(动词)

(二) 连词

连词起连接作用，连接词、短语、分句和句子等，主要表示并列、选择、递进、转折、条件、因果等关系。

1. 连词的类别

根据连词的功能，可以分为以下几类：

(1) 连接词、短语：和、跟、同、与、及、以及、或、或者；

(2) 连接词语或分句：而、而且、并且、或者、还是、无论；

(3) 连接复句中的分句：不但、尚且、宁可、尽管、虽然、但是、因为、所以。

2. 连词的语法特征

(1) 连词不能单独做句子成分，不能单独成句。它只在起连接作用时，表示各种关系，起语法作用。例如：

①干不完就不干，领导和同事们都这么说。

②虽然得到了补偿，可是心里不痛快。

(2) 某些连词经常与副词配合，成为一对关联词语，表示连接关系。例如：

①如果玩得不尽兴，就多加一天。

②无论多难，他都会坚持到底。

“和”“跟”“同”“与”既是介词，又是连词，共同点是在它们两边都可以出现名词A和B。这两类词，可以用以下三种方法加以区分：

第一，如果是连词，A和B可以互换位置而意义不变；如果是介词，换位后意义会有所改变。例如：

①小李和小张都报名了。(连词可以换位)

②要报名了，小李和小张商量了一下。(介词不能换位)

第二，如果是介词，可以在介词之前停顿，并且插入状语副词；如果是连词，因为跟两边的名词结合都很紧密，所以在连词之前不能停顿，也不能插入状语副词。例如：“我和她约定了这件事。”在“和”之前插入状语副词“立即”，变成：“我［立即］和她约定了这件事。”“和”是介词。但是，“我和他是好朋友”，就不能说成“我立即和他是好朋友”，所以“和”就是连词。

第三，连词“和”有的可以省略或改用顿号，介词“和”不可以省略。例如：“《红楼梦》和《三国演义》都是古典名著。”我们可以改为：“《红楼梦》《三国演义》都是古典名著。”“和”是连词。但是，“小城和山的南面相连”，就不能改成“小城、山的南面相连”，所以“和”是介词。

（三）助词

助词是附着在实词、短语、分句或句子中，表示结构、动态等语法意义的词。特点是独立性差而附着性强。但是，它也有较强的个性特征，可用来辅助各类实词、短语和句子。根据附着的对象、所起的作用、表达的意义不同，助词可以分为以下几类：

1. 结构助词

在语法的结构关系中，主要表示修饰，限制前后的中心语，最常用的有“的”“地”“得”。

这三个词在普通话里都读成“de”。“的”“地”“得”在短语和句子中分别表达不同的语法意义。

（1）“的”的主要作用：

①是定语的标志。例如：

伟大的人民　新买的书　正午的太阳

②构成“的”字短语，基本功能是充当主语、宾语。例如：

a. 这件礼物是你的，那件礼物是我的。（做宾语）

b. 桌上有两个文件袋，红的是原件，蓝的是复印件。（做主语）

③表示列举不尽和泛指。例如：

a. 水果店里有苹果、香蕉、草莓、菠萝什么的。（列举不尽）

b. 上学的、上班的都走了。（泛指）

（2）“地”的主要作用：做状语的标志。例如：

快乐地工作　健康地生活

（3）“得”的主要作用：做补语的标志。例如：

最近这段时间，想事想得头疼，连睡觉都睡得昏昏沉沉。

2. 动态助词

动态助词虽然不能表示事件具体发生的时间，但是附着于实词之后，可以表示事件的动态。最常用的有“着”“了”“过”。

“着”，表持续态，用在动词、形容词后面，表示动作的进行或者状态的持续。例如：

①唱着歌，跳着舞。

②今天闷极了，空调始终开着。

“了”，表完成态，用在动词、形容词后面，表示动作或性状已经成为事实。例如：

①他做了三年工程师了。

②我都瘦了好几斤了。

“过”，表经历态，用在动词、形容词后面，表示曾经发生或具有的动作或性状。例如：

①我们去过天安门。

②谁还没有年轻过？

3. 比况助词

表示比喻，附着在名词性、动词性、形容词性词语后面，常用的有“似的”“一样”“一般”“般的”。例如：

①湖面像镜子似的，平静得没有一丝的波浪。

②星儿点点，像撒在黑色金丝绒上的珍珠一样。

4. 其他助词

（1）“所”：是书面语中沿用下来的助词，用在及物动词前面，组成名词性短语，叫“所”字短语，如“所思”“所想”“所感”“所见”“所闻”“所属”。“所”经常跟“被”“为”组合，变成“被……所”“为……所”，表示被动。例如：

①被世人所景仰。

②为广大学生所喜爱。

（2）“给”：用在动词前面，加强语气，用于口语。例如：

①新上架的书都给我买下来了。

②鱼缸给弟弟打破了。

（3）“连”：用在名词性、动词性、形容词性词语前面，表示强调、隐含或暗示。例如：

①连师傅也不放在眼里了。

②连问都不问就拿走了。

（4）“们”：主要是用在指人的普通名词后面，表示群体的意义，如“女生们”“家人们”等。

（四）语气词

语气词是用在句尾或句中表示各种语气和停顿的词。

1. 语气词的类别

根据表达语气的不同，语气词可以分为下面四种：

（1）陈述语气：的、了、吧、呢、啊、着、嘛、呗、罢了；

（2）疑问语气：吗、呢、吧、啊；

（3）祈使语气：吧、了、啊；

（4）感叹语气：啊。

2. 语气词的语法特征

一是具有很强的附着性，经常附着在词语、句子的后面。

二是有时需要加上语气词来表达完整的语义。语气词主要是表示语调的。一般来说，大多数实词加上语调就能成为句子。普通话里最基本的语气词只有六个：的、了、呢、吧、吗、啊。还有些语气词是这几个语气词的合音，如“的啊（哒）”“了啊（啦）”等。

3. 语气词“了”和助词“了”的区别

语气词“了”和助词“了”二者同音同形。作为语气词，“了”用于陈述句句末，前面可以是名词性成分。例如：

这孩子太像小大人儿了。

“了”跟在动词的后面，如果出现在句子的中间，往往表示动作行为已经完成。例如：

这个练习我做了三遍。

有时，“了”用在句子的末尾，需要根据语义判断它是语气词还是助词。如果不是表示动作行为已经完成，就是语气词。例如：

①这本书两天就能看完了。（语气词）

②我要开始寻找新的人生目标了。（语气词）

出现在句末动词后的还有助词和语气词兼用的情况。例如：

①上次的问题早就已经解决了。

②秋天还没过，树叶已经落下很多了。

4. 语气词“的”和助词“的”的区别

语气词“的”和结构助词“的”同形同音。语气词“的”用于句末，表示一种确定的语气。结构助词“的”，有时也出现在句末。例如：

①事实是胜于雄辩的。

②他是推销产品的。

二者的辨析，可以从以下四方面进行：

（1）看“的”字的后面能否补出相应的中心语。例①补不出，是语气词；例②能补出，是结构助词。

（2）看能否去掉“的”，如“出伏了，天还是很热的”，改成“出伏了，天还是很热”。去掉“的”后语义没有改变，是语气词。去掉后影响语义的是助词，如，“他是个要强的”不能说成“他是个要强”。

（3）用添加词语的方法。以添加“不”为例，“是……的”表示肯定和强调的语气。例如，“他是知道的”，表示否定时，“不”放在“是”之后，变成“他是不知道的”。句末为结构助词“的”的句子，如“他是修表的”，表示否定时，“不”放在“是”之前，变成“他不是修表的”。

（4）看能否和语气词连用。语气词“的”可以和其他语气词连用，结构助词“的”不能连用。例如，“这也真够难为他的了”。

5. 语气词的连用

语气词也可以两三个连着用，一般情况下都是按照顺序连用。语气词可以分为三个层次。

第一层是“的”，排在前面；第二层是“了”；第三层是“呢”“吧”“啊”“吗”，在最后。连用时，前面的语气明显减弱，重点落到最后一个语气词上。一、二两层连用时，如“事情办得挺用心的了”“的”加强肯定的语气，“了”表示“早就知道”。一、三两层连用时，如“祖国统一是我们最想看到的啊”，“的”表示事实本来就这样，第三层的语气词表感叹。二、三两层连用时，“了”表示出现了新的情况，第三层所用的“呢”“吧”“啊”“吗”表示疑问、推测、不满情绪。

二、词的兼类和活用

词的兼类现象是指一个词经常具备两类或者是几类词的主要语法功能。与词汇中讲过的多义词相类似，多义词是指词的表达意义有多种，词的兼类是指一个词的语法功能有多种。

1. 兼类词的类别

(1) 名词兼动词。一般来说，名词是指事物或某种动作行为的名称，动词是指动作行为。例如：

①这是人大代表的提议。(名词)

②健康学家提议不要盲目减肥。(动词)

(2) 形容词兼动词。形容词表示事物的性质和状态，动词是指动作行为。例如：

①他为人性情淡泊。(形容词)

②不少人很难做到淡泊名利。(动词)

(3) 名词兼形容词。例如：

①诚实守信是为人的基本标准。(名词)

②中国跳水运动员以标准的动作完成了比赛。(形容词)

2. 兼类词与同音词的辨析

(1) 兼类词一定要读音相同，词义之间有联系。只是读音相同，词义之间没有联系的是同音词。例如：

①他说的是真事儿。(形容词)

②能看到你还真巧。(副词)

(2) 读音不同但是词义相关的不是兼类词，而是同形词。例如：

①水凉了。(阳平，形容词)

②凉了一杯水。(去声，动词)

3. 词的活用不是兼类词

词的活用是指在特定的条件下，为了表达上的需要，将甲类词临时借来用作乙类词。虽然词的意义具有内在联系，但是语法功能的转变是临时的而不是经常的，所以不是兼类词。例如：

他比专家还专家。(名词活用为形容词)

词类活用是修辞中使用的方法，是词的临时用法，可以使句子表达更为生动、形象。

拓展阅读

现代汉语虚词与冯至《十四行集》的沉思特质

思考与练习

1. 下列句子中，“和”属于介词的是（　　）

A. 他和我今天一起去逛街了。
B. 我和他一起去了北京。
C. 昨天的会议上，我和他都讲了很多话。
D. 她没和我商量，就离开了。

2. 虚词的共同特点是（　　）

A. 依附于实词或语句
B. 不可以单独成句
C. 能重叠
D. 可以单独做句法成分

3. 下列句子中，实词使用错误的是（　　）

A. 这些女孩真是又漂亮又智慧。
B. 他家在村子的南边，面对着一座小山。
C. 天天的朋友站在天天爸爸身边。
D. 陶渊明曾理想一个和平、宁静、没有矛盾斗争的极乐世界。

4.（判断）“这个山区的变化，对于我们都是非常了解的。”这句话中存在虚词方面的错误。（　　）

5. 判断下列句子中括号内的结构助词的使用是否正确，若不正确请加以改正，并说明理由。

（1）我们要认真（的）审查每一项条款。
（2）我们要对每一项条款进行认真（地）审查。
（3）农民们种（得）多是黑松。
（4）解放军打（的）敌人四处逃窜。

6. 改正下列句子中虚词方面的错误，并说明理由。

（1）本品是用金银花、连翘等中药配制而成，并且具有祛寒退热的功能。
（2）这种习性是动物长期求食活动中发展起来的。
（3）只要你能在一小时内完成这篇两千字的文章，虽然够不上发表水平，也可以录用你。
（4）尽管他行车超过三十万公里，却从没有发生过重大事故。

任务四 短语

学习要点

1. 掌握短语的含义。
2. 识记短语的结构类型。
3. 掌握短语的功能类型。
4. 明确词和短语的区别。

学习任务

1. 能够分析短语的层次、结构。
2. 辨析词和短语。
3. 能够分析歧义短语并掌握消除歧义的方法。

一、短语概说

短语是意义上和语法上能够搭配而没有句调的一组词，也叫词组。它是大于词但不成句的语法单位。

（一）什么是短语

“大于词”是指组成短语的至少要有两个词。这两个词的组合形式可以是实词和实词，也可以是实词和虚词。“不成句”是指短语没有句调。例如：“走！”只有一个字，为感叹语气，是句子；“改革开放前进道路上的排头兵”有13个字，但是没有句调，是短语。

“意义上和语法上能搭配”指不论是哪两类词组成的短语，都要按照一定的方式组合，语义上能搭配的同时，又运用一定的语法手段，组成一定的语法形式，表现出一定的语法意义。例如，“兔子跑/小猫叫”“*桌子跑/书本叫”，前者符合语义，而后者“桌子”和“跑”、“书本”和“叫”，语义上不能搭配。

词组成短语的组合方式分语序和虚词两种：语序是直接组合，语序不一样，语法意义也往往不同。名词和形容词组合时，语序不同，语法意义也不同。运用虚词是关联组合的形式，如“我和祖国/我的祖国”，使用的虚词不同，表达的意义也不同。

（二）短语和词的区别

在结构上，短语和合成词一样，也有主谓、偏正、动宾、中补、联合五种基本结构形式。短语和多音节合成词容易发生混淆，需要加以辨别，具体如下：

其一，构成成分之间，结合的松紧程度不同。

词的结合程度比较紧密，所以不能在组成词的语素之间插入其他成分。短语的结合程度比较松散，能在词与词之间插入其他成分。我们可以采用加词测试的方法进行判断。例如：

黑板≠黑色的板　吃香≠吃了香的　（词，不能扩展）

黑布＝黑色的布　想她＝想念她　（短语，可以扩展）

短语和词的区分见表 3。

表 3　短语和词的区分测试表

结构方式	加词测试	词（不能扩展）	短语（可以扩展）
主谓式	不、很	年轻——年很轻	天晴——天很晴
偏正式	的	火车——火的车	高山——高的山
动宾式	着、了、过	动员——动了员	读书——读了书
中补式	得、不	纠正——纠得正	打开——打得开
联合式	和、或、并、而	根本——根和本	好坏——好和坏

其二，表达意义的整体凝固性不同。

词所表达的意义不是语素与语素的简单相加，而是凝固的，是不可分割的。短语是词与词的临时组合，表达的意义并不是交融在一起的。例如，“我算计着后天去买，来得及”，句中的“算计”是词，它的意义不是“算”和“计”的简单相加，而是“估计”的意思。

（三）短语的类别

从多种角度去分析短语，能够分出不同的类别。最重要的是从结构类型和语法功能两方面去分类。

从短语的结构类型看，实词与实词的组合主要有主谓短语、偏正短语、动宾短语、中补短语、联合短语五种基本类型。还有其他类型的短语，包括同位短语、连谓短语、兼语短语、量词短语、方位短语。实词与虚词的组合包括介词短语、“的”字短语、“所”字短语和比况短语。

从短语的语法功能看，我们可以将短语分为功能相当于名词的名词性短语，以动词和形容词为中心的谓词性短语和以修饰语为中心的加词性短语。

另外，按照短语的构成要素是否凝固来分类，可以分为固定短语（固定用语）和临时短语；从意义上分，可以分为单义短语和多义短语；根据短语加上语气、语调是否能够成为句子，可以分为自由短语和不自由短语（黏着短语）；根据短语的层次多少，可以分成一层短语（又称简单短语）和多层短语（又称复杂短语）。

总之，分类的角度不同就有不同的分类。根据分析短语的目的，我们可以选择适当的分类的方法，从而更好地分析短语，为学习句子打下基础。

二、短语的结构类型

短语（一）

（一）实词与实词组合

1. 短语的基本类型

（1）主谓短语

主谓短语由主语和谓语两部分组成。主语在前，是被陈述的对象，表示被陈述的是谁或什么；谓语在后，对主语加以陈述，表明主语是什么或怎么样。二者之间是陈述和被陈述的关系，可以用符号“‖”作为主语和谓语分界的标志。例如：

直播‖开始　　我‖骄傲　　我‖是中国人

选手们‖上场　　祖国‖繁荣　　明天‖是立秋

（2）偏正短语

偏正短语由两部分组成。表示修饰、限制的部分在前，叫修饰语；后一部分是被修饰和限制的部分，是整个短语的核心，叫中心语。二者是修饰与被修饰的关系。按照偏正短语前后两部分的语法关系，可以再分为两类：

①定中短语

定中短语前面的定语是表示修饰、限制的部分，相对于中心语来说是“偏”的部分；后面的部分是中心语，由名词性成分组成，是“正”的部分。二者为修饰关系，有时用“的”作为定语的标志。定语部分可以用符号“（　）”来标明。例如：

（奔腾）的黄河　　（奥运）健儿　　（崇高）的理想　　（谈判）技巧

（我们）的事业　　（航天）城　　（中国）制造　　（两箱）啤酒

②状中短语

状中短语前面的状语表示修饰、限制，是“偏”的部分；后面的中心语由谓词性成分组成，是“正”的部分。二者为修饰关系，有时用“地”作为状语的标志。状语部分可以用符号“［　］”来标明。例如：

［悠闲］地走　　［喳喳］地叫　　［五个五个］地念

［挨得紧紧］地站着　　［在自习室里］学习　　［这样］做

（3）动宾短语

动宾短语由两部分组成。前一部分通常由动词充当，表示动作、行为，起支配作用，是动语；后一部分通常由名词性词语充当，有时也由动词、形容词充当，是宾语，也是被支配的对象。二者是支配与被支配的关系，常用符号“｜”来标明。例如：

爱护｜国旗　　获得｜奖励　　喜欢｜热闹

热爱｜社会主义国家　　感谢｜救援官兵　　帮助｜同学

（4）中补短语

中补短语由两部分组成。前一部分由动词和形容词充当，是被补充说明的部分，是短语的中心，称为中心语；后一部分补充说明中心语，是补语。两部分是补充和被补充的关系，补语部分可以用符号“〈　〉”来标明。例如：

玩得〈开心〉　　搬〈出去〉　　培育〈好〉

倒〈在门口〉　　听得〈清清楚楚〉　　解决〈好〉

(5) 联合短语

联合短语是由语法地位平等的两个或几个部分组成的，是联合关系，并且没有主次之分。但是，并列的部分不管有多少，性质必须是一致的，也就是要么都是名词性，要么都是动词性，要么都是形容词性。几部分之间靠关联词组合，可以细分为并列关系、选择关系和递进关系。例如：

①并列关系：妈妈和儿子　五名老师和三名学生　牛奶和酸奶

②选择关系：苹果或者香蕉　坚守还是退却　茶或咖啡

③递进关系：继承并发扬　讨论并且决定　侦查而且破案

2. 其他类型

(1) 同位短语

同位短语多数由两部分组成，但也有两部分以上组合的情况。各部分的词语所指的是同一个事物，共做一个成分，拥有一样的语法地位，也叫复指短语。例如：

革命烈士董存瑞　我们中年人　她自己

《平凡的世界》这本书　十月一日国庆节那天　刚进门的几位

(2) 连谓短语

连谓短语由两个或两个以上的谓词性词语连用，不用关联词语，彼此之间不能构成联合、偏正、动宾、中补、主谓等结构关系，前后词语之间语义上有时间先后、方式、目的等关系，又叫连动短语，例如：

上学读书　看了很振奋　站起来走过去打开门张望

坐火车去西藏旅游　打电话叫他　有机会去旅游

(3) 兼语短语

兼语短语是由两部分合成一部分组成的。前一部分是动宾短语，后一部分是主谓短语。由前一动词的宾语兼做后一动词或形容词的主语，这样动宾短语的宾语和主谓短语的主语就组成一个成分，叫兼语。例如，“请他过来”中的“他”，是“请”的宾语，又是“过来”的主语，是这个短语中兼有两种语法作用的兼语。有兼语的短语叫作兼语短语。例如：

有个弟弟是律师　使祖国富强　让人民安居乐业

给孩子买衣服　同意他离开　要求他答应

值得注意的是，兼语短语中的前一个动词一般由表示使令意义的动词、心理活动的动词或表示选派、领属意义的动词充当。

(4) 量词短语

量词短语是由数词或指示代词加上量词组成的。量词短语可以分为两种：一种是由数词加量词组成的短语，叫数量短语；另一种是由指示代词加量词组成的短语，叫指量短语。这两种短语统称为量词短语。例如：

一千（朵）　一块（橡皮）　一瓶（酒）　这次　那种

(5) 方位短语

方位短语由方位词直接附着在名词性或动词性词语后面组成，主要表示范围、时间或处所，属于名词性短语。例如：

院墙外　　　　　工厂里　　　　星期二以后

半个月之内　　　城镇和乡村之间

(二) 实词与虚词组合的短语的类型

1. 介词短语

介词短语是由两部分组成的，前一部分是介词，后接名词或名词性短语。介词短语都能做状语，还可以做定语和补语。例如：

[往上海] 发消息　　　[按指示] 办事　　　[凭证件] 出入

(关于比赛) 的事情　　(对预案) 的看法　　(朝向东南) 的入口

发生〈在去年〉　　　出生〈于天津〉　　　走〈向出口〉

2. "的" 字短语

"的"字短语由助词"的"附着在实词或短语后面组成，是指称人或事物的名词性短语。它共有两部分，前一部分是词或短语；后一部分是助词"的"，也是"的"字短语的标志。"的"字短语可以做主语、宾语。例如：

新的　　写小说的　　参观的　　诚实善良的

初级的　　西式的

需要说明的是，"的"字短语中"的"字的后面隐含着可以补充出来的中心语，如上例中"新的"，可以是"新的事情""新的杯子""新的想法"等。如果"的"的后面补不出相应的中心语，就不是"的"字短语，如"是的"。

3. "所" 字短语

"所"字短语由"所"字加在及物动词前面组成，指称动作所支配或关涉的对象。助词"所"，改变了及物动词的性质，因此是名词性短语。例如：

所见　　所图　　所知道　　所珍惜　　所倡导　　所感动

4. 比况短语

比况短语由前一部分的词或短语，后面附着助词"似的""般（一般）""一样"组成，做定语、状语、谓语、补语等，表示比喻、推测，属于形容词性短语。例如：

棉絮似的飞雪　　　杨柳一般轻　　响雷一样震耳

三、短语的功能类型

短语有两方面的功能：一方面，所有短语都能充当一个更大的短语里的组成成分；另一方面，大部分短语加上语调就能成为句子。

短语的功能类型是由短语跟别的词语组合时相当于哪类词，能充当什么句法成分决定的。能做主语、宾语，功能相当于名词的叫名词性短语；能做谓语，功能相当于谓词的叫谓词性短语。短语又分为以动词为中心的动词性短语和以形容词为中心的形容词性短语，只能做附加成分的叫加词性短语。各种类型的短语在充当句法成分时的功能类型见表 4。

表 4　短语的功能分类表

名词性短语（功能相当于名词）		谓词性短语（以动词、形容词为中心）		加词性短语（修饰语）	
类型	示例	类型	示例	类型	示例
主谓短语	明天星期一	主谓短语	人工操作（动词）	介词短语	朝东
			态度端正（形容词）		
定中短语	悠久的历史	状中短语	刻苦地学习	偏正短语	小范围
联合短语	今天和明天	联合短语	阅读理解（动词）		
			崇高伟大（形容词）		
同位短语	诗人李白	动宾短语	创新思路		
方位短语	教室里	中补短语	睡醒（动词）	注：只能做附加成分	
			睡得香（形容词）		
量词短语	一条广告	连谓短语	去上课		
“的”字短语	国家的	兼语短语	祝您健康		
“所”字短语	所想	比况短语	雷鸣般的掌声		
注：主谓短语的谓语中心是名词的为名词性短语，是动词、形容词的为谓词性短语					

四、短语的分析及多义短语

短语（二）

对短语进行分析是为了更好地了解短语的结构，弄清短语的意义，为认识和运用各种类型的句子打下基础。

根据短语的层次多少，可以分成一层短语（又称简单短语）和多层短语两类。一层短语是词与词在一个层次上的组合，如“遵纪守法”；多层短语是词与词在两个或两个以上层次上的组合，如“一定遵纪守法”。

（一）层次分析法

最常用的短语分析方法有中心词分析法（也叫符号分析法），还有层次分析法（也叫框式图解法）。为了更好地明确短语以及复杂短语的结构层次，这里主要讲解层次分析法。

简单地说，层次分析法就是对短语进行层层切分的方法。每个层次的切分，要符合短语的结构原则、功能原则和意义原则。

1. 结构原则

切分出的两个成分必须都是语法单位（词或短语）。也就是说，切分后，语言片段的结构是有意义的。例如：

①“三/位同学”，“三”是独立的一个词，但后面的“位同学”是没有意义的组合。

②“三位同/学”，虽然后面的“学”是一个独立的动词，但在整个短语中，“同学”是名词；前面的“三位同”，是没有意义的组合。

③“三位/同学”，前面的量词短语“三位”，后面的名词“同学”，都有意义，所以切分正确。

2. 功能原则

切分出的两个成分必须有语法关系。也就是说，可以按照汉语的语法规律搭配。例如：

①“那座/房子的主人”，后面定中短语的中心语是“主人”，不能用“那座”加以修饰。

②“那座房子/的主人”，后面的“的主人”，没有按汉语的语法规律搭配。

③“那座房子的/主人”，这样切分，前后都符合语法规律，所以切分正确。

3. 意义原则

切分出的两个成分要符合短语的原来意思。例如：

①“损害/儿童健康的游戏”，后面“儿童健康的游戏”，中心语是“游戏”，与前面的“损害”相搭配，组成“损害游戏”，违背原来的意思。

②“损害儿童/健康的游戏”，前面的“损害儿童”不符合原来“损害健康”的意思；“健康的游戏”，后面的“游戏”也为健康的，切分不正确。

③“损害儿童健康的/游戏”，符合原来短语所具有的意思，所以切分正确。

（二）层次分析的步骤

1. 切分结构层次

除了并列等结构之外，我们一般采用从大到小的“二分法”，即把一个短语逐层切分出两个最大的直接成分，按照从大到小的顺序，一直切分到词。对于一些复杂的短语，我们可以切分到一层短语，如方位短语等。

2. 确定结构关系

按照二分法层层切分短语时，每切分一层都要明确标出切分出的两部分之间的结构关系。按照从大到小的方法划分出的第一层结构关系就是整个短语的结构关系，而从小到大的方法则与之相反。例如：

参加 百米赛跑 的 在主席台东侧 集合

|主| |谓|

|“的”字短语| |状| |中|

|动| |宾| |介词短语|

（三）层次分析的方法

第一，采用从大到小的“二分法”。

第二，除了介词短语和“的”字短语外，对虚词不做分析。例如：

虚词“的”“地”“得”“着”“了”“过”“和”等可以放在框外不做分析。

“一带一路”的 规划

|定| |中|

介词短语、“的”字短语里的介词和“的”，是两类短语中必不可少的成分，不能排斥在句法成分之外。例如：

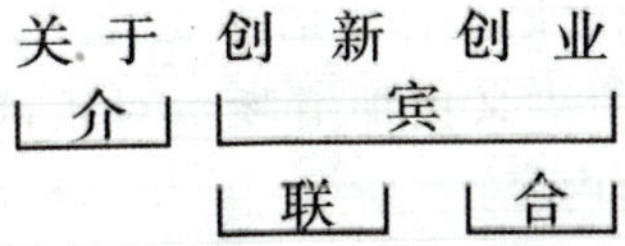

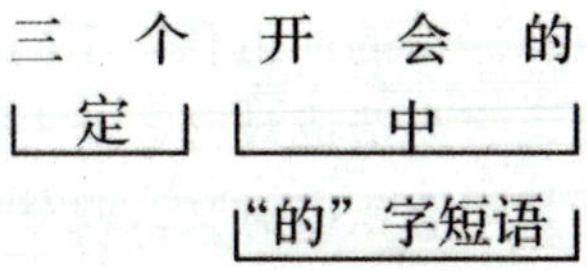

第三，“状动宾”两可的情况，分析时采用先状后宾的方法。例如：

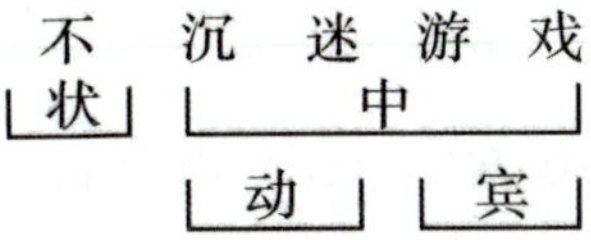

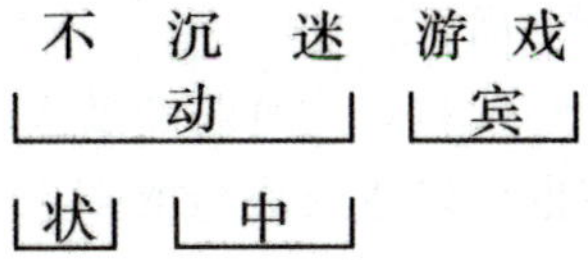

第四，不适合用二分法切分的情况如下：

一是连谓短语。

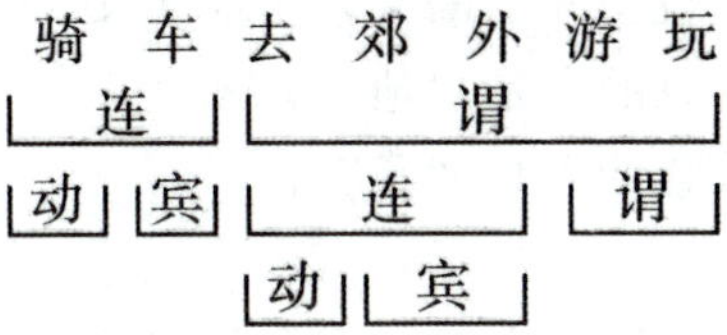

二是联合短语，例如：

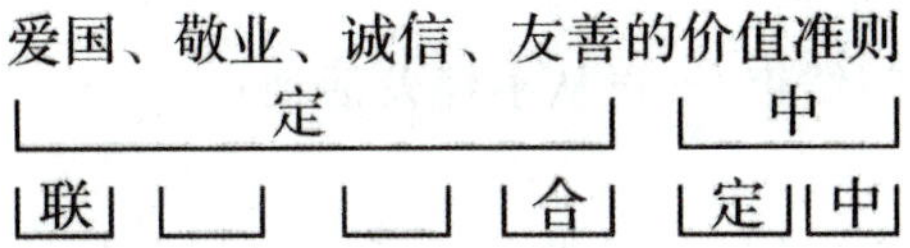

连谓短语和联合短语，并列项是两项的用二分法；是三项的用三分的方法，依此类推。

第五，兼语短语的切分示例如下：

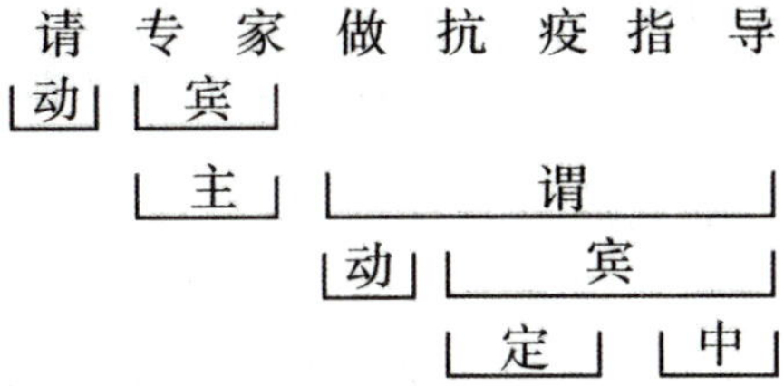

兼语短语中的兼语，既充当前半部分动宾短语中的宾语，又兼做后半部分主谓短语中的主语，所以这个成分要做两次切分。另外，短语加上语调成为句子后，层次分析的方法与分析短语相同。

（四）多义短语

从短语表达意义的多少来看，我们可以将短语分为单义短语和多义短语。只有一个意义的短语叫单义短语，同一个语言结构表达多种意义的短语叫多义短语。在口语里，我们可以根据表达的需要处理重音和停顿，可以化解多义；有些在上下文等语境中可以消除多义，即由多义变成单义。在一个短语中，处于中心位置的词，既可以和前面的词组合，又可以和后面的词组合，不同的组合会表达不同的语义；短语不是句子，没有具体的语言环境，容易造成歧义。运用层次分析法，会使语义更加清晰，对正确运用语言，提高表达效果有积极意义。具体先了解以下两方面内容：

1. 短语产生多义的原因

一般来说，涉及语音、词汇、语法三个方面。

（1）语音方面

①语音的轻读和重读有时会使短语产生多义。

②多音字也可以造成短语的多义。例如，“好说话”，“好”读“hǎo”，表示容易；读“hào”，表示喜欢。

③口语中的同音词，如果没有相应的语境就容易形成多义。例如：“需要 wèiyào”，可以是“胃药”，也可以是“喂药”。

④语气的停连位置不同，也会改变语义，形成多义。例如：

我看着｜他很着急　（着急的人是“他”）

我看着他｜很着急　（着急的人是“我”）

（2）词汇方面

如果没有语言环境，有些词即使有轻重音和停连的区别，但是如果一词多义也很容易形成误解。例如：

可真黑（皮肤黑/坏；狠毒）

超市关门了（营业时间结束/不再从事经营活动）

（3）语法方面

①词类不同，形成多义。例如，“批评过了”，“过”是动态助词，就表示经历过的意思；“过”是形容词，就是过分、过度的意思。

②结构层次不同，形成多义。

例1：新　大队　辅导员

定｜中

　　定｜中　　偏正短语（大队辅导员是新的）

新　大队　辅导员

定｜中

定｜中　　偏正短语（大队是新的）

例2：六个　学生　的宿舍

定｜中

　　定｜中　　偏正短语（学生的宿舍有六个）

六个　学生　的宿舍

定｜中

定｜中　　偏正短语（宿舍里有六个学生）

③结构关系不同，形成多义。

例1：理解 学生的 老师

动　　宾

　　定　　中　　动宾短语（老师是被理解的人）

理解 学生的 老师

定　　中

动　宾　　偏正短语（老师理解学生）

例2：验算 结果

动　宾　　动宾短语（对结果进行验算）

验算 结果

定　中　　偏正短语（验算之后的结果）

④语义关系不同，形成多义。例如：

他 谁 都 认 识

主　谓

　主　谓　　主谓短语（“他”是施事，“谁”是受事，指他认识的人很多）

他 谁 都 认 识

主　谓

　主　谓　　主谓短语（“他”是受事，“谁”是施事，指很多人认识他）

⑤结构关系和语义关系都不同，形成多义。例如：

踢 伤 了 大 姐 的 儿 子

动　　宾

中　补　定　中　动宾短语（儿子是受事，指大姐的儿子被踢了）

踢 伤 了 大 姐 的 儿 子

定　　中

动　定

中　补　　偏正短语（儿子是施事，指儿子踢伤了大姐）

2. 消除歧义的方法

短语在运用的过程中造成歧义，会引起很多的不便。我们可以从以下几个方面加以解决：

（1）添加或替换词语

如“需要 wèiyào”，可以说成“需要买胃药”或“需要喂我药”；“我想起来了”，可以说成“我想起床了”或“我想起了那件事”。

（2）补充上下文语境

如“姐姐去做手术”，可以说成“姐姐去给病人做手术”或“姐姐病了去做手术”。

（3）变换句式

如“踢伤了大姐的儿子”可以说成“把大姐的儿子踢伤了”或“大姐被儿子踢伤了”；“推荐的是他”，可以说成“被推荐的是他”或“是他推荐的”。

拓展阅读

浅谈短语在汉语中的重要地位

思考与练习

1. 短语的功能有哪几方面？它的结构和功能分别包括哪些类型？

2. 用层次分析法分析下列短语，若是多义短语，试着分析内部结构层次和结构关系的不同。

（1）你快告诉他应该怎么做

（2）大家都认为应该演好戏

（3）弟弟的自行车撞了一下

（4）希望参加去欧洲的旅行团

任务五 句法成分

学习要点

1. 明确句子与词和短语的区别。
2. 掌握每组配对句法成分的语义类型和构成材料。
3. 熟记基础句中各成分的相对位置。

学习任务

1. 能够运用各个句法成分的构成材料准确地表情达意。
2. 熟练地分析各个句法成分，并明晰语法关系和语义关系。

现代汉语的语法特点之一是词、短语和句子的结构规则基本一致。词和短语都是语言的备用单位，词与词可以组合成短语。如果赋予词和短语一定的语气、语调，并进行交际活动，就可以成为句子。句子是语言的使用单位。现代汉语的句法成分是句法结构的组成成分。基本成分有八种，分别是主语、谓语、宾语、定语、状语、补语、中心语和独立语。本节课主要是介绍句法成分之间的句法关系和语义关系，以及句法成分的语义类型和构成材料等。句法关系指的是词（短语）与词（短语）之间语法上的联系；语义关系则是指二者之间意义上的联系。

句法成分（一）

一、主语和谓语

主语和谓语是句子成分中主要的两种。它们的句法关系是主谓关系，基本格式是“主语‖谓语”。二者之间为陈述和被陈述的关系，主语是被陈述的对象，回答谁或者什么的问题，谓语则是对主语的陈述和说明。

（一）主语和谓语的语义类型

1. 主语的语义类型

根据主语所表示的人、事物和谓语所表示的动作之间的语义关系，可以将主语分为施事主语、受事主语和中性主语三种。

（1）施事主语

施事主语是谓语所表示的动作行为的发出者。主语和谓语构成“动作发出者＋动作”的语义关系。例如：

①妹妹‖看电视。

②他家‖养了一条狗。

③小鸟‖在窗外叫。

④街灯‖亮起来了。

（2）受事主语

受事主语是谓语发出的动作和行为的承受者。主语和谓语构成“动作承受者＋动作”的语义关系。例如：

①书‖翻遍了。

②水龙头‖修好了。

③弟弟‖挨批评了。

（3）中性主语

中性主语是非施事、非受事的人或事物。例如：

①海浪‖发出轰轰的声音。

②教室的门‖敞开着。

③这件事情‖发生得很突然。

有些谓语不是动词而是形容词、名词的句子，主语也属于中性主语。例如：

①老李的孙子‖很聪明。

②明天‖父亲节。

2. 谓语的语义类型

根据谓语对主语的作用，谓语的语义类型主要分为三大类：

（1）叙述性谓语

叙述性谓语主要是由动词性词语充当，表示主语做什么或怎么样。例如：

①春天‖来了。

②这部电影‖我看过。

③村里的井‖冻上了。

（2）描写性谓语

描写性谓语主要是由形容词性词语充当，表示主语什么样。例如：

①我的上司‖十分严苛。

②车‖开得飞快。

③天‖越来越热了。

④采摘园的草莓‖红了。

（3）判断说明性谓语

判断说明性谓语就是说明主语的情况，表示主语是什么。例如：

①他‖是一个老好人。

②这栋楼‖是公司的。

③新买的衣服‖是生日礼物。

④海上的灯塔‖是指引方向的。

（二）主语的构成材料

主语可以分为名词性主语和谓词性主语。

1. 名词性主语

由名词性词语充当的主语是名词性主语，主要有名词、数词、名词性的代词、定中短语、方位短语等。例如：

①写字台‖光洁如新。（名词）

②寒冷的冬天‖到了。（定中短语）

③正前方‖出现了一片火光。（方位短语）

④六‖是三的二倍。（数词）

⑤她‖是我们的带头人。（代词）

2. 谓词性主语

由谓词性词语充当的主语是谓词性主语，主要有动词、形容词、谓词性的代词、动词性短语、形容词性短语等。例如：

①跑‖是他的长项。（动词）

②专心‖才能做好事情。（形容词）

③来中国‖不止一次了。（动宾短语）

④怎么样‖才能合格？（谓词性的代词）

⑤谦虚和谨慎‖是人的美德。（形容词联合短语）

（三）谓语的构成材料

谓语由谓词性的词语充当，主要有动词、动词性短语、形容词、形容词性短语等。极少数的名词性词语也可以充当谓语。谓语中心是句子结构和明确语义的核心，在句子中所起的作用非常重要。

1. 动词性谓语

动词性谓语由动词和动词性短语构成。动词性词语经常做谓语。例如：

①他‖笑了。（动词）

②月亮‖升起来了。（中补短语）

③上级交给我们的任务‖终于完成了。（状中短语）

④领导‖通知各小组去会议室。（兼语短语）

2. 形容词性谓语

形容词性谓语由形容词和形容词性短语构成。例如：

①他处事‖越来越老练了。（形容词）

②作风‖正派，态度‖端正。（形容词）

③我们三个‖小林最乖。（主谓短语）

④姐姐对孩子‖非常温柔。（状中短语）

3. 名词性谓语

名词性谓语由名词和名词性短语构成（名词单独做谓语的情况比较少见），常用来说明天气、时间、节日、年龄、节气等。例如：

①今天‖星期一。（时间）

②六月一日‖儿童节。（节日）

③奶奶‖八十一。（年龄）

④这几天‖暴雨。（天气）

名词性短语在句中做谓语，也常用来表示主语的特征。

①小李‖上海人。（籍贯，定中短语）

②同事李丹‖慢性子。（性格，定中短语）

③樱桃‖三十元。（数量，量词短语）

④小张‖开高铁的。（工作，“的”字短语）

二、动语和宾语

动语和宾语是句子中成对出现的两个成分，动语支配宾语。它们的句法关系是动宾关系，基本格式是“动语｜宾语”，二者为支配和被支配的关系。主语和谓语、动语和宾语的关系是两个层面的。例如，“我看书”，主语“我”和谓语“看书”发生联系；动语“看”和宾语“书”发生联系。“动语”这一成分名称也往往在分析和它相对应的宾语时才使用。

（一）宾语的语义类型

根据动语和宾语的语义关系，可以将宾语分成施事宾语、受事宾语、中性宾语三种。

1. 施事宾语

宾语是动作、行为的发出者和主动者，可以是人或事。例如：

①窗台上‖趴着｜一只猫。

②宾馆里‖住满了｜旅游的人。

有施事宾语的句子中，动词一般是不及物动词，动词后通常要带动态助词或者补语。宾语可以移动到前面充当主语。

2. 受事宾语

宾语是表示发出动作、行为的动词所支配和关涉的人或事。例如：

①这几天‖一直在校对｜文稿。

②相关负责人‖一起去慰问｜群众。

③他‖在队里一直打｜二传。

④军‖爱｜民，民‖拥｜军。

3. 中性宾语

既不是施事，也不是受事，但是与动词有一定语义关系的宾语。有中性宾语的句子中，动词所表示的动作或行为不明显。例如：

①郊外‖是｜成片的树林。

②村边‖有｜一条小河。

③他‖姓｜复姓欧阳。

④海底世界‖宛如｜水晶宫。

（二）动语的构成材料

动语是关涉、支配宾语的成分，能充当动语的是动词或动词性短语。例如：

①路上‖挖了｜一条深沟。（动词）

②他‖在期刊上发表了｜一篇论文。(动词)

③生日蛋糕‖切成了｜六块。(中补短语)

④修改并完成｜招商引资的审批手续。(联合短语)

有些性质形容词兼有动词的语法功能，也可以充当动语带宾语。例如：

①公益岗的设置‖方便了｜群众。

②改革开放‖繁荣了｜经济。

③管理人员‖稍稍稳定了一下｜情绪。

④饱经风霜的他‖不禁红了｜脸。

(三) 宾语的构成材料

根据构成宾语的词语的语法性质，可以将宾语分为名词性宾语和谓词性宾语两类。

1. 名词性宾语

名词性宾语主要由名词、代词、数词、量词和名词性短语充当。例如：

①青年‖像｜朝阳。(名词)

②母亲的眼里‖只有｜他。(代词)

③一加一‖等于｜二。(数词)

④路边‖有｜一家台球厅。(定中短语)

2. 谓词性宾语

谓词性宾语由谓词性词语或短语充当，只能出现在能带谓词性词语的动语后边。例如：

①小董的长项‖是｜跨栏。(动词)

②他‖觉得｜奇怪。(形容词)

③三组的人‖喜欢｜一起切磋。(状中短语)

④这样做‖绝不是｜邀功和请赏。(联合短语)

三、定语

(一) 定语的语义类型

句法成分（二）

定语是在名词性的中心语前起修饰、限制作用的成分，一般回答“是什么（谁）”的问题，与中心语组成定中短语。中心语是语义表达的中心。它们的句法关系是定中关系，基本格式是“（定语）中心语”，二者为修饰限制和被修饰限制的关系。“的”是定语的标志。实词和短语大都可以做定语。根据修饰语所起的作用，可以将定语分为限制性定语和描写性定语两类。

1. 限制性定语

是对中心语所指的人或事物加以限制，主要作用是给事物分类。它多由名词性词语、动词性词语和区别词充当，表示人或事物的领属、时间、处所、范围、数量、性质、环境、用途、质料等。例如：

中国的领土　　他家的房子　　国家的财产　　(领属)

八月的一天	去年的工作	秋天的枫叶	（时间）
城堡的角落	西湖的美景	田野的麦浪	（处所）
一群孩子	四两米饭	多数同学	（数量）
金戒指	硬塑料	丝绸衬衫	（质料）
通风装置	烧水壶	把玩的物件	（用途）
恶性案件	反动言论	豁达的胸襟	（性质）
广阔的世界	和谐的氛围	嘈杂的市场	（环境）
全体同学	个别情况	室内所有人	（范围）

2. 描写性定语

是对人或事物的性质、状态进行描绘的修饰成分，有时有限制的作用，一般回答“什么样”的问题。描写性定语多由形容词、形容词性短语充当。例如：

火红的晚霞　　悠闲的生活　　特别出色的表现

绿油油的麦田　笔直的大道　　异常幽静的树林

（二）定语和定语的标志“的”

定语和中心语组合时，有的需要加“的”，有的不需要加“的”，有的可加可不加。这与定语的词类或定语、中心语的音节多少，以及各种语义有关。简要列举几种情况：

1. 形容词做定语

例如：

红花　蓝天　好事　新书　高人　　　　（单音节，不加“的”）

红红的脸蛋　浓浓的情意　平整的操场　（双音节）

2. 名词做定语

例如：

草的茂盛　水的韧性　雨的缠绵　　　　（单音节，加“的”）

岭南风光　中国功夫　母亲的心　　　　（双音节，加或不加“的”）

3. 动词做定语

例如：

写的字　买的菜　张开的双臂　　　　（加“的”）

压缩饼干　烤肉　　　　　　　　　　（不加“的”）

4. 短语做定语，一般要加“的”

例如：

我们家乡的土特产　（同位短语）

伟大光荣的决定　　（联合短语）

关于后羿射日的故事　（介词短语）

一个一个的大事件　（数量短语）

有时，加不加“的”，定语的性质、意义不同。例如，“英雄母亲”中，“英雄”表示性质、属性，表达的语义是“母亲是英雄”；“英雄的母亲”中，“英雄”表示领属，表达的语义是“母亲的孩子是英雄”。定语后面需不需要加“的”的情况很复杂，具体使用的时候应加以区分。

（三）多层定语

多层定语是由定中短语加上定语形成的，也就是至少要有两个或两个以上的定语。例如，定中短语“欣欣向荣的繁华景象”前面再加上定语“一片”就构成了“欣欣向荣”和“一片”两个定语构成的多层定语。左边的定语修饰右边的中心语，即以左统右。

1. 多层定语与一层定语的辨析

（1）多层定语中的每一个定语都能直接修饰、限制中心语，并且符合原意。例如：

一 只 美 丽 的 花 蝴 蝶

定　中

定　中

定　中

这个短语的中心语是“蝴蝶”，按照层次分析法，切分出第一层，“一只”能够限制“蝴蝶”的数量；切分出第二层，“美丽”也能够直接修饰中心语“蝴蝶”；第三层的“花”，也能够对中心语“蝴蝶”进行修饰，并且这三次切分都符合原意。所以，这个短语的定语是多层定语。

（2）一个偏正短语整体做定语，是一层定语。例如：

我 的 同 学 的 哥 哥 的 朋 友

定　中

定　中

定　中

这个短语的中心语是“朋友”，如果分别从“我的”“我的同学”切分出第一和第二层，都不符合原来短语的意义，只有从“我的同学的哥哥”开始切分，才符合原意。因此，这个短语的定语是一层定语。

（3）一个联合短语整体做定语，是一层定语。例如：

高 的 帅 的 胖 的 孩 子

定　中

联　合

这个短语的中心语是“孩子”，无论从“高的”“帅的”“胖的”哪里切分，只能与中心语“孩子”搭配成单方面形象的孩子，并不符合原来短语的意义，所以中心语“孩子”的修饰语应该是“高的帅的胖的”这一联合短语。因此，这个短语的定语是一层定语。

2. 多层定语的排列次序

（1）表示领属关系的词语（表示谁的）

（2）表示时间、处所的词语（表示什么时候、什么地方）

（3）指示代词或量词短语（表示多少）

（4）动词性词语和主谓短语（表示怎样的）

（5）形容词性词语（表示什么样的）

(6) 表示质料、属性或范围的名词、动词（表示什么）

例如：

（我们国家）（2020年）（九位）（对国家做出巨大贡献）的　（杰出）　（功勋人物）被
　谁的　　时间　　多少　　　怎么样　　　　　什么样的　　　什么

授予了共和国勋章。

一般来说，跟中心语关系越密切的定语就越靠近中心语。

四、状语

（一）状语的语义类型、构成材料和位置

状语是在谓词性的中心语前起修饰、限制作用的成分。状语与中心语组成状中短语，句法关系是状中关系，基本格式是“[状语] 中心语”，二者为修饰、限制和被修饰、限制的关系。“地”是状语的标志。

1. 状语的语义类型

状语可以分为限制性状语和描写性状语两类。

(1) 限制性状语

主要用来表示时间、处所、程度、方式、范围、对象等。例如：

① [上午] 我去了营业大厅。（时间）

②大家 [在礼堂] 观看演出。（处所）

③他 [坚定] 地握了握我的手。（程度）

④妈妈 [用快递] 邮来了家乡特产。（方式）

⑤这几天 [都] 有暴雨。（范围）

⑥律师 [为他] 打赢了官司。（对象）

(2) 描写性壮语

主要描写动作状态或人物情态，主要由形容词性词语充当。例如：

①党委 [慎重] 地研究出解决方案。

②新一代青年 [执着] 地追求理想。

③大老远就见他 [兴奋] 地挥动着手臂。

④ [热烈] 欢迎新同学！

描写性状语在语义指向上，有些是描写动作状态，语义指向谓词性成分；有些是描写动作者或事物的状态，语义指向名词性成分。也就是说，语法结构关系和语义关系不都是一致的。例如：

①他 [兴高采烈] 地走了进来。（“兴高采烈”指向主语“他”）

②姐姐 [浓浓] 地冲了一杯咖啡。（“浓浓”指向宾语“咖啡”）

③血压 [急剧] 下降。（“急剧”指向谓语“下降”）

2. 状语的构成材料

有副词、状态形容词、时间名词、能愿动词、方位短语、介词短语、量词短语等。例如：

①材质 [特别] 好。（副词）

②他俩［静静］地坐着。（形容词）

③他［前天］完成的任务。（时间名）

④［在天安门广场］举行阅兵仪式。（介词短语）

⑤技术员［一次］就成功了。（量词短语）

⑥清晨的太阳［从东方］升起。（方位短语）

3. 状语的位置

状语的位置有位于句首、句中和句尾三种情况。

（1）句中状语一般处于主语之后、谓语之前。例如：

我［很］开心。

（2）句首状语出现在主语之前，表示时间、处所、范围、情态、关涉对象、语气等。状语前置作用有三，如下：

一是为了突出状语，起强调作用。例如：

［在房产大厅门口］，人们排着长队。

二是当状语较长、较多时，状语前置可以使主语和谓语中心靠近，使句子结构更紧凑。例如：

［正穿戴整齐准备出去逛街时］，她被经理派去值班了。

三是复句中的几个分句有共同的状语，放在句首可以避免用语重复。例如：

［下个月起］，北方进入雨季，南方要开始防汛的准备工作。

（3）句尾状语是为了突出状语，使语句简短新颖。例如：

无数的救援物资到了，［从广州，从上海，从北京，从四面八方］。

（二）状语和状语的标志“地”

状语和中心语之间加不加“地”与状语的词性、词的长短以及语义有关。一般来说，单音节副词后面不加，如“［更］好”“［太］咸”；多音节副词后可加可不加，如“［特别］好”“［特别］地好”；代词、表示时间或处所的名词、能愿动词、量词短语、方位短语和介词短语做状语，都不加“地”字。例如：

①［那样］优秀的人肯定成功。（代词）

②她［在沙发下］找到了发卡。（介词短语）

③他［愿意］奉献。（能愿动词）

④弟弟出生［八斤］重。（量词短语）

⑤［教室里面］有人。（方位短语）

⑥他［早晨］起来没吃饭就走了。（时间）

（三）多层状语

状中短语整体加上状语，就形成了多层状语。多层状语大致的次序是：条件、时间、处所、语气、范围、否定、程度、情态、对象。下面例句的次序反映了一般的情况：

各国运动员［这几天］［在冬奥村］［都］［兴奋］地［与冰墩墩］合影留念。

何时　何地　范围　怎样　同谁

五、补语

（一）补语的语义类型

补语是动词、形容词性短语里中心语后面的补充成分，一般能回答“怎么样”的问题，与中心语组成中补短语。它们的句法关系是中补关系，基本格式是“中心语〈补语〉”。二者为被补充说明和补充说明的关系。“得”是补语的标志。补语可以由谓词性词语、数量短语和介词短语充当，可以用来说明动作、行为的结果、趋向、情态、程度、数量、时间、处所、可能等。补语主要有以下几种类型：

1. 结果补语

结果补语表示动作、行为产生的结果，多数由形容词充当，少数由动词充当。例如：

①我把话说〈清楚〉了。

②借来的服装全都洗〈干净〉了。

结果补语的语义指向会因为具体的语言环境而有所不同。

第一种，补语语义指向主语、宾语、谓语中心。例如：

①我洗〈对〉了衣服。（“对”指向主语“我”）

②我洗〈干净〉了衣服。（“干净”指向宾语“衣服”）

③我洗〈完〉了衣服。（“完”指向谓语中心“洗”）

第二种，补语同时指向两个成分。例如，“开展活动开展得太〈多〉了”，“多”同时指向“活动”和“开展”。

第三种，补语指向泛指的或上下文中出现的人或物。例如，“英语也能听〈懂〉”，“懂”指向上下文中能听懂英语的人。

第四种，补语意义相反，但语义相同。例如：

①甲队打〈胜〉了乙队。（“胜”指向主语甲队）

②甲队打〈败〉了乙队。（“败”指向宾语乙队）

2. 可能补语

可能补语是表示动作、行为的可能性。补语的中心语主要是动词，也有少数是形容词。

可能补语有两种形式：

一种是用“得”或“不得”，表示动作有没有可能进行。例如：

①快忙吧，可耽误〈不得〉。

②看着这么脆，敲〈得〉，敲〈不得〉？

另一种是在结果补语或趋向补语和中心语之间插入“得”“不”（轻声），表示动作可不可能实现。例如：

①行李这么沉，拿〈不〉拿〈得〉动？

②视力这么差，看〈得〉见还是看〈不〉见？

3. 情态补语

情态补语表示由动作、性状呈现出来的状态，用“得”作为标志。例如：

①道理已经讲得〈很明白〉了。

②葡萄熟〈透〉了。

情态补语和可能结果补语的肯定形式相同，要区分二者，可以采用扩展法，即在补语前能加状语“很”的是情态补语，不能加的是可能补语。例如，“画得好”，情态补语表达的语义是“画得很好”，而可能补语表达的语义是“能画好”，是尚未实现的事情，绝不可能是“画得很好”，所以不能加入状语“很”的是可能补语。二者的否定式虽然不同形，但也可以用这样的扩展法加以区分。

4. 趋向补语

趋向补语表示事物随动作而移动的方向，由趋向动词充当。例如：

①现在走〈过〉主席台的是三班代表队。

②他递〈过来〉一杯咖啡。

③猴子三下两下爬〈上〉了树。

④孩子趴在楼梯扶手上滑了〈下去〉。

5. 程度补语

程度补语表示达到极点和很高程度，限于用“极”“很”“透”“慌”“死”“坏”等，也可用量词短语“一些”“一点”表示很轻的程度。例如：

①差一点就热〈死〉了。

②这可把她乐〈坏〉了。

③吃了药感觉好〈一些〉了。

④等菜凉〈透〉了，再放进冰箱。

6. 数量补语

数量补语表示动作发生的次数或持续的时间，由表示动量或时量的量词短语充当。例如：

①她把教材看了〈几遍〉。

②今年一共才回了〈五次〉家。

③他去海南住了〈半年〉。

④休息了〈一阵子〉，我感觉好多了。

7. 时间、处所补语

时间、处所补语表示动作发生的时间和处所，多由介词短语充当。例如：

①他出生〈于1949年〉。

②这本书写〈于20世纪50年代初期〉。

③那件事发生〈在上海〉。

④临时把车停〈在街边〉了。

（二）补语和补语的标志“得”

补语有无标记“得”，要根据补语的语义类型。例如，表示结果、趋向、数量、时地的补语没有标记“得”；表示情态、可能的补语和有程度补语“很”的，用“得”做标记。

（三）补语和宾语的辨析

动词后面有补语也有宾语，而且有很多同时出现的情况，分别与动词构成动宾关系和中补关系。充当宾语的可以是名词性成分和谓词性成分，补语的构成材料也有谓词性成分，这就很容易造成混淆。为了更好地辨析补语和宾语，可以运用以下三种方法：

1. 看有无补语的标志“得”。

看动词后面有没有助词“得”，有或者能插入“得”的是补语，否则是宾语。例如：“吃饭”和“吃饱”，“吃”和“饭”的中间不能插入“得”，“饭”是宾语；“吃”和“饱”的中间能插入“得”，“饱”是补语。需要注意的是，当动词中的“得”作为构词成分时，不能作为判断依据。

2. 看语义关系

可以采用提问法，能回答“动词＋什么”的是宾语，能回答“动词＋得怎么样”的是补语。例如，“吃饭”是动宾关系，“吃饱”只能回答吃得怎么样的问题，是中补关系。

3. 看补语和宾语的词性

一般情况下，宾语以名词性成分为主，构成补语的是谓词性成分。需要注意的是：第一，有些表示时间的成分既可能做补语，也可能做宾语，这时可以采用“‘把’字提宾法”来加以区分。合乎语法规则和语义的，动词后面是宾语；不符合的是补语。例如，“我浪费了三天时间”，可以用“把”字将宾语提前，变成“我把三天时间浪费了”，合理，是动宾关系。用同样的方法将“我等了三天”变为“我把三天等了”就不合理，是中补关系。第二，同样是动词加上数量短语，数量短语为表示名量的，是宾语；表示动量的，是补语。例如，“看了三本”和“看了三遍”。“三本”是宾语，“三遍”是补语。

（四）补语和宾语的顺序

补语和宾语都在动词后面，两个成分同时出现时，根据语义表达的需要，有三种不同的排列：

1. 补语在前， 宾语在后

这是最常见的顺序。例如：

①他毫无怨言地做〈完〉了额外的工作。

②我看〈不清楚〉黑板上的字。

2. 宾语在前， 补语在后

例如：

①马上修车〈去〉。

②他一上午都来公司〈两次〉了。

3. 宾语在两个补语中间

例如：

①魔术师总能变〈出〉花样〈来〉。

②听课的老师们走〈进〉教室〈去〉。

4. 补语在两个宾语中间

例如：

①公司给了他〈两回〉警告处分。

②母亲节，孩子们送了我〈三束〉花。

（五）多层补语

带双层补语的句子很多，可以是结果补语、趋向补语、数量补语。

1. 结果补语＋动量补语

例如：

①读〈错〉〈两次〉

②走〈丢〉〈半年〉

2. 趋向补语＋动量补语

例如：

①抱〈出去〉〈三回〉

②看〈过来〉〈两次〉

3. 趋向补语＋趋向补语

例如：

①跳〈上〉车〈去〉

②跑〈回〉家〈来〉

六、中心语

偏正（定中、状中）短语、中补短语里的中心成分叫中心语。在有多层定语或状语的偏正短语里，每一层定语或状语所修饰的中心成分都是中心语；中补短语里补充说明的成分是中心语。中心语是短语结构和语义的中心，由词或短语构成。根据修饰、限制和补充说明成分的不同，我们可以将中心语分为定语中心语、状语中心语和补语中心语三种。

（一）定语中心语

定语中心语位于定语之后，主要由名词性词语或名词短语充当。例如：

①广袤的土地

②大家的朋友

③竹子地板

④她的追求和梦想

⑤宜居的海滨城市大连

定语中心语也可以由谓词性的词语充当。例如：

①满脑子的算计

②她的美丽

③经济的腾飞

（二）状语中心语

状语中心语位于状语之后，主要由谓词性词语或谓词性短语充当。例如：

①马上休息

②非常优秀

③自由地翱翔

④就要出国去

⑤认真地研究政策

⑥非常坚强自信

状语中心语也可以由名词性的词语充当。例如：

①已经春天了

②就母女俩

③才三点

（三）补语中心语

补语中心语位于补语之前，主要由谓词性词语充当。例如：

①高兴得很

②紧张得踱来踱去

③讨论得很热烈

④处理得很完美

⑤兴奋得直拍手

七、独立语

独立语是句子配对成分之外的特殊成分。它与前后的词语不互为句法成分，但又是语义表达所必不可少的。因为独立语与其他成分没有结构关系，所以在句中的位置比较自由灵活。独立语可以用“△”表示。它有以下几种类型：

（一）插入语

插入语是在句中插入对情况的推测、估计或引起注意、总括等语言成分，表明对所表达内容的态度以及一些附加的语义。

1. 特定的语气

用“毋庸置疑”“毫无疑问”“不用说”“没问题”“说实在的”“老实说”“尤其是”“主要是”等表示肯定或强调的语气。例如：

①毋庸置疑，中国是最具大国风范的国家。

②说实在的，岁月不饶人啊！

2. 引起听话人的注意

用“请看”“你瞧”“你说”“你听”“你想”等词表示认同或商量等。例如：

①你瞧，最后还是按照我的想法办了。

②你想，咱不去谁去啊！

3. 表推测和估计

对事情不十分确定，用“看来”“想来”“看样子”“说不定”“往少了说”“充其量”等。例如：

①这间屋子充其量也就能坐 50 人。

②看样子，他没有一点悔过之意。

4. 表消息来源

用“据说”“听说”“相传”“据调查”“据了解”等来说明。例如：

①据了解，很多外国人痴迷中国的文化。

②听说，李老师获得了省里的奖励。

5. 表总括、概括

用“总之”“总的来说”“总而言之”“一句话”“概括地说”等表示总括性的意义。例如：

①总之，应该培养学生的创新思维。

②概括地说，越努力越幸运。

（二）称呼语

称呼语是用于称呼对方和应答的语言成分，表示明确说话对象，引起对方注意，也有表示尊重或礼貌的语义。例如：

①王导，已经通知群众演员集合了。

②我全都弄懂了，老师，谢谢您！

（三）感叹语

感叹语是表达惊喜、惊讶、害怕、慨叹等感情的语言成分，用叹词。例如：

①哎呀，怎么是你呀？

②唉，我是一点办法都没有了。

感叹语和感叹句的辨析：

叹词后面如果是逗号，就是独立语中的感叹语；加上感叹号，就是句子中的非主谓句。如下例中的“啊”：

①啊，东方的雄狮正在崛起！（感叹语）

②啊！东方的雄狮正在崛起！（叹词句）

（四）拟声语

拟声语是用拟声词来模拟事物声音，往往能以生动形象的真实感来加强语言表达的效果。例如：

呼——呼——，原野上的狂风怒吼着。

拓展阅读

说话没有主语，别怪别人不理你

思考与练习

1.“小张写了一篇文章”中的“小张”是（　　）

A. 施事主语　　B. 受事主语　　C. 中性主语　　D. 谓词性主语

2. 下列短语中的主语属于施事主语的是（　　）

A. 他寄了一封信。　　B. 自行车修好了。　　C. 明天晴天。

D. 明天会很热。　　E. 你说说看。

3. 独立语分为（　　　　）、（　　　　）、（　　　　）、（　　　　）四种。

4. 下列句子中加点的词语是主语的选项是（　　）

A. 雪野中有血红的宝珠山茶。

B. 涨潮时，我拥抱着他。

C. 春天像刚落地的娃娃。

D. 我最大的希望就是世界和平。

5. 下列带多层定语的是（　　）

A. 他的互动式的教学方法

B. 酒店的大厅的摆设

C. 亭亭的舞女的裙

D. 低垂的树枝上的小鸟

6. 如何辨析宾语和补语？请举例说明。

7. 指出下列句子中的独立语表示的意义，并指出结构上是哪一类的词或短语。

（1）听说，他现在当老师了。

（2）唉，人老了，不中用了。

（3）小刘，白天的事你千万不要怪他。

任务六　单　句

学习要点

1. 掌握句子的含义和分类。
2. 识记句型、句式、句类的分类标准、结构特点和语气特点。
3. 掌握句子变换的方式及方法。

学习任务

1. 能够准确地判断句型、句式和句类。
2. 根据语言表达的需要，灵活使用变式句和省略句。
3. 正确运用句子的变换，增强语言的表达效果。

句子是由词和短语构成的，具有一定的语调，能独立表达一个相对完整的意思的语言单位。

句子是由词和短语构成的，是语言的使用单位。按照结构特点划分，句子可以分为单句和复句。按照整体的结构特点划分，单句可以分为不同的句型，如主谓句、非主谓句；根据局部的结构特点划分，单句又可以分为不同的句式，如“把”字句、连谓句、兼语句等。句子按照语气的不同可以分为不同的句类，如陈述句、疑问句等。在语言的应用过程中，我们可以根据表达的需要，灵活地使用句子的不同形式，更好地表达语义，使语言的表达形式更加丰富多彩。

单句（一）

单句的分类总表如下：

- 句型（结构类）
  - 主谓句
    - 名词谓语句
    - 动词谓语句
      - “把”字句
      - “被”字句
      - 连谓句
      - 双宾句
      - 兼语句
      - 存现句
    - 形容词谓语句
  - 非主谓句
    - 名词性非主谓句
    - 动词性非主谓句
    - 形容词性非主谓句
    - 叹词句
    - 拟声词句

- 句类（语气类）
  - 陈述句
  - 疑问句
    - 特指问
    - 选择问
    - 正反问
    - 是非问
  - 祈使句
  - 感叹句

一、句型

句型是根据单句整体的结构与核心词词性特点划分的类别。判断句型的方法是通过句子分析弄清楚句子中的主、谓、宾、定、状、补等成分，主要借助找核心的方法。核心就是能决定全句的性质的词语，即谓语的中心语。然后，借助成分符号减半法，依次找出各种句法成分。以主谓句为例进行划分，方法和步骤如下：

第一步：找主谓。分析句子成分时，首先要把主语和谓语两个部分找来，符号为双竖线“‖”，双竖线的左侧为主语部分，可以用双横线“══”标出，右侧则为谓语部分。例如：

中国‖散发光芒。

第二步：找动宾。主谓句中的谓语部分，如果有动词，这个动词往往会带宾语，在谓语部分里找出动语和宾语，用单竖线“|”标出。我们可以用单横线“——”标出动语，用波浪线“~~~~”画出宾语。例如：

中国‖散发光芒。

第三步：找定状补。按照口诀“动前有主状，动后有补宾”，在动语的前面找状语，用“[ ]”标注。接着，在双竖线前面的主语中找定语，用“( )”标出。最后，在动语的后面找补语，用“〈 〉”标注。例如：

中国‖[在世界舞台上]散发〈出〉|(耀眼)的光芒。

(一) 主谓句

主谓句是由主语、谓语两个成分构成的单句，是较为常见的句型。因为谓语是句子语义表达的中心与重点，即全句的核心，所以根据谓语核心词词性的不同对主谓句进行分类。

1. 名词谓语句

名词谓语句是由名词或名词性短语充当谓语的句子。

(1) 名词性词语或名词性短语做谓语一般用来说明天气、节日、时间、年龄、容貌、籍贯、身份、职务、职称、数量、价格等。例如：

①今天‖礼拜天。(时间)

②昨天‖阴天。(天气)

③张老师，‖教授。(职称)

④袁隆平，‖水稻之父。(身份)

(2) 做谓语的名词性短语能够受副词修饰，表示某种态度。例如：

①老先生‖已经八十三岁了。

②他三十多岁，‖都高级工程师了。

(3) 在主语和谓语之间加上“有”“是”、动词的否定或“肯定+否定”形式等，可以使名词谓语句变成动词谓语句。例如：

①今天是护士节。

②明天不是六月一日。

③他有没有五十岁？

2. 动词谓语句

动词谓语句是由动词性词语或动词性短语充当谓语的句子。它可以分为单个动词充当谓语和动词性短语充当谓语两种类型。

第一，单个动词充当谓语。当单个动词充当谓语时，往往会受到一定的限制。例如：

①窗户‖开着。

②这部电影‖看过。

③大半夜的‖饿了。

④你‖考虑考虑。

⑤比赛‖游泳。

⑥东风‖吹，战鼓‖擂。

⑦弟弟‖升学，全家‖庆祝。

从例①、例②、例③、例④可以看出，当单个动词充当谓语时需要加上动态助词或用重叠的形式；例⑤为不及物动词；例⑥、例⑦是并列、对举的形式。

第二，动词性短语充当谓语是动词谓语句的常见形式，动词之前有状语，动词之后有补语和宾语。例如：

①神舟十三号‖在酒泉发射成功。(主＋状＋动＋补)

②孩子‖听明白了。(主＋动＋补)

③学校‖又来了一批新同学。(主＋状＋动＋定＋宾)

④红晕‖慢慢染红脸颊。(主＋状＋动＋补＋宾)

3. 形容词谓语句

形容词谓语句是由形容词性词语或形容词性短语充当谓语的句子。它可以分为单个形容词充当谓语和形容词性短语两种类型。

第一，单个形容词充当谓语。例如：

①天色‖暗了。

②兄弟的情谊‖深深的。

③这次‖容易，上次‖麻烦。

④哥哥‖高，弟弟‖矮。

从例①、例②可以看出，当单个形容词充当谓语时需要加上动态助词或者用“重叠式＋的”的形式；例③、例④为并列、对举的形式。

第二，形容词性短语充当谓语的情况更为多见。例如：

①我‖对她的做法十分满意。(主＋状＋形)

②他为人‖宽厚、老实又诚恳。(主＋形＋形＋形)

③这件事情‖的确怪异得很。(主＋状＋形＋补)

主谓句类型见表5。

表 5 主谓句类型表

类型	主语部分	谓语部分	谓语核心词类型	分类标准
名词谓语句	她	（高高的）个子	名词	根据谓语核心词的词性分类
动词谓语句	东风	吹	单个动词	
	神舟十三号	［在酒泉］发射〈成功〉	复杂的动词短语	
形容词谓语句	这身衣服	漂亮得〈很〉	形容词	

（二）非主谓句

非主谓句是分不出主语和谓语的单句，由非主谓短语或单个词构成。非主谓句不是省略了主语，而是不用补出或无法补出主语。根据组成句子成分的核心词语的词性，非主谓句可以分为以下几类：

1. 名词性非主谓句

名词性非主谓句是由一个名词或名词性短语组成的非主谓句，表示时间、地点、感叹、事物、惊叹、呼唤、叫卖等。例如：

①1949 年 10 月 1 日。（时间）

②天安门广场。（地点）

③多贴心的孩子！（感叹）

④蜘蛛！（事物）

⑤你！（惊叹）

⑥主任！（呼唤）

⑦新烤的地瓜！（叫卖）

2. 动词性非主谓句

动词性非主谓句是由动词或动词性短语组成的非主谓句，通常用来说明自然现象、生活日常、祈使、口号等。例如：

①出彩虹了。（自然现象）

②请出示证件！（祈使）

③欢迎兄弟院校光临指导！（标语）

④齐步走！（口令）

⑤强国有我！（口号）

3. 形容词性非主谓句

形容词性非主谓句由形容词或形容词性短语构成，通常用来表达论断、祈使、感叹等。例如：

①非常精致。（论断）

②肃静！（祈使）

③真是荒唐透顶！（感叹）

4. 叹词句

由叹词构成的非主谓句，用来表示应答、喜悦、愤怒、感叹等。例如：

呸！（愤怒）

5. 拟声词句

由拟声词构成的非主谓句，用来模拟人或自然界的声音。例如：

①叮咚！

②啾啾！

非主谓句类型见表 6。

表 6　非主谓句类型表

类型	示例	核心词类型	构成
名词性非主谓句	多么珍贵的回忆呀！	名词	名词、定中短语
动词性非主谓句	下雪了。	动词	动词加语调
形容词性非主谓句	真奇妙！	形容词	形容词、形容词性短语
叹词句	哎！	叹词	叹词
拟声词句	哗啦啦！	拟声词	拟声词

二、常用句式

（一）主谓谓语句

1. 什么是主谓谓语句

主谓谓语句是由主谓短语充当谓语的句子。例如：

①这件事‖我们知道。

②满天乌云‖顿时消散了。

③鲁迅‖是中国现代文学的奠基人。

以例①为例，首先这是一个主谓句。“这件事”是全句的大主语，“我们知道”是全句的大谓语。大谓语部分是由一个主谓短语充当的，其中的“我们”是全句的小主语，“知道”是全句的小谓语。

如果按功能分类，小谓语是动词、形容词、名词的，应分别归类于动词谓语句、形容词谓语句和名词谓语句。集中在一起讲，是为了方便理解各种主谓谓语句的特性。

2. 主谓谓语句的类型

观察主谓谓语句，可以从大主语、小主语和小谓语之间的语义关系来做分析，一般分为以下六种：

（1）大主语和小主语之间有领属或整体和部分的关系。在这种句式中，小主语是大主语的一部分，归属于大主语。例如：

①小姑娘‖眼睛大大的。

②每周‖星期三都要开会。

③今年‖冷空气来得早。

④妈妈‖心情不错。

⑤她‖业务能力强。

⑥幼儿园小朋友‖手牵手。

在这种句式中，因为大主语和小主语之间的领属关系明显，所以可以变换形式表达同样的语义。另外，有的大主语和小主语之间可以加上“的”。例如，“小姑娘的眼睛大大的”“妈妈的心情不错”。这些是偏正短语做主语的一般主谓句，与主谓谓语句是不同的句型。但是，并不是所有的主谓谓语句都能变换成这样的形式，例如，“幼儿园小朋友手牵手”就不能变为“幼儿园小朋友的手牵手”。另外，如果这些句子的小谓语跟大主语和小主语同时发生语义关系，即使不用小主语，句子也能成立，例如，“她能力强”“每周都要开会”等。如果小谓语跟大主语没有直接的语义关系，小主语则不能删除，例如，不能说成“妈妈不错”“今年来得早”。

（2）大主语是施事，小主语是受事，全句的语义关系为：施事‖受事＋动作。例如：

①武警官兵‖任何困难都能克服。

②他‖一滴油都不沾。

③父亲‖什么工作都做过。

④他‖谁也没放在眼里。

上例中，大主语是施事，而小主语的定语有任指成分，搭配后面的“都”“也”时，有普遍性受事的语义，因此有扩大夸张和缩小夸张的意味。如果去掉“都”“也”，就可以变为“主＋动＋宾”的形式。例如，“武警官兵能克服任何困难”“他不沾一滴油”。但也有不能变换的情况，如不能说成“父亲做过什么工作”“他没放在眼里谁”。

（3）大主语是受事，小主语是施事，全句的语义关系为：受事‖施事＋动作。例如：

①这件事‖我们去处理。

②糕点‖厨师长做的。

③所有家务‖妈妈都承担了。

④一粒药‖他也没吃。

在这种句式中，大主语是受事，是受小主语支配的对象，所以也可以变换为“主＋动＋宾”的形式。例如，“我们去处理这件事”“厨师长做的糕点”。

（4）大主语对小谓语来说，有工具、材料、给予对象等语义。例如：

①这把刻刀，‖小张用它雕刻了十几件雕塑作品。

②这些线‖她用来做十字绣了。

③女孩儿‖我送了洋娃娃，男孩儿‖我送了玩具汽车。

例①中的刻刀，是雕刻的工具；例②中的线，是做十字绣的材料；例③中的女孩儿、男孩儿，是给予的对象。

（5）大谓语里有复指大主语的成分。例如：

①这件衣服‖就不该穿它。

②所有医生，‖他们随时准备去抗疫前线。

③这个方案，‖我们把它反复研究了很多遍。

例①，谓语中的“它”与大主语形成复指关系；例②，小主语“他们”复指大主语“所有医生”；例③，介词短语里的“它”复指大主语。

（6）大主语表示范围、对象、关涉的事物。例如：

①这篇论文‖朋友有新的想法。

②调研‖我就相信自己的团队。

③高铁工程的技术，‖中国人最有发言权。

④航天员，‖我们满怀敬意。

在这种句式中，大主语有状语的功能，如果大主语前面加上介词“对”“对于”“关于”“在……上”等，就变成了句首状语。例如，“对于这篇论文，朋友有新的想法”。

（二）“把”字句

1. 什么是“把”字句

“把”字句是指在谓语动词前头用介词“把”引出受事，对受事加以处置的一种主谓句。它的基本格式为：施事＋把（将）＋受事＋动作。它与一般动词谓语句的结构形式有所不同，例如：

一般的动词谓语句	“把”字句
①邻居找回了小猫。	邻居把小猫找回来了。
②不小心打碎了茶杯。	不小心把茶杯打碎了。
③小李毁掉了机密文件。	小李把机密文件毁掉了。

通过上面的例子我们可以看到，谓语动词所表示的动作，如例①中的“找回”，对“把”引出的受事对象“小猫”产生了一定的影响，例②中的“把茶杯打碎”和例③中“把机密文件毁掉”也是如此。可以看出，使用“把”字句是为了突出受事对象，也就是对受事对象有处置作用。

大多数“把”字所引出的受事对象，都可以移到动词的后面做宾语，但不是所有“把”字后面的受事对象都能移动后做宾语，变为一般的动词谓语句。另外，动词谓语句也不是都能变为“把”字句的。例如：

①我闻到了一阵花香。

②我看到了大海。

2.“把”字句的特点

（1）谓语动词一般不能单独出现

“把”字句的动词前后往往要有别的成分，前面要有状语，后面要出现补语、宾语、动态助词或动词的重叠式等。例如：

①你把汗擦擦。（动词重叠式）

②我们一定要把产量搞上去。（带状语、补语）

③他把房间重新收拾了一遍。（后有动态助词和补语）

④我把借的书还给了图书馆。（后有动态助词和宾语）

少数动补结构的双音节动词，可以单独出现。例如：

①他坚决要把同伴说服。

②我们要把彼此的距离缩短。

③大家一起把不正确的理论推翻。

(2)“把”后宾语的确定性

“把”后面的宾语一般是确定的、已知的人或事物。确定的事物通常有一定的标志，如加上“这”“那”或其他修饰语修饰。宾语可以是专有名称、泛指事物或者普遍性的事物。例如：

①我把这里的资料整理一下。

②营销组把那件产品摆上展台。

③他把手表弄丢了。

④李老师把《三国演义》都做了批注。

⑤他没把任何人放在眼里。

例①和例②用“这”“那”表示资料和产品的确定性；例③中的“手表”，是确定和已知的事物；例④的“《三国演义》”是专有名称；例⑤中的“任何人”表示泛指。

(3)谓语动词一般都有处置性

“把”字句谓语动词的处置性是指动词对受事要有积极影响。只有动作性强的及物动词才能作为“把”字句的谓语部分。例如：

①曹律师把官司打赢了。

②学校把档案邮寄走了。

③树枝把裤子刮烂了。

④赶快把门关严了。

例句中的“打”“邮寄”“刮”“关”都是及物动词，而后面的“赢”“走”“烂”“严”都是动词处置的结果。

处置意义使“把”字句的语义重心集中在谓语部分，“把”将作为宾语的受事提前，也突出了动词的地位。

有些动词，如“是”“好像”“标志着”等表示关系的动词、“感到”“觉得”“知道”等表示心理或认知活动的动词、能愿动词和趋向动词、“旅游”“散步”“弥漫”等不及物动词以及“涉及”“遇到”“显得”等非动作性及物动词是不能在“把”字句中充当谓语的。当然，少数非处置动词例外，如“你把我听糊涂了”“我把事情的经过都忘了”。

(4)能愿动词、否定词只能用在“把”字前

例如，不能说“你把这件事情能办好”，只能说“你能把这件事情办好”；不能说“我把活动没组织好”，只能说“我没把活动组织好”。

(三)“被”字句

1. 什么是“被”字句

“被”字句指在谓语动词前，用介词“被(给、叫、让)”引出施事或单用“被”表示被动的主谓句。它的基本格式为：受事＋被(给、叫、让)＋施事＋动作。“被”字句可以变为一般动词谓语句或“把”字句。例如：

一般的动词谓语句	“把”字句	“被”字句
①邻居找回了小猫。	邻居把小猫找回来了。	小猫被邻居找回来了。

②不小心打碎了茶杯。　　　　不小心把茶杯打碎了。　　茶杯不小心打碎了。

③小李毁掉了机密文件。　　　小李把机密文件毁掉了。　机密文件小李毁掉了。

以上各例中，“小猫”“茶杯”“机密文件”等受事做主语的句子表示被动意义，是被动句。

汉语的被动句按有无被动形式标志可以分为两类：一类是有标志的被动句，如例①，是有标志的典型的被动句；另一类是无标志的被动句，如例②、例③，叫意义被动句、概念被动句。

典型的“被”字句是用介词“被（给、叫、让）”引出动作的发出者，共同组成介词短语做后面谓语动词的状语，而动作所涉及的对象则置于句首。

2.“被”　字句的类型

（1）受事＋被＋施事＋动词（动词性短语）。例如：电脑被技术员修好了。

（2）受事＋被＋动词（动词性短语）。例如：胳膊被叮了。

（3）受事＋被＋施事＋所＋动词（动词性短语），形成“被（为、有、受）……所”的固定格式。例如：我们被援藏的小伙儿所感动。

（4）受事＋被＋施事＋给＋动词（动词性短语），形成“被（让、叫）……给”的固定格式。例如：这事儿不能让他给知道了。

（5）受事＋被＋施事＋把＋受事＋给＋动词（动词性短语），形成“被……把”的格式。这种句式里的两个受事往往有领属或同一等关系。例如：

①他被山石把一条腿给砸折了。（“他”和“一条腿”都是受事，两者有领属关系）

②他们队参加比赛，叫一个新组成的队把他们给打赢了。（“他们队”和“他们”是同一关系）

3.“被”　字句的特点

（1）谓语动词的处置性及复杂性

“被”字句的谓语动词一般是有处置性的。“被”字句一般不是简单形式，往往是动词前面有能愿动词、表时间的成分、否定副词等作为状语，动词后面有补语或别的成分。例如：

①偷懒的人随时会被淘汰。（前有时间副词、能愿动词）

②他们没有被困难吓倒。（前有否定副词）

③原来的马尾被梳成了麻花辫。（后有宾语）

④弟弟被打了几下。（后有动态助词和补语）

部分心理动词、认知动词等可以充当“被”字句的成分。例如，“他的小心思被我们觉察到了”。但也有一些动词不能用于“被”字句，如趋向动词“起来”“出”“进来”等，部分心理认知动词“生怕”“后悔”“小心”等，非动作性动词“敢于”“免得”“遭受”等。

（2）受事主语的确定性

“被”字句的主语要求具有确定性，就是要求主语必须是交际双方共知的或说话者假定双方共知的事物，有指示代词或其他修饰语修饰，有的是专有名词等。例如：

①那天咱俩说的事被传开了。

②采摘园的草莓都被摘走了。

③李公朴被反动派杀害了。

即使没有有定标志，在具体交际中也是确知的事物，如“手机被偷了”的“手机”，一定是确定的“手机”，而不是泛指的。

由不确定的事物做“被”字句的主语是有条件的。例如：

①他发现除了自己以外的其他同学都被邀请了。

②出事后，有一名同学被通报了。

③房间里，一个摆件被我摔坏了。

也有的“被”字的主语是无定的。如例①，“被”字做了“发现”的宾语；例②，在“有”字的后面，“被”字句的主语是兼语；例③中的“一个摆件”，主语实际上是确指的。

（3）能愿动词和表否定、时间等的副词只能用在“被”字前

例如：

①阵地可能被占领了。（能愿动词）

②前进的脚步绝对不能被阻挡。（否定）

（四）双宾句

1. 什么是双宾句

双宾句是有两层宾语的句子。离谓语动词近的叫近宾语，一般指人；离谓语动词远的叫远宾语，一般指物或事。例如：

①他送母亲康乃馨。

②他捐给国家流失海外的珍贵文物。

2. 双宾句的特点

（1）能带双宾语的动词必须是三价动词

常用的动词有“给”“送”“赠”“奖励”“通知”“告诉”“叫”“称呼”等，表示给予、取得、询问、称说等语义。如例①中，动词“送”这一动作的发出者是“他”，即施事；动作的接受者是“母亲”；动作的承受者是“康乃馨”，即受事。

（2）近宾语一般指人，是能够接受某种动作、行为的人或物

近宾语与动词之间没有语音停顿，常由简短的代词、名词充当。远宾语一般指事物，如例①、例②；也有指人的，与动词之间有间隔，前面可以有语音停顿，一般比较复杂，可以由词、短语、复句形式充当。

（五）连谓句

1. 什么是连谓句

连谓句是由连谓短语充当谓语或独立成句的句子（包括由连谓短语构成的非主谓句）。例如：

单句（二）

①商品分好类别摆上陈列架。

②孩子们挽起裤脚蹚过小河。

③家长们领着孩子去报名。

④攀登高峰望故乡。

2. 连谓句各成分间的语义关系

连谓句有主谓句和非主谓句之分。主谓句包括主语和谓语之间的语义关系。如例①中的主语“商品”和例②中的主语“孩子们”与后面连谓短语的关系分别为“受事＋连谓短语”和“施事＋连谓短语”。构成连谓短语的谓词性成分之间的语义关系比较复杂，举例如下：

①按下葫芦浮起瓢。(表示先后发生的动作)(非主谓句)

②小张‖托着下巴沉思着。(偏重于前项表示方式)

③画家‖登上梯子画画。(偏重于后项表示目的)

④同事‖听了很高兴。(后一性状表示前一动作的结果)

⑤她‖跳舞跳累了。(前后表示因果关系)

⑥当事人‖有权利知道真相。(前后表示条件关系)

⑦他俩‖拽住对方不放。(从正反两方面说明同一件事)

3. 连谓句的特点

第一，连用的谓词或谓词性短语和同一个主语发生主谓关系。例如，例②中的“托着下巴”和“沉思”都与主语“小张”构成主谓关系。

第二，连用的谓词或谓词性短语之间不能有语音停顿，也不能用逗号隔开。例如：“他回家，放下行李，洗漱，吃饭”，是顺承复句，不是连谓句。又如，“他不停地计算、验算”，“计算、验算”是联合短语，不是连谓短语。

第三，连用的谓词或谓词性短语有动作的先后关系，即先后动作无论有怎样的语义关系，都按照动作的先后排列。以上各例均是如此。

连谓句中第二个谓词可以是形容词。例如，“他看了很羞愧”“这事想起来心里难受”等，都是同一个施事主语连续发出的几个动作或呈现的状态。

(六) 兼语句

1. 什么是兼语句

兼语句是由兼语短语充当谓语或独立成句的句子(包括由兼语短语构成的非主谓句)。一个动宾短语套接一个主谓短语构成的短语，其中前一个动宾短语的宾语做后一个主谓短语的主语，构成了一个具有两个成分特点的一个成分，即“兼语”。例如：

①设计员‖请大家参观公司的生产设施。

②派他去分部。

例①是主谓句，谓语中的“大家”做“请”的宾语，又同时做“参观公司的生产设施”的主语。例②中“他”既是“派”的宾语，又充当“去分部”的主语。这是由一个兼语短语构成的非主谓句。

2. 兼语句的类型

根据前一动词的语义，可以将兼语句大致分为四种类型：

(1) 使令义

常用的动词有“请”“使”“叫”“让”“派”“催”“逼”“组织”“吩咐”“动员”“鼓

励”“号召”等。例如：

①学校组织学生去踏青。

②公司派小王送货。

（2）存否义

常用的动词有“有”“没有”“没”“无”等。例如：

①他有个朋友在周庄。

②没有人说你不行啊！

（3）选称义

常用的动词有“选”“聘”“称”“说”等，往往与“为”“做”等搭配成“称……为”“选……做”等形式。例如：

①邻居们称他是“及时雨”。

②大家都选他做模范。

（4）喜怒义

常用的动词有“称赞”“表扬”“爱”“恨”“喜欢”“感谢”“埋怨”“钦佩”“嫌”等。例如：

①妈妈嫌孩子太磨蹭。

②感谢大家光临婚礼现场！

兼语句的类型见表7。

表7 兼语句的类型表

语义类型	前一动词的语义	示例	常见的动词
使令义	使令	公司派小王送货。 公司派小王＋小王送货	请、使、叫、让、派、催、号召、动员、组织
存否义	存在与否	他有个朋友在周庄。 他有个朋友＋朋友在周庄	有、没有、没、无
选称义	选称	邻居们称他是“及时雨”。 邻居们称他＋他是“及时雨”	选、聘、称、说
喜怒义	喜怒类的情感	妈妈嫌孩子太磨蹭。 妈妈嫌孩子＋孩子太磨蹭	称赞、表扬、爱、恨、喜欢、感谢、埋怨、钦佩、嫌

3. 兼语句与连谓句的辨析与连用

（1）看两个或以上的谓语动词是否与同一主语相关

例如：

①我催着他干活。（兼语句）

②我瞒着他干活。（连谓句）

例①，大主语“我”发出催促的动作，而干活的动作是小主语“他”发出的，是兼语句。例②，大主语“我”既发出瞒着的动作，又发出干活的动作，谓语动词与同一主语相关，是连谓句。

(2) 兼语句和连谓句的连用与兼用

例如：

①学院派专人打电话让我们开会。

②我陪着他看电影。

例①中的大主语“学院”发出了“派”的动作，“专人”是兼语，构成第一个兼语句；“专人”连续发出两个动作“打”和“让”，是一个连谓句；“让”的宾语“我们”，又同时做“开会”的主语，又构成了一个兼语句。所以，例①是由一个连谓句和两个兼语句构成的主谓句。

例②中的大主语“我”发出了“陪”的动作，“他”是兼语，构成一个兼语句。和例①不同的是，大主语“我”除了“陪”的动作之外，还连续发出了和“他”一起“看电影”的动作，构成了一个连谓句和兼语句连用的主谓句。

4. 兼语句与主谓短语作宾语的句子（以下简称“主谓作宾句”）的辨析

例如：

①我让朋友来。(兼语句)

②我希望朋友来。(主谓作宾句)

例①、例②的结构看似相同，却是两种类型的句子，区分的方法大致有以下几种：

(1) 看第一个动词的性质

兼语句的第一个动词大多有使令意义，支配的是人。例如，例①中的使令动词“让”，支配的是“朋友”。主谓作宾句的第一个动词大多为认知、言说类，支配的是事，常用的词有“希望”“知道”“证明”“表明”“说明”“标志”等。例如，例②中“希望”的是朋友来这件事。

(2) 第一个动词后能否停顿、加状语

第一个动词后能够停顿或者加状语，说明动词与后面的成分语义联系不紧密。兼语句动词后面支配的是作为宾语的人，语义联系紧密，往往不能停顿，更不能加状语。例如，例①不能说成“我让［明天］朋友来”。主谓作宾句动词后面支配的是一件事，往往是由短语充当，语义联系较为松散。例如，例②可以说成“我希望［明天］朋友来”。

(3) 能否将第一个动词后的内容提到句首

正因为兼语句动词与后面的宾语语义联系紧密，所以例①不能说成“明天朋友来，我让”，而主谓作宾句可以说成“明天朋友来，我希望”。

兼语句与主谓作宾句的区别见表8。

表8 兼语句与主谓作宾句的区别

区分方法	兼语句	主谓作宾句
看第一个动词的性质	使令类，支配人 (如：请、让、派)	认知、言说类，支配事 (如：希望、知道、证明)

续 表

区分方法	兼语句	主谓作宾句
第一个动词后能否停顿、加状语	例句：我让［明天］朋友来。（不可以）	例句：我希望［明天］朋友来。（可以）
能否将第一个动词后的内容提到句首	例句：明天朋友来，我让。（不可以）	例句：明天朋友来，我希望。（可以）

（七）存现句

1. 什么是存现句

存现句是何地存在、出现或消失了什么人或事物的句子。句首表示处所的词语做主语，宾语是表示存现的主体。它的基本结构类型为“处所名词＋动词性词语＋名词性词语”。例如：

①葡萄架下支起了一张方桌。

②操场上挤满了人。

2. 存现句的类型

存现句可以分为存在句和隐现句两种类型。

（1）存在句

存在句表示什么地方存在某人或某物。动词后常常加“着”，有时也用“了”。例如：

①桌上放着打印机。

②家里来了几位客人。

（2）隐现句

隐现句表示什么地方出现或消失了某人或某物。动词后常常加“了”。例如：

①广场上出现了一尊新雕塑。

②厂里辞退了几名工人。

三、变式句

（一）倒装句

在语言表达中，为了强调、突出而颠倒常式句的语序的是变式句。颠倒了的成分恢复原位后句意不变，句法成分不变。常见的有以下几种情况：

1. 主谓倒置

在常式句中，主语在前，谓语在后。但是，有时会颠倒过来，就是主谓倒置。这种现象常见于疑问句、祈使句和感叹句。例如：

①高兴吗，你？（疑问句）

②休息吧，大家！（祈使句）

③太开心了，今天！（感叹句）

主谓倒置的作用往往是为了强调谓语，或者是急于说出重点，然后再补加主语。

2. 定语、状语后置

在常式句中，定语、状语是中心语前的修饰、限制成分。如果放到中心语之后，就是定语、状语后置。例如：

①库房摆满了东西，捐献的。（定语后置）

②支援的医生们来了，从全国各地。（状语后置）

（二）省略句

省略句是省略某种成分的句子，即在一定的语境中，在不会误解的情况下，省去一些不言自明的成分。它与非主谓句的区别是，非主谓句是无法补出或无须补出主语的句子；省略句是如果不能清楚地表达意思，还能补回一种可能的词语的句子。下面列举两种类型：

1. 对话省

对话有一定的语境，往往可以运用省略句。例如：

甲：聚会有你吗？

乙：有！

甲：你开车去，还是走着去？

乙：开车。

2. 因上下文而省

是指省略上文中已经出现的或者在下文中将要出现的某个成分。例如：

(1) 承前省略

省略上文出现的成分。例如：

①小李去参加培训，小张也去了。

②昨天下了大暴雨，今天还是。

(2) 蒙后省略

省略下文将要出现的成分。例如：

①话没说完，妈妈就急匆匆地上班了。

②进行到一半儿，比赛中断了。

四、句子的变换

1. 句型、句式的变换

例如：

①明天是国庆节。（动词谓语句）

明天国庆节。（名词谓语句）

②宴会厅里摆着长方形的桌子。（存在句）

长方形的桌子摆在宴会厅里。（一般动词谓语句）

③乌云遮住了太阳。（一般动词谓语句）

乌云把太阳遮住了。（“把”字句）

太阳被乌云遮住了。（“被”字句）

2. 根据语义表达的需要，按照一定的规则把甲句变成乙句，常采用的方法有移位、添加、删除和替换

例如：

①你听到了吗？——听到了吗，你？

②我被表扬了。——我被老师表扬了。

③鲁迅是绍兴人。——鲁迅，绍兴人。

④风吹开了门。——门开了，风吹的。

3. 句类之间的变换

例如：

①他准备去职工俱乐部。（陈述句）

→他准备去职工俱乐部了吗？（是非问）

→他是不是准备去职工俱乐部？（正反问）

→他是准备去职工俱乐部，还是不准备去？（选择问）

②我们的志愿者是一群可爱的人。（陈述句）

→我们的志愿者是一群多么可爱的人哪！（感叹句）

句子的变换可以使语言的表达灵活多样，突出不同的表达重点，适应各种语境的需要。

五、句类

句类是按照句子的语气划分出的类别。句类一般可分为陈述句（陈述语气）、疑问句（疑问语气）、祈使句（祈使语气）和感叹句（感叹语气）四类。

（一）陈述句

指陈述一个事实或者说话人的看法的句型。

1. 肯定性陈述句

肯定形式的陈述句一般是无标志的。如果要表示强调，常常需要加动词或副词“是”。例如：

他去北京了。

→是他去北京了。

→他是去北京了。

→他去的是北京。

2. 否定性陈述句

陈述句的肯定形式一般都可以变为否定形式，通常用否定词“不”“没（没有）”等。例如：

①他吃。→他不吃。

②他吃了。→他没吃。

③他听得懂汉语。→他听不懂汉语。

④他听懂了汉语。→他没听懂汉语。

“不”是副词，用在动词或形容词性词语前，对动作、意愿和事物的性状加以否定。“没（没有）”用在动词或形容词前，否定动作行为或事情的发生。

“没（没有）”还可以作为动词，用在体词性成分前，表示不存在、不具有。比较：

他有事。→他没事。（“没”是动词）

3. 肯定否定的不对称

（1）异形同义

在一些习惯用法中，句子的肯定形式跟否定形式所表示的意义是相同的，但这样的格式不具备类推性。例如：

①好开心。　好不开心。（都表示开心）

②差点儿摔倒。　差点儿没摔倒。（都表示没摔倒）

（2）双重否定

双重否定格式用来表示肯定。

有的是加强肯定，口气更加坚决。例如：

①你不可以不来。

②你不能不说话。

有的是减弱肯定，缓和口气，像“不是不”“不无”“不能不”“不敢不”“不可不”等。如：

①我不是不喜欢。

②他也不无可取之处。

（二）疑问句

用陈述句的语序，在句尾加上问号，这样的问句通常用来表达说话者设问、疑惑等感情色彩，比正常的疑问句感情更为强烈。这样的问句不是侧重于提问题，而是注重表达感受。疑问句按是否需要回答可分为询问句、反问句、设问句。疑问句按结构、提问和答复的形式可分为是非问句、特指问句、选择问句和正反问句四类。

1. 是非问句

是非问句（又叫“然否问句”），结构上像陈述句，只是要用疑问语调或兼用语气助词，要求做肯定或否定的回答，句末常用语气助词“吗”“吧”等，但不用“呢”。例如：

①这事你不知道吗？（答：知道/不知道）

②这本书好吧？（答：好/不好）

2. 特指问句

用疑问代词如“谁”“什么”“怎样”等或短语“为什么”“什么事”“做什么”“怎

么做”等来表明疑问点，说话者希望对方就疑问点做出答复。它的常用语气词为“呢”“啊”，不用“吗”。例如：

①你怎么不去图书馆呢？

②什么事不能好好商量啊？

3. 选择问句

选择问句就是把几个项目并列提出来，要求从中选择作答，常采用复句形式，而且前后分句常用“是”和“还是”相呼应。它的常用语气助词为“呢”“啊”，不用“吗”。例如：

①你是学英语呢，还是学日语？（答：英语/日语）

②游泳还是打球啊？（答：游泳/打球）

4. 正反问句

正反问句是用肯定和否定并列的方式进行提问，希望对方从中做出选择的疑问句。常用的有以下三种格式：

（1）否定词后面出现被否定成分

例如：

①昨天的英语考试难不难？

②他应不应该受到奖励？

（2）否定词后面不出现被否定成分

例如：

①他明天来不？

②他结婚了没？

（3）全句后面加正反否定词语

例如：

以后早点到研究所来，好不好？

正反问句一般不使用疑问代词或疑问语气词，需要时可用“呢”“啊”，一般不用“吗”“吧”。例如：

我们这样做好不好啊？

正反问句和选择问句的区别：选择问句是问者提出的，而不是正反相对的两项或多项供人选择回答；正反问句是问者提出相反的（是逻辑上的相反，而不是语言中的反义词）两项供人选择回答。

疑问句总表见表9。

表 9　疑问句总表

类型	示例	结构特点	语气词	答语
特指问	谁来呢？/谁来？	用疑问代词表示	用“呢”不用“吗”	就疑问代词部分作答
选择问	他今天来呢，还是明天来？	用有选择关系的复句表示		选择其中一项作答，或用另外的话作答，如“后天来”
正反问	他来不来呢？	在单句谓语中，用肯定否定并列的形式表示		选择其中一项作答，或用另外的话作答，如“还没定”
是非问	他来吗？/他来？	像陈述句＋疑问语调	用“吗”不用“呢”	可以回答“是”或“不”“没有”或用点头、摇头答复

（三）祈使句

祈使句的作用是要求、请求或命令、劝告、叮嘱、建议别人做或不做某件事，主语常常被省去。句末一般用感叹号，但是有些祈使句的语气较弱，可以用句号结尾。祈使句可以用语气词“吧”“吗”结尾，也可以不用语气词。

1. 祈使句的语调特点

第一，语音强度一般比陈述句重，书面上用感叹号表示。

第二，句末用感叹调，较长句子的后半部分几个音节速度加快。例如：

①找个凳子坐下吧！

②让他走吧！

③可得抓紧时间啊！

④大家快过来呀！

2. 祈使句的分类

根据祈使句的语用意义和语气的强弱，可以分为四类：

（1）表示命令的祈使句

一般带有强制性，要求对方必须服从，言辞肯定，态度严肃。例如：

①立定！

②站起来！

③让他进来！

④快去救火！

（2）表示请求的祈使句

语气要舒缓一些，可以使用语气词“吧”“啊”，主语可以出现，也可以不出现。例如：

①请给我们多提意见！

②您请坐啊！

③这个问题你来回答吧！

④帮帮我的忙吧！

(3) 表示禁止的祈使句

明确表示禁止对方做什么事情，言辞强硬，态度坚决，不用语气词。例如：

①别动！

②不许胡说！

③此处不准吸烟！

④谁也不要随便说话！

(4) 表示劝阻的祈使句

语调比较平缓，常用语气词“吧”“啊”。例如：

①要好好听老师的话啊！

②你们几个休息一会儿吧！

③大家都少说几句吧！

④你们可别拿他开玩笑了！

(四) 感叹句

感叹句是带有浓厚感情的句子，具有赞叹、鄙视、惊讶、领悟、悲哀、恐惧等浓厚的感情色彩。感叹句一般用降调，句末都用感叹号。例如：

①这山真高啊！（赞叹）

②哼，你做梦！（鄙视）

③噢，我懂了！（领悟）

④唉，算了吧！（无可奈何）

拓展阅读

《三亚落日》句子赏析

思考与练习

一、选择题

1. 下列句子属于兼语句的是（　　）

A. 我相信他会来。　　B. 他召集中层干部开会。

C. 他清楚我不懂外语。　　D. 我反对他当班长。

2. 下列句子属于非主谓句的是（　　）

A. 刚才说话的是谁？　　B. 太给力了。

C. 我最近去了上海。　　　　D. 大家都想让他当班长。

3. “唉！这家人真够惨的。”句中的“唉!”是（　　）

A. 独立成分　　　B. 非主谓句　　　C. 分句　　　D. 词

4. “门口围着一群看热闹的。”这是（　　）

A. 非主谓句　　　　　　　C. 宾语是偏正短语

B. 宾语是“的”字短语　　　D. 宾语是动词性短语

二、判断题

1. 感叹句属于主谓句。（　　）

2. “勤劳让你有钱花。”这是非主谓句。（　　）

3. 主谓短语充当谓语的句子叫主谓谓语句。（　　）

4. 下列句子是否为存现句？请判断并解释说明。

（1）在院子里坐着一群人。

（2）靠东边有一台电脑。

（3）在斜对面的超市里有。

（4）从后门突然冲进了两个人来。

三、分析题

1. “把”字句常见的语法错误有哪些？

2. 下列句子是否可以变换为其他格式？

（1）我把这幅画挂在书桌前，多年不曾拿下来。

（2）我终于说出了藏在心里的疑问。

（3）经过努力，这些问题是容易解决的。

（4）面对灾难，中华民族不会望而却步。

（5）民族英雄是我们学习的榜样。

3. 疑问句属于单句的哪个分类？又分为哪些小类？试举例阐述。

4. 什么是语气词、叹词、拟声词？试举例说明三者的区别。

5. 根据语气，句子可分为陈述句、疑问句、祈使句、感叹句。请指出下列句子属于哪一种。

（1）你什么时候开会？

（2）不好看啊！

（3）老天爷，别下雨了。

（4）他不会说这种糊涂话。

（5）你是来取，还是我去送？

（6）快往屋里搬东西吧！

任务七 复 句

学习要点

1. 掌握复句的含义和分类。
2. 了解复句和单句的特点。
3. 知道多重复句之间的关系，了解紧缩复句。

学习任务

1. 能够区分单句和复句。
2. 能够辨析联合复句和偏正复句中各种常见的类型。
3. 学会分析多重复句的方法，会辨识紧缩复句。

一、什么是复句

复句由两个或两个以上意义相关，结构上互不做句子成分的分句组成。分句是结构上类似于单句但没有完整句调的语法单位。复句中的各个分句之间一般有停顿，书面上用逗号、分号或冒号表示；复句前后有隔离性语音停顿，书面上用句号、问号或叹号表示。

二、复句的分类

（一）根据组合方式分类

1. 由分句直接组合而成

也叫意合法。例如：

①我是中国人，我爱我的祖国。

②老师来到讲台前，认真地讲起课来。

这样的复句没有关联词语，靠语序来联系，没有明显的逻辑关系，要根据上下文才能弄清完整的语义。

复句（上）

2. 借助虚词组合而成

也叫关联法，例如：

①我们不仅要专心听讲，还要多动脑筋。

②只有坚持锻炼身体，才能增强体质。

这种复句，分句之间的联系靠虚词，而主要的虚词是连词和副词，还有部分起关联作用的短语，统称关联词语。这类复句由于关联词语的作用，分句之间的逻辑关联比较明确。在运用时应根据分句之间的语义和不同的逻辑关系，正确选用关联词语，不能任意组合。

（二）按照层次的多少分类

1. 基本复句

也叫一重复句，只有一个层次。一般情况下，它是由两个分句组成的，但并不是所有的一重复句都只有两个分句。例如，并列复句、顺承复句，即使有三四个分句，也只有一个层次。这一点跟联合定语、连谓短语扩展的情况是相同的。例如：

①狂风吹不倒它，洪水淹不死它，严寒冻不坏它。（三个分句并列构成一重复句）

②狂风、洪水、严寒（三个词并列构成联合短语）

2. 多重复句

至少有三个分句，必须有两个或两个以上的层次。有几个层次，就叫几重复句，如二重复句、三重复句、四重复句等。但要注意，其关系是组合在一起的，而不是包含在一起的。例如：

①他后来还托他的父亲带给我一包贝壳和几根很好看的鸟毛，我也曾送给他一两次东西，但从此没有再见面。（二重复句）

②中国人民将会看见，中国的命运一经操在人民自己的手里，中国就将如太阳升起在东方那样，以自己的辉煌的光焰普照大地，迅速地荡涤反动政府留下来的污泥浊水，治好战争的创伤，建设起一个崭新的强盛的名副其实的人民共和国。（多重复句做宾语的单句）

（三）根据分句间意义关系是否平等分类

复句中的分句之间有着一定的逻辑关系，根据分句间的意义关系是否平等划分，可以分为联合复句和偏正复句两大类。

联合复句内各分句间意义平等，无主从之分。偏正复句内各分句间意义有主有从，也就是有正句有偏句。正句即主句，是句子的正意所在；偏句是从句，意义从属于正句。

1. 联合复句

可分为并列、顺承、递进、选择、解说五小类。

（1）并列复句

由两个或两个以上的分句并列组合而成，叙述相关的几件事情，或说明相关的几种情况，分句之间没有主次之分。例如：

①单丝不成线，独木不成林。

②不是意识决定存在，而是存在决定意识。

并列关系常用的关联词语见表10。

复句（下）

表 10　并列关系常用的关联词语

并举	合用	既 A，也（又）B；一边 A，一边 B；又（也）A，又（也）B；有时 A，有时 B；一方面 A，另（又）一方面 B；一会儿 A，一会儿 B
	单用	也、还、又、同样、另外、同时
对举	合用	是 A，不是 B；不是 A，而是 B
	单用	而、而是

（2）顺承复句

也称承接复句、连贯复句。几个分句表示连续发生的事情或动作，顺序不能变动。例如：

①他们俩手拉着手，穿过树林，翻过山头，回到草房。

②这样商定后，他们似乎都有一种轻松感，于是便开始说起村里的新鲜事。

顺承关系常用的关联词语见表 11。

表 11　顺承关系常用的关联词语

合用	刚 A，就 B；起先 A，然后（后来）B
单用	就、才、便、又、再、于是、然后、终于、后来、接着、跟着、继而

（3）递进复句

由两个有递进关系的分句组成，后一个分句表示的意思比前一个分句进了一层。例如：

①他不仅学习好，而且工作好，尤其是思想好。

②他不但没有完成老师交给的任务，反而影响了其他同学的热情。

递进复句可以分为两大类，如下：

第一类：一般递进。复句的两个分句都表示肯定，层层推进。例如：

老杨不但没有退缩，反而更加积极了。

第二类：衬托递进。前面分句表示否定，是后面分句的衬托，后面分句的意思更进一层。例如：

①这么热的天气，大人都受不了，何况是小孩子？

②别说对我们客客气气了，就连个好脸色也没有啊！

递进关系常用的关联词语见表 12。

表 12　递进关系常用的关联词语

一般递进	合用	不但（不仅、不只、不光、非但）A，而且（还、也、不、更、就连）B；不但（不但不、非但没）A，反而（反倒还、相反还、偏偏还）B
	单用	而且、并且、更、还、何况、甚至、况且、甚至于、更何况

续　表

衬托递进	合用	尚且A，何况（更不用说、还）B；别说（慢说、不要说）A，连（就是）B
	单用	尚且、反而、何况

(4) 选择复句

几个分句分别说出几种情况，要求从中进行选择。它可分为已定选择和未定选择两类。

第一类：已定选择。

由两个分句构成，说话者在提出的两种情况中已经有所取舍。

其一，先取后舍。例如：

①我宁肯轰轰烈烈过几年，也不愿平平淡淡过一辈子。

②他宁愿吃苦受累，也不愿卑躬屈膝失去尊严。

其二，先舍后取。例如：

①与其全面开展宣传，还不如找准消费的主要人群。

②要是低价出售房子，还不如租出去。

第二类：未定选择。

复句的几个分句提出几种情况或一件事情的几个方面，让人从中选择，说话者并未有所取舍。例如：

①咱要么不做，要么就做好。

②是同学们的自主意识增强了，还是其他的什么原因？

选择关系常用的关联词见表13。

表13　选择关系常用的关联词语

已定选择	先舍后取	合用	与其A，不如（毋宁、宁肯、还不如、倒不如）B
		单用	倒不如、还不如
	先取后舍	合用	宁可（宁肯、宁愿）A，也不（决不、不）B
未定选择	数者选一	合用	或者（或、或是）A，或者（或、或是）B；是A，还是B
		单用	或者、或是、或、还是
	二者选一	合用	不是A，就是B；要么A，要么B

(5) 解说复句

根据分句之间意义的关系，可以把解说复句分为以下两类：

第一类：后句解释前句。

一般是后面分句对前面分句进行解释或说明。例如：

①任何成功的人都会用到两个字，那就是——认真。

②通往山顶，有条必经之路，叫作“一线天”。

第二类：总说或分说关系。

其一，先总说后分说。

前面分句先提出一件事情或一种情况，后面的分句分述事件或情况的几个方面或组成部分。例如：

①我成功的秘诀其实很简单：一要目标明确，二要坚持到底。

②他认为人对生活的要求有三种不同层次：一是生存，二是享受，三是发展。

其二，先分说后总说。

前面的分句先分述一件事情或一种情况的几个方面或是组成部分，后面的分句进行总括。例如：

①一种是教条主义，一种是经验主观主义，两种都是主观主义。

②大女儿做了律师，小儿子成为医生，两个孩子都有了自己喜爱的职业。

2. 偏正复句

可分为转折、因果、假设、条件、目的五小类。

(1) 转折复句

由两个有转折关系的分句组成，后面分句的意思不是顺着前一个分句的意思说下去，而是转到相反的意思上去。例如：

①虽说不是十分满意，也还算说得过去。

②当时定好一起去深圳，后来却再也没了音讯。

③外人没说什么，自己人倒沉不住气了。

转折关系常用的关联词语见表 14。

表 14　转折关系常用的关联词语

重转	合用	虽然（虽是、虽则、虽说、虽、尽管）A，但是（可是、然而、但、也、却、还）B
	单用	虽、虽然、但、但是、然而
轻转	单用	是、可、却
弱转	单用	只是、不过、倒

(2) 因果复句

由两个有因果关系的分句组成，分句之间是说明原因和结果的关系。因果复句可以分为说明因果和推论因果两类。

第一类：说明因果。

说明因果是对客观存在的因果关系进行说明的复句。偏句提出一种事实情况作为依据，正句表示这种事实所必然导致的结果。例如：

①由于主要问题还没解决，屋里还是一片嘈杂声。

②因为业绩突出，所以先进工作者非他莫属。

第二类：推论因果。

推论因果句的偏句提出一种已经发生的状况，正句推断出一种应该如此的结果。

例如：

①既然屡次碰壁，那么就得认真反思一下自己的思路和做法。

②既然事情已经这样了，那就将计就计。

有些因果复句不用关联词语。例如：

①他的成绩始终名列前茅，保送进了北大。

②河里结了冰，船开不出去了。

因果关系常用的关联词语见表15。

表15 因果关系常用的关联词语

说明因果	合用	因为（由于）A，所以（才、就、便、于是、以致）B；之所以A，是因为（是由于、就在于）B
	单用	因为、由于、因而、以致、所以、因此、致使、是因为、是由于
推论因果	合用	既然A，那么（就、又、便、则）B
	单用	既然、既、就、可见

（3）假设复句

由两个假设关系的分句组成，前一个分句假设存在或出现了某种情况，后一个分句说明由这种假设的情况产生的结果。它可以分为一致假设和相背假设两类。

第一类：一致假设。

一致假设是指分句所表示的假设和结果是一致的，如果假设成立，结果就成立。例如：

①如果双方和平友好的政策不变，一切问题都不难解决。

②要是再多给几天时间，工程质量就会提升很多。

一致假设有时不用关联词语。例如：

不把原因找到，永远解决不了问题。

第二类：相背假设。

前一分句先提出一种假设的事实，并且退一步承认这种假设的真实性，后一分句转而述说相反或相对的意思。例如：

①即使没人提醒，你也应该时时严格要求自己。

②纵然是荆棘密布，也挡不住我们前进的脚步。

假设关系常用的关联词语见表16。

表16 假设关系常用的关联词语

一致	合用	如果（假如、假使、假若、假设、倘若、倘使、若是、若、要是）A，就（那么、那、便、则、也）B
	单用	那、那么、就、便、则

续表

相背	合用	即使（就是、就算、哪怕、纵使、纵然）A，也（还）B；再A，也B
	单用	也、还

（4）条件复句

由两个有条件关系的分句组成，前一个分句提出一个条件，后一个分句说明在这种条件下产生的结果。条件复句可以分为有条件和无条件两类。

第一类：有条件复句。

偏句提出条件，正句指出这种条件产生的结果。有条件又可以分为充足条件和必要条件。

其一，充足条件。

偏句是正句的充分条件，正句表示这种充分条件下所产生的结果。例如：

①只要听到《义勇军进行曲》，内心就会激动不已。

②他一旦认真起来，就谁也阻挡不了。

其二，必要条件。

偏句是正句成立的必要条件，缺少了必要条件，正句提出的结果就无法成立。例如：

①只有付出真心，才能交到真正的朋友。

②除非身体承受不住，否则一定将公益事业进行到底。

第二类：无条件复句。

偏句排除一切条件，正句表示无论在什么情况下都会产生同样的结果，不以偏句的条件变化为依据。无条件复句必须成对使用关联词语。例如：

①无论在什么情况下，都要记住自己是一个中国人。

②任凭他人说尽闲话，他都坚持自己的信念。

条件关系常用的关联词语见表17。

表17　条件关系常用的关联词语

有条件	充足条件	合用	只要（一旦、只需）A，就（便、那、都、总）B
		单用	便、就
	必要条件	合用	只有（唯有、除非）A，才（否则、不）B
		单用	才、否则、要不然
无条件		合用	无论（不论、不管、任、任凭）A，都（总、总是、也、还）B

（5）目的复句

由两个有目的关系的分句组成，前一个分句表示一种行为，后一个分句表示这种行为的目的。目的复句有达成目的和避免造成什么后果两种类型。例如：

①尽量与群众进行沟通，为的是顺利地解决问题。

②做就要做好，省得以后再返工。

目的关系常用的关联词语见表 18。

表 18　目的关系常用的关联词语

达成	单用	以、以便、以求、用以、借以、好、好让、为的是
避免	单用	以免、以防、免得、省得

三、多重复句及多重复句的分析

多重复句是一般复句的拓展形式。它在结构上有两个以上的层次，表示两种以上的关系。其中，二重、三重复句较为多见，三重、五重以上的复句较少。分析时，首先弄清楚多重复句是由几个分句组成的，然后分析分句间的结构关系。具体步骤如下：

第一步，确定复句中有几个分句。需要注意的是，不能以标点为标准确定分句数目，较长的单句中间也有标点符号，要注意区分。

第二步，确定好第一重关系，用单竖线隔开，并在竖线处标记出分句间的关系；按照从左到右的顺序，在一重关系的左右两侧划分第二重关系，用双竖线隔开，并标记关系；接着，逐层划分出三重、四重等关系，有几重就用几条竖线标示，最多的竖线数目即为多重复句的数目。例如：

（1）①商业往来不按照合同办事，②也不注重沟通与协商，③合作就不会长久。

（2）①只有不断地用发展的眼光看待问题，②只有不断地创新，③才能促进社会的发展，④没有这样的认识，⑤历史的车轮就会停滞不前。

例（1）由三个分句组成，①、②分句是提出的假设条件，分句③是由此推出的结果。第一重关系应该画在③分句之前，左侧的①、②分句之间是第二重，为递进关系。这句话是二重复句。

例（2）有 5 个分句，从整体来看，应该是正反两种认识与做法，也就是在④分句前画第一重，为并列关系；再继续分析，第一重左面的①、②与③分句之间，构成第二重，是以“只有……才”为标记的条件关系；再以第二重关系为界限，看左侧分句间的关系，第三重在①、②分句之间，因为“只有”这一关联词语已经在判断上一重关系中使用过了，可以忽略不用，两个分句为并列关系。至此，一重关系的左侧已经划分到了单个的分句，完成划分。第一重右面的第二重在④、⑤分句之间，为假设关系。整个复句为三重复句。

因为复句中分句的数目较多，而且成对的关联词语也许相隔很远，影响语义的关联，可以采用化繁为简的方法，缩减关联词语之间的距离。如例（2），可以缩减为“只有这样这样，才能那样；不这样，就会那样”。例如：

①如果把自己看作群众的主人，②那么不管他们有多大的才能，③也是群众所不需要的，④他们的工作是没有前途的。

这句我们可以首先将第三重关系的两个分句压缩掉一个，使这句变成二重关系复句，即：如果把自己看作群众的主人，那么不管他们有多大的才能，也是群众所不需要的。

然后，将第二重条件关系的偏句压缩掉，使这句变成一般复句，即：如果把自己看作群众的主人，那么这种人群众是不需要的。

这个一般复句不但能成立，而且概括了原三重复句的主要意思，说明原句的分析是正确的。压缩法的原则是必须保留原句的主要意思，否则尽管压缩成的一般复句能成立，也是不正确的。

四、紧缩复句

紧缩复句由复句紧缩而成：紧，是紧凑，指分句间的语音停顿没有了；缩，是缩减，指有些词语被压缩掉了。它是分句间没有语音停顿的特殊复句。它虽属于复句范畴，但又不同于复句。许多一般复句可以变换成紧缩句。例如：

①只要一有时间，就出去旅游。（一般复句）

②一有时间就出去旅游。（紧缩复句）

拓展阅读

表示转折关系的“不过”和“就是”

思考与练习

一、基础题

1. 下列复句中属于关联法的是（　　）

A. 不在沉默中爆发，就在沉默中灭亡。

B. 因为我们有人民群众的广泛支持，所以我们战无不胜。

C. 单丝不成线，独木不成林。

D. 他们俩手拉着手，穿过树林，翻过山冈，回到草房。

2.（判断）“只有党风正，才能事业兴。”这句话是单句。（　　）

3.（判断）联合复句可分为并列、顺承、解说、条件、递进五小类。（　　）

4.（判断）从复句中的关联词语看，复句中分句之间的关系有时用关联词语来表示。这种关联组合的方法叫关联法。（　　）

5. 根据分句间的意义关系划分，复句可以分为（　　　　）、（　　　　）两大类。

6. 偏正复句可分为（　　　　）、（　　　　）、（　　　　）、（　　　　）、（　　　　）五小类。

二、指出下列复句的类型

1. 这些竹篾编成的手工艺品有拿去送人的，也有拿到网上售卖的。

2. 或者去南方小镇，或者去海边住几天，或者哪都不去。
3. 他说出了我的名字，甚至连我小时候的事情都记得。
4. 村里的人常拿他不幸的经历当作笑话，这是把欢乐建立在别人的痛苦上。
5. 他挽起袖子，直接把袋子扛在肩上。
6. 三伏天坐着不动都一身汗，游泳馆都人满为患了。
7. 只要你想见到我，就随时可以打电话。
8. 超市为方便顾客购物，在入口处都备有购物车。
9. 本品容易受潮，用后盖紧，并放于干燥处，以防结块。
10. 今天特别疲劳，写了几百字就再也写不下去了。

三、分析下列多重复句

1. 我既不想让家人知道我的处境，以免他们担心，又不愿开口向朋友求助。
2. 要是说话无所顾忌，不但让人感到厌烦，还会自讨没趣，甚至会惹出麻烦。
3. 掌柜是一副凶脸孔，主顾也没有好声气，教人活泼不得。只有孔乙己到店，才可以笑几声，所以至今还记得。
4. 那时候，大家都很累，也没有吃的了，想找个地方住下，偏偏宾馆没有房间了。

任务八 标点符号

学习要点

1. 了解标点符号的作用和种类。
2. 掌握常见标点符号的用法。

学习任务

1. 能够正确使用常见的标点符号。
2. 能够纠正标点符号的错误用法。

一、标点符号概说

标点符号

句子前后都有停顿，并带有一定的句调，表示相对完整的意义。句子前后或中间的停顿，在口头语言中表现出来的就是时间间隔，在书面语言中，就用标点符号来表示。

标点符号是书面语言的有机组成部分，是书面语言不可缺少的辅助工具，可以帮助人们准确地表达思想感情和理解书面语言。

常用的标点符号有 17 种，包括 7 种点号和 10 种标号，见表 19、20。

表 19　7 种点号的名称、形式及位置

	位置	名称	形式
点号	句内点号（居左偏下）	逗号	，
		冒号	：
		分号	；
		顿号	、
	句末点号（占左半格）	句号	。
		叹号	！
		问号	？

表 20 10 种标号的名称、形式及位置

	位置	名称	形式
标号	占两格	破折号	——
		省略号	……
	各占一格	括号	（ ）［ ］〔 〕【 】
		书名号	《 》
	左上角/右上角	引号	“ ”或‘ ’
	占一格	连接号	短横线“-”、一字线“—”和浪纹线“～”
	标字间	间隔号	·
		分隔号	/
	标字下	着重号	.
		专名号	_

问号和叹号是点号，也兼属标号：当它表示问句、感叹句末尾的停顿时，是点号；当它表示疑问、感叹时，是标号。有的标号，如破折号、省略号、间隔号，也兼有表示停顿的作用。

二、标点符号的用法

（一）句号

句号表示陈述句末尾的停顿。例如：

我们不能因为学习任务重而不参加体育活动。

语气舒缓的祈使句末尾也用句号。例如：

请您再讲一遍。

文章中该用句号而不用，或者不该用而用了，都会使句子结构层次不清，表述不明。例如：

学生的自行车坏了，不能骑了，老师看见了，记在心上，学生放学后，特意从后勤借来了工具，老师利用休息时间，给学生修理自行车。

例句是由四句话组成的语段：第一句介绍学生的自行车坏了，不能骑了，到“不能骑了”结束；第二句讲老师看见了，到“心上”结束；第三句讲老师借来了工具；第四句讲老师利用休息时间修车子。但整个过程只在段尾用了一个句号，使四个句子各自失去了独立性，整段话层次不清。（该用而不用）

春天。杨柳抽出嫩芽。在河面上随风舞动。

例句其实是一句话，结尾用一个句号就可以了，但作者多用了两个句号，前两个句号中断了句子内部的联系。（不该用而用）

（二）问号

问号表示疑问句末尾的停顿。例如：

是谁创造了人类世界？

反问句虽然不要求对方回答，但用的是疑问句形式，也要用问号。例如：

这哪还有什么尊重可言？

选择问句中间的停顿用逗号，句末用问号。例如：

我们是要成绩呢，还是要健康？

下面的句子虽然有疑问代词或疑问格式，但是整个句子不是疑问语气，不能用问号。例如：

我不知道这件事是谁做的？但我猜做这件事的人一定对我们的计划比较熟悉。

例句中虽然有疑问代词，但整体不是疑问语气，所以问号应改为逗号。

（三）叹号

叹号表示感叹句末尾的停顿。语气强烈的祈使句、反问句，末尾要用叹号。例如：

①中国人民胜利了！（感叹句）

②谁说女子不如男！（反问句）

③停下！（祈使句）

不能认为只要带有感情，就可以使用叹号。例如：

①他愤怒得浑身热血直往上涌！（滥用叹号。陈述句末尾宜用句号）

②那优美的琴声啊！令我如痴如醉。（句末点号用在句中，割裂了句子）

（四）逗号

逗号表示句子内部的一般性停顿。

第一，句子内部主语与谓语之间如需停顿，用逗号。例如：

我们看得见的星星，绝大多数是恒星。

第二，句子内部动词与宾语之间如需停顿，用逗号。例如：

应该看到，科学需要一代人贡献出所有的心血。

第三，句子内部状语后边如需停顿，用逗号。例如：

对于这个城市，他并没有太多的留恋。

第四，复句内各分句之间的停顿，除了有时要用分号外，都要用逗号。例如：

据说苏州园林有一百多处，我们到过的不过十多处。

第五，用来分开句内各词语或表示语气的停顿。例如：

阅读使人充实，交谈使人敏捷，运动使人精力充沛。

下面句子中逗号的使用忽略了句中成分之间的关系。

①毫无疑问对这种人我们只能远离。（插入语没有和其他成分隔开。“毫无疑问”后应加逗号）

②她暗下决心，一旦考研成功，就把考博作为，最大的追求。（不该用而用，肢解了句子。“作为”后不应加逗号）

（五）顿号

顿号表示语句内部较短的并列词语之间的停顿。例如：

过去、现在、未来，国内、国外，都是相互联系、相互影响、相互制约的。

并列的词之间有的用顿号，有的用逗号，这主要是为了分清结构层次，即在不同类的事物之间起分组作用。

要注意的是，用了连词“和”的地方，就不能在“和”的前面用顿号了。例如：

义理、考据和辞章。

并非所有的并列词语之间都需要用顿号，如“省市领导”“城乡交流”“五六个人”，如果没有停顿，就不该用顿号；在可停可不停的地方，也以不用为宜。

顿号还经常用在次序语之后，如“一、……二、……”“甲、……乙、……”。次序语用了括号，就不用顿号，那种“（1）、……（2）、……”的用法是不对的。

（六）分号

分号主要表示复句中并列分句之间的停顿，有分清分句层次的作用。复句中用逗号也能表示并列关系。分句内部已用了逗号，并列分句之间就用分号。例如：

昨天一清早，天气骤然变冷，空中布满了铅色的阴云；中午，凛冽的寒风刮起来了，呼呼地刮了一个下午；黄昏时分，风停了，就下起鹅毛大雪来。

分行列举的各项之间，行文简短，也可用分号；最后一项末尾用句号。例如：

筛选素质过硬的人才：

（一）道德品质看根本；

（二）知识技能看本领；

（三）创新思维看发展。

该用分号而不用，或不该用而用，都会使复句的层次关系不清楚。例如：

①穿黄色队服的是省队队员，穿蓝色队服的是各市代表队；这是大家都知道的。（乱用分号）

②主食和肉食多；水果、蔬菜少；是形成肥胖的主要原因。（分号改为逗号）

（七）冒号

冒号表示提示性话语后或总括语前的停顿。

第一，用在书信、发言稿开头的称呼语后面，表示提起下文；用在“某某说”后面，提示下面是某某的话。例如：

①他十分惊讶地说：“原来是你！”

②同志们：现在我们开会了。

第二，用在总提示语之后，让读者注意下文将要分项来说。例如：

北京紫禁城有四座城门：午门、神武门、东华门、西华门。

第三，用在总括语之前，总结上文。例如：

他讨厌谁，看都不看人家一眼；一旦对谁好，又什么都舍得：他就是这样。

第四，用在需要解释的词语或分句之后。例如：

今天的主题：真诚。

第五，时、分、秒的分隔符号用冒号，如，“09：06（九时零六分）”。

冒号还可以用来隔开作者和书名（或篇名），如，“鲁迅：《狂人日记》”。当然，也可不用冒号，如，“毛泽东《七律·长征》”。

使用冒号时要注意两点：第一，没有比较大的停顿不要用冒号；第二，冒号一般管到句终。下面句子中的冒号用错了：

①心理学研究表明：影响儿童心理健康的因素有：遗传、环境和教育。（冒号套用）

②厂领导及时提出：“以强化管理抓节约节能，以全方位节约促成本降低，以高质量低成本开拓市场”的新思路。（提示性动词指向引文后的词语，该动词后不需要加冒号）

（八）引号

引号表示文中直接引用的话或需要特别指出的成分。例如：

①为了经常提醒自己，鲁迅还在书签上写了一行字：“心到、口到、眼到，读书三到。”（这是在行文中的直接引用。也就是所引用的内容结束后，句号应该放在双引号的里面）

②“满招损，谦受益”这句话，流传到今天至少有两千年了。（这也是直接引用的一种，不过“满招损，谦受益”与“这句话”为同位复指，共同做了“流传”的主语。所以，双引号里的内容结束后，不需要加上其他标点）

引用分为直接引用和间接引用两种。直接引用对所引用的原话不能做任何改动。间接引用，即所谓转述，可以在文字上有所变动，就不用引号。引用成语、谚语等，用不用引号都可以，以不用为主。

引号一般用双引号。引文之内又有引文，就用单引号。例如：

“先生，‘怪哉’这虫，是怎么一回事？……”（鲁迅《从百草园到三味书屋》）

（九）括号

括号表示文中注释性的话、补充说明或其他特定意义的语句。例如：

①辛弃疾（1140—1207），字幼安，号稼轩，宋代历城（现在山东历城）人，著名词人。

②她的身体实在太可怕了，厂门口的“抄身婆”（抄查女工身体的女人）也不愿意用手去触碰她的身体。

只注释句中一部分词语的叫句内括号，如例①和例②。

注释全句的叫句外括号。句内注释紧挨着被注释的词语，它的末尾不用句末点号；句外注释则放在句子之后。下例用了句外括号。

①它反映了一个王朝行将没落的情景。（《读书》1998 年 10 月号第 65 页）

②锲而舍之，朽木不折；锲而不舍，金石可镂。（荀子《劝学》）

括号内还有括号时，最外一层先用圆括号“（ ）”，以后可依次用方括号“[ ]”、六角括号“〔 〕”、尖括号“〈 〉”、方头括号“【 】”。

（十）破折号

破折号表示文中解释说明的语句。例如：

带工老板或者打杂的拿着名册，懒散地站在正门口——好像火车站检票处一般的木栅子前面。

例句中的破折号表示解释说明，而括号内的文字不是正文，只是对正文的注释，一般不必念出来。

破折号还表示语意的转换、跃进，或语音的中断、延长。例如：

①今天好热啊！——你什么时候去上海？（表示语意转换）

②那个时候在无锡的人，我倒问过，可是——（表示说话中断）

事项列举分承，各项之前也用破折号。例如：

根据研究的对象的不同，环境物理学分为以下五个分支科学：

——环境声学；

——环境光学；

——环境热学；

——环境电磁学；

——环境空气动力学。

破折号还可以用在文章的副标题之前，实际上也是一种注释性用法。例如：

火刑

——纪念乔尔丹诺·布鲁诺

（十一）省略号

省略号表示文中省略了的话。例如：

①她哼起了《摇篮曲》："月儿明，风儿静，树叶儿遮窗棂啊……"（引文的省略）

②牡丹、水仙、梅花、菊花、山茶、墨兰……春、秋、冬三季的鲜花都挤在一起啦！（列举的省略）

省略号还表示沉默，语言中断、断断续续、欲言又止等。例如：

①我觉得有万根钢针扎着喉管，失声喊起来："老班长，你怎么……"（表中断）

②我……对不起……大家，我……没有……完成……任务。（表断断续续）

省略号的前面用句号，表示上文是个完整的句子。

文中如果用"等""等等"表示省略，再用省略号就是重复。例如：

鲜花正在盛开：火红的桃花，雪白的梨花，娇艳的海棠花……等等。（重复）

省略号应占两个字的位置，一共六个小圆点。有时，省略的是一整段或几段文字，就用十二个小圆点表示，单独成行，不顶格。

（十二）着重号

着重号表示要求读者特别注意的字、词、语、句。例如：

这个人说的是东北话。（着重提示）

（十三）连接号

连接号用来把密切相关的名词连成一个意义整体。时间、地点、数目等的起止，人或事物的某种联系，都可以用连接号连接起来。例如：

①北京—上海特别旅客快车

②25～35 厘米（连接号的另一形式是浪纹线"～"，一般用来连接数字）

（十四）间隔号

间隔号表示间隔或分界。它可用在月份和日期、音译的名和姓、书名和篇名、词牌（曲牌）和词题等的中间。例如：

①爱新觉罗·玄烨

②《孟子·告子上》

③《卜算子·咏梅》

（十五）书名号

书名号表示书籍、篇章、报刊、剧作、歌曲等名称。例如：

①《朝花夕拾》（书名）　　《铸剑》（篇章名）

②《意林》（刊物名）　　《雷雨》（剧作名）

③《七子之歌》（歌曲名）

书名内还有书名时，外层用双书名号，内层用单书名号。例如：

《读〈红楼梦〉有感》

（十六）专名号

专名号表示人名、地名、国名、山名、河流名、机关团体名等，标在字的下边，一般只用在古籍或某些文史著作里面。为了和专名号配合，这类著作里的书名号可以用波浪线表示。例如：

①孔子曾概括诗经宗旨为“无邪”。（人名、书名）

②刘邦、项羽先后攻入咸阳，秦最后被推翻。（人名、地名、朝代）

（十七）分隔号

分隔号标示诗行、节拍及某些相关文字的分隔。例如：

①床前/明月/光，疑是/地上/霜。——李白《静夜思》（划分诗文中的音节节拍）

②647/648 次列车（分隔组成一对的两项，相当于“和”）

三、标点符号的书写格式

第一，在横行书写的文稿中，句号、问号、叹号、逗号、顿号、分号和冒号都占一个字的位置，放在句末的右下角。这七种符号通常不能放在一行的开头，因为这些符号表示语气的停顿，应该紧跟在一句话的末尾。如果一行的最后一个格正好被文字占用了，那么这个标点就必须标在紧靠文字的右下角。

第二，引号、括号、书名号的前一半和后一半都各占一个字的位置。它们的前一半可以放在一行的开头，但不出现在一行的末尾，后一半不出现在一行的开头。

第三，破折号和省略号都占两个字的位置，不可以把一个符号分成两段。连接号和间隔号一般占一个字的位置。这四种符号的位置都写在行的中间。

第四，着重号和专名号标在字的下边。

◆拓展阅读◆

标点符号是怎样诞生的？

思考与练习

1. 下列标点符号使用不正确的是（　　）

A. 一个时期，诗人对于季节——春夏秋冬的自然描写最多。

B. 他问我为什么没有参加这次比赛。

C. 他边走边说：“周团长去什么地方了？”

D. 你大概有十五六岁吧？

2. 下列书名号使用错误的是（　　）

A.《士兵突击》里许三多常说的一句话是：“不抛弃，不放弃。”

B.《专利文献通报、电子、电子技术》三刊开始向广大读者征订。

C. 昨天晚上看了一本书《活着》。

D.“温故而知新”出自《论语》，是孔子提倡的学习方法。

3. 下列标点使用正确的是（　　）

A. 什么？鲁大海？他！我的儿子？

B.“我的兄弟。”戴礼帽的回答。

C. 我走进电梯。这是第一次和她独处，她问我：“他怎么样”？

D.《鸿门宴》节选自《史记·项羽本纪》。

4. 给下列语句加上标点。

(1) 好　他对我说　现在你把左脚踏到那块岩石上　不要担心下一步　听我的话

(2) 编织我童年美丽生活花环的竟是一本让人看不上眼的石印本　千家诗

(3) 别人没想到的事　你想到了　别人想到的事　你做到了

5.（判断）顿号表示句子内部的一般性停顿。（　　）

6.（　　）表示提示性话语后或总括语前的停顿。

任务九 句子常见的错误

学习要点

1. 了解常见的句法错误。
2. 了解如何修改病句。

学习任务

1. 能够运用正确的方法检查并发现病句。
2. 能够运用正确的修改原则改正病句，并说明理由。

学习语法，不仅要掌握句子结构的规律，知道句子应当怎样组织，还应该知道句子不应该怎样组织。因此，在学习语法的过程中，应该有意识地加强发现和纠正错误的训练，了解造句时常见的错误，更好地培养理解语言、运用语言的能力。下面分别从单句和复句两个方面谈谈常见的语病。

一、单句中常见的句法错误

（一）搭配不当

句子常见的错误

1. 主语和谓语搭配不当

主语和谓语是句子中最主要的一对成分，可以说是构成句子的基础。主语和谓语搭配不当，会造成整个句子的语义不明，从而影响理解和交流。例如：

①他对科研事业的无限执着经常浮现在我眼前。

②这个县的小麦生产，由于改良品种，合理种植，科学管理，长势一直不错。

例①，主语“他对科研事业的无限执着”是抽象事物，与“浮现”不能搭配，可改为“他执着于科研事业的情景……”。例②，主语“这个县的小麦生产”与谓语“长势一直不错”不能搭配。“长势一直不错”的应该是“小麦”，而不是“小麦生产”，可改为“这个县的小麦，由于改良品种，合理种植，科学管理，长势一直不错”。

2. 动语和宾语搭配不当

动语和宾语的组合，用途广，样式多，容易出错。例如：

①市委和市政府责成工作组，务必竭尽全力抢救事故，认真做好善后工作。

②大会上，代表们认真注视和倾听着总理的报告。

例①，“抢救”与“事故”不能搭配，可改为“……务必竭尽全力抢救伤病员，认真……”。例②，“报告”可以搭配“倾听”，但不宜搭配“注视”。

3. 主语和宾语意义上不能搭配

在“是”字句里，主语和宾语之间常常表示同一事物或同类事物，所以容易出现主宾搭配不当的情况。例如：

①如果把天津建卫600年比作一部恢宏的史诗，那么三岔河口就是这部史诗的主旋律和最激昂的篇章。

②近年来，随着教育教学改革的不断深化，高校毕业生的培养深受社会广大用人单位的欢迎，就业率明显提高。

例①，“主旋律”比喻主要精神或基本观点，“三岔河口”与之搭配不够合理。例②，受欢迎的不是“培养”而是“高校的毕业生”，应把原句中的“毕业生”与“培养”对调，让“培养的毕业生”做句子的主语。

4. 修饰语与中心语搭配不当

例如：

①漫步桃园，那一排排、一行行、一树树的桃林让人流连忘返。

②七彩瀑布群，位于香格里拉尼汝村的一个群山深处，一条名为“尼汝河”的高原融雪河流和陡峭的山峰造就了这一旷世奇观。

例①，很明显，用“一排排、一行行、一树树”来修饰“桃林”是不恰当的。例②，“群山”是个集合名词，不能用“一个”加以修饰。

5. 关联词语搭配不当

例如：

①人们认为，团队有效性的关键因素不只是个体贡献的简单相加，而是能使队员行动一致、互相配合的团队协作技能。

②强强联合制作的大戏，让人们不仅看到了中国戏曲的整体进步，而且看到了中国戏曲在现代化问题上迈出了可喜一步。

例①，根据句意来看，当为并列关系，关联词语应改为“不是……而是……”。例②，“不仅……而且……”表示递进性的关系，而从实际情况来说，“整体进步”应比“可喜一步”更进一层，因而，原句应为“让人们不仅看到了中国戏曲在现代化问题上迈出了可喜一步，而且看到了中国戏曲的整体进步”。

（二）残缺和多余

残缺和多余是指成分残缺和成分多余，是句子不完整的表现。它可以造成句子结构不完整，使表达的意思不准确。

1. 成分残缺

（1）主语残缺

主语残缺是一种没有主语的语法现象，不是无主句，也不是正常的主语省略句。无主句的主语不用说出，人们也不会误解，如“出太阳了”“随手关门”“禁止吸烟”等。主语残缺有以下几种具体情况：

第一，滥用介词结构而导致主语残缺。句首滥用的介词常有“在”“当”“从”“对于”“为了”等。改这类病句的方法：一是将介词及介词连带的方位词删去；二是保留介词短语做状语，后边加上适当的词做主语。例如：

①在这部电影中，刻画了一个女知识分子的典型。

②经过这次谈话，对我启发很大。

例①，介词“在”经常同“上”“下”“方面”“时候”“里”“中”“内”等组成介词结构，用作状语，限定时间、处所、范围等，不能用作主语。因此，应让“这部电影”做主语，删去“在”“中”。例②，删去“经过”，确定主语是“这次谈话”。

以上均是介词短语中套有主语，应删去介词及相对应的词，让主语显露出来。

第二，滥用使动句式造成主语残缺。例如：

①看到老师们认真负责地工作，忘我地劳动，使我很受教育。

②在老师和同学们的帮助下，使我很快有了进步。

例①，去掉“使”字，“我”成为主语。例②，可以直接去掉“使”字，也可去掉前面的介词形式“在……下”。

第三，暗中更换主语造成残缺。例如：

①10月1日，抱着向文科班学习的想法，我们的黑板报也创刊了。

②可惜，这部在他心中酝酿了很久的巨著未及完篇，就过早地离开了我们。

例①，前句的主语是“我们”，后面的主语是“黑板报”，后句可改为“我们也办起了黑板报”。例②，“过早地离开我们”的主语只能是“他”，而不会是承上省略的“巨著”，本句缺少主语“他”。

第四，主语的定语较长造成残缺。例如：

复读的第一天，上语文课，一位戴着眼镜，额上略带几丝皱纹，约莫四十岁，精神抖擞，带着微笑走进了教室。

“四十岁”后加上“的老师”或“的人”，将前面大段的形容作为句子主语的定语。

第五，不恰当的主语省略造成残缺。例如：

①风儿掠过麦田时，恰似黄河的滚滚波涛上下起伏。

②每当花红果熟，正是鸟雀野兽的乐园。

例①，主语缺失，可以在“恰似”前加上“麦浪”。例②，没有恰当的主语，可以在“正是”前加“这里”。

（2）谓语残缺

谓语是一个句子里两个主要部分的其中一个部分，另一个是主语，由谓语来进行陈述。谓语陈述主语做了什么或是什么。如果句中谓语缺失，句子意思将不明确。例如：

①中国人民正在为建设一个现代化的社会主义强国。

②发射试验通信卫星取得圆满成功，表明我国已经独立自主地研制、发射、跟踪、测控和试验地球同步通信卫星工程体系的能力。

例①，“为建设一个现代化的社会主义强国”是介词短语，只能做状语而不能做谓语。“为建设强国”怎么样？话没说完。在“强国”后面补上“而努力奋斗”，句子就有谓语了。例②属于较长、较复杂的句子，乍一看没什么毛病，但提取主干后变成了“表明我国已经能力”，显然是缺谓语了。在“已经”后面加“具备”，句子成分就完整了。

（3）宾语残缺

宾语是动作、行为的对象，是动作的承受者。宾语由名词、代词或相当于名词的词、短语来充当，也可以由一个句子来充当。宾语全部残缺的情况不多见，更多的是动语和宾语搭配不当。

第一，把及物动词当成不及物动词用。例如：

只要消化系统正常进行，人的营养状况就好。

“进行”在此处是及物动词，可改为“正常进行工作”。

第二，误把宾语前的定语当作宾语。例如：

王老师荣获校先进工作者。

正确搭配应是后加“的称号”。

第三，句子稍长，句子后面忽略了与前面成分的呼应。这是造成宾语残缺的主要原因。例如：

①食醋富含氨基酸、钙、磷、铁和维生素 B 等成分，因此具有美容功效，皮肤吸收之后，可改善营养缺乏，促使皮肤美白细腻。

②新世纪以来，国内出版业遭受了以互联网技术、移动技术、数字化阅读技术为代表的信息技术，呈现出复杂多变的博弈局面，传媒结构发生了微妙变化。

例①，“营养缺乏”置该句句末，误当作宾语，其实“营养缺乏”是定语，应在其后加上“的状况”。例②，因为在“信息技术”前有“的”，所以容易把“信息技术”当成宾语，但前半句主干是“出版业遭受信息技术”，应在“信息技术”后加上“的冲击”。

(4) 定语、状语缺少或者不完整

例如：

①调查发现：学生总是“睡不醒”与教室的空气质量有关。二氧化碳浓度过高，氧气供应不足是孩子们的主要原因。

②一个人的见解代表他自己，你认为好的教材或许在别人眼里未必就好。

例①，看似句子的主干是没有问题的，但是“主要原因”前的定语表达不完整，是这个病句的问题所在。例②，联系下文我们知道前半句话缺少状语，可以在“代表”前加“仅”或其同义词。

2. 成分多余

成分累赘多余有两种情况：

一种是句子里有多余的成分，但不影响句子意思。例如：

我们学校有许多莘莘学子。

“莘莘”本就是数量众多的意思，又加“许多”，这种情况就是一般所说的重复。

另一种是句子里多了一些根本不能有的成分，使句子意思不通，不好理解。

(1) 主语有多余成分

例如：

①全场座位座无虚席，教授的报告赢得了同学们的热烈掌声。

②我这次没考好的原因，是因为没按老师的要求认真审题。

例①，“座无虚席”的“座”已经是“座位”的意思了，没有必要再说一次“座位”。例②，“原因”和“是因为”重复了。

（2）谓语有多余成分

例如：

①这位老教授的学术造诣在国内可以堪称一流。

②期待你凯旋归来。

例①，“堪”的意思就是可以、能够，再说一个“可以”，就重复了。因此，可以改成“在国内堪称一流”或者“在国内可以称得上一流”。例②，“凯旋”的“旋”已经有“回来”的意思，再说一个“归来”，语义重复。

（3）宾语有多余成分

例如：

①只有密切接触社会，联系群众，才能对国家安危和人民忧乐提出具有真知灼见的意见。

②语文老师们去香山开月会，一天之内走了30公里路的距离。

例①，“真知灼见”的“见”就是意见的意思，没必要加“的意见”。例②，直接说“走了30公里路”即可，没必要加“的距离”。

（4）定语有多余成分

例如：

①你去劝劝她，让她别把过去的往事放在心上。

②昨天是交作文截止日期的最后一天，小胜老师又收到了十多篇作文。

例①，“往事”的“往”就是“过去”的意思，“过去的往事”，显然说重复了，可以说“别把往事放在心上”，或者“别把过去的事情放在心上”。例②，“截止日期”只能是一天，不存在这个范围里还有“最后一天”的问题。

（5）状语有多余成分

例如：

①在使用电器的时候，如果一旦出现漏电现象，应该立即切断电源。

②高校贫困生问题短时间内不可能很快得到解决。

例①，“如果”和“一旦”都是表示假设，没有必要都用，删去任意一个即可。例②，“短时间内”就是“很快”的意思，重复了。

（6）其他多余

例如：

①从那以后，这个原本平静的家里，不时发生怪事出来。

②《消费者权益保护法》深受广大消费者所欢迎，因为它使消费者的权益得到最大的保护。

例①，“发生”就有“出来”的意思，再加“出来”，就是补语赘余。例②，“深受……欢迎”已经是完整的表义结构了，再加“所”是多余的。

（三）语序不当

不同的语序往往反映不同的结构层次和结构关系。语序不当，会使句意表达不清或产生歧义等。

1. 定语位置不当

正确的语序是，表示领属或时间处所＋名称或数量＋动词＋形容词＋名词（带“的”的定语要放在不带“的”的定语之前）。例如：

①该国棉花的生产，长期不能自给。

②该汽车集团今天上午开通电子商务网站，成为第一家国内开展网上电子商务租车的旅游企业。

例①，定语与中心语位置颠倒，应该为：“该国生产的棉花，长期不能自给。”例②，“国内”应放在“第一家”的前面。

2. 状语位置不当

正确的语序是，目的或原因＋时间＋处所＋副词（表范围或频率）＋形容词或动词（表情态）＋对象。例如：

①在社会主义建设事业中，应该发挥广大知识分子充分的作用。

②为了找到充足的资料，写好毕业论文，在阅览室里许多同学近几天如饥似渴地阅读着。

例①，状语“充分”错放在定语的位置，应该将其放在“发挥”之前。例②，多项状语排列，顺序应是先时间后处所。所以，句子应调整为：“为了找到充足的资料，写好毕业论文，许多同学近几天（时间）在阅览室里（处所）如饥似渴地阅读着。”

3. 定语、状语混淆，顺序不当

（1）把定语误放在状语的位置上

例如：

①这个问题在群众中热烈引起了反响。

②渔民们满怀丰收的喜悦，一筐一筐地抬着鲜鱼，走回村子。

例①，“热烈”应移至“反响”前做定语，即：“引起了热烈反响。”例②，“一筐一筐”应是“鲜鱼”的定语，不能把它放在“抬着”之前。因此，应改为：“抬着一筐一筐的鲜鱼，走回村子。”

（2）把状语误放在定语的位置上

例如：

①这是一个无疑的英明决策。

②这次会议，对提高教学质量的问题，大家交换了广泛的意见。

例①，“无疑”应移至“是”前做状语，即：“这无疑是一个英明决策。”例②，应改为：“这次会议，对提高教学质量的问题，大家广泛地交换了意见。”

4. 虚词位置不当

（1）副词位置不对

例如：

①如果趁现在不赶快检查一下代耕工作，就会错过时机。

②迎面吹来的寒风不禁使我打了个冷战。

③他把这个问题不放在心上。

例①，“不”字应移到“趁现在”之前。例②，可改为：“迎面吹来的寒风使我不禁打了个冷战。”例③，“不”应移到介词短语“把这个问题”之前。“把”字句、“被”字句中有否定词时，应将否定词分别放在“把”“被”之前。

（2）关联词语位置不当

复句中，当两个分句共用一个主语时，关联词语在主语后边；当两个分句主语不同时，关联词语在主语前边。例如：

①他如果不能实事求是，事业就会受到损失。

②要是一篇作品里的思想是有问题的，那么文字即使很不错，也是要不得的。

③不仅解放思想和统一思想有现实的紧迫性，而且有更高的要求。

例①，“如果”应移到“他”之前。例②，可改为：“那么即使文字很不错，也是要不得的。”例③，可改为：“解放思想和统一思想不仅有现实的紧迫性，而且有更高的要求。”

（3）分句次序不当

例如：

他的学习成绩不仅在全校是拔尖的，而且在班里也名列前茅。

句间关系颠倒，此句可改为：“……不仅在班里名列前茅，而且在全校也是拔尖的。”

（4）逻辑顺序不当

例如：

①故宫博物院展出了两千多年前新出土的文物。

②我们必须认真克服并随时发现自己的缺点。

例①，可改为：“故宫博物院展出了新出土的两千多年前的文物。”例②，可改为：“我们必须随时发现并认真克服自己的缺点。”

5. 主客体颠倒

例如：

①焦裕禄这个名字对于青年人可能还有些陌生，可对四十岁以上的人是很熟悉的。

②去年的学习成绩和今年比较起来大不相同。

例①，陈述的主体应是“青年人”和“四十岁以上的人”，而不是“焦裕禄”，所以这个句子的语病为主客体颠倒，应改为：“青年人对焦裕禄这个名字可能还有些陌生，可四十岁以上的人是很熟悉的。”例②，我们比较一先一后两件事，一般总是以后者为主体，所以应改为：“今年的学习成绩和去年比较起来大不相同。”

6. 并列词语排列顺序不当

例如：

①秋收、秋耕、秋种，都要忙完了。（秋季农作的先后顺序不当）

②牧女们骑着骏马，健美的身姿映衬在绿草、雪山和蓝天之间。（不符合人们观察事物由上到下的顺序）

③我们要从县内外、省内外、乡内外的实际情况出发。（范围应该从小到大）

（四）句式杂糅

句式杂糅又称结构混乱，即把几种结构或几个意思硬凑在一个句子里，使句子结构混乱，表意不明。表达时因既想用这种句式，又想用那种句式，将两种句式放在一起说，造成句式杂糅。

1. 举棋不定

说话者时而要用这种结构，时而要用那种结构，结果两种结构都用了。例如：

①这慷慨悲歌的壮举的背后，还是自信心不够的表现。

②《消费者权益保护法》深受广大消费者所欢迎，因为它增强了人们的自我保护意识，使消费者的权益得到最大限度的保护。

例①，应该在“……的背后还是自信心不够”和“……壮举还是自信心不够的表现”里选用一个。例②，前一分句是“深受广大消费者欢迎”和“深为广大消费者所欢迎”的杂糅。

2. 反客为主

是指把上半句除主语以外的成分用来做下半句的主语。例如：

①当匪军偷袭游击队的时候，被游击队反包围，歼灭了无数匪军。

②反革命分子的阴谋活动是应当加以揭露，而且能够把它揭露的。

例①，“被游击队反包围”的主语是“匪军”，但“歼灭了无数匪军”的主语只能是游击队。例②上半句，谁“加以揭露”，当然是“我们”，但这个词隐而未现，正式主语应当是受揭露的“反革命分子的阴谋活动”。可是，下半句的“能够把它揭露的”主语就不可能还是“反革命分子的阴谋活动”，而只能是“我们”。因此，这一句应该在“是应当”前加“我们”。

3. 中途易辙

一句话说了一半，忽然另起炉灶，重来一句。例如：

①中国人民自从接受了马克思主义思想之后，中国的革命就在毛泽东同志领导下大大改了样子。

②这家工厂虽然规模不大，但曾两次荣获省科学大会奖，三次被授予省优质产品称号，产品远销全国各地和东南亚地区。

例①，“中国人民……马列主义思想之后”就怎么样？作者不接下去说，却用“中国革命”另起一句，应该改为“自从中国人民……之后”。例②，犯了偷换主语的毛病，这句话的主语是“工厂”，但“三次被授予省优质产品称号”的主语只能是这家工厂的产品，而不能是“工厂”。

4. 藕断丝连

一句话的结构已经完整，却把它的最后一部分用作另一句的开头。例如：

①我们向政府提意见是人民的责任。

②你可知道，要出版一本译作是要经过多少人的努力以后，才能与读者见面的。

例①，把“我们向政府提意见”和“向政府提意见是人民的责任”凑在一块儿，应该删去“我们”。例②，把“要出版……的努力”和“一本译作……见面的”凑在一块儿，用哪一句都可以。

5. 前后牵连

前后牵连的特点是，把前一句的后半句用作另一句的开头，硬把前后两句连成一句。例如：

①当上级交给我们任务的时候，我们大家有既光荣又愉快的感觉是颇难形容的。

②我们要学习白求恩同志毫不利己、专门利人的精神是值得我们学习的。

例①，把“我们大家有……感觉”和“既光荣又愉快……是颇难形容的”糅到一起。可以把“有”改为“的”，也可以把“颇难形容的”移到“有”后，去掉“是”。例②，或者保留前半部分，改为“我们要学习白求恩同志毫不利己、专门利人的精神”，或者保留后半部分，改为“白求恩同志毫不利己、专门利人的精神是值得我们学习的”。

二、复句中常见的句法错误

复句由两个或两个以上意义相关，结构上互不做句子成分的分句组成。分句是结构上类似的单句而没有完整句调的语法单位。常见的复句语病主要有：

（一）分句之间缺乏密切联系

例如：

①中国人民是勤劳的，中国人民决心发展同世界各国人民之间的友谊。

②我们需要认真总结一下几个月来的学习经验，因为我们的学习目的是明确的。

③大家如果不认真学好语文，就不会有较高的思想水平。

以上三例中，分句之间没有密切联系，句意不明确。

（二）结构混乱，层次不清

例如：

近两年来，他的科研成果的水平又有新的提高，其中有两项不但达到了国际先进水平，而且填补了国内这方面的空白。

符合逻辑的语序应是：“……不但填补了国内这方面的空白，而且达到了国际先进水平。”

（三）关联词应用错误

1. 关联词语搭配不当

例句：

①因为作者没有很好地掌握主题，单凭主观想象，加入了许多不必要的情节和人物，反而大大地削弱了作品的思想性和艺术性。

②这个问题只有得到大家的认同，就会产生巨大的力量。

例①，“因为……反而……”不搭配，可换成“因为……所以……”。例②，关联词可改为“只要……就……”或“只有……才”。

2. 缺少必要的关联词语

例句：

新加坡的竹节虫，不仅体色几乎和竹子一样，体形在安静时完全像一根树枝。

句子的前半句有“不仅”，而后半句没有适当的关联词与之搭配，可在“体形”前加“而且”。

3. 错用关联词语

例句：

尽管你的帮助多么微不足道，但在他的心中，却像千斤重的砝码。

此句有三个关联词，应把“尽管”改为“不论”，删去“但”，“却”改为“都”。

4. 滥用关联词语

例句：

他小学毕业后，就回乡参加生产，所以很能干，也吃得了苦。

此句前半部分和后半部分并无因果关系以及逻辑关系，故应把“所以”删去。

5. 关联词语位置不对

例句：

有些炎症，西药、中药都能治。不但中药能与一般抗菌素媲美，而且副作用小，成本也较低。

本句中，关联词的位置不恰当，应把“不但”放在第二句的“中药”之后。

拓展阅读

修改病句十注意

思考与练习

1. 下面的短语中没有歧义的是（　　）

A. 热爱人民的总理　　C. 对售货员的意见

B. 小张精力充沛　　D. 照顾孩子的妈妈

2. 下列各句中没有语病的是（　　）

A. 不管天气如此变化多端，天池仍是一片沉静，渺渺湖水，清澈如镜。

B. 他病了，老师安慰他不要着急。

C. 他以惊人的完成了任务。

D. 革新技术以后，不但加快了生产速度，而且提高了产品质量。

3.（判断）“由于游泳技术的提高，为广泛深入的开展群众性游泳活动提供了条件。”这句话有语病。（　　）

4. 改正下列病句，并说明理由。

（1）你问问他们有没有到过别的其他地方。

（2）有谁会想到，这位早已被图书馆界公认的古籍版本学专家，竟是一位只念过小学，从 16 岁起就当勤杂工出身，而靠自学的人呢？

（3）民主和法制是否健全，是国家政权巩固的根本保证。

项目检测

一、找一找下列句子的语法问题

1. 等待了你，誓言了我。
2. 落入凡尘伤情着我。
3. 我看见，一座座山，一座座山川。
4. 张开沉睡了千万年那一对双眼。

二、根据要求改写句子

1. 将下列句子变成一个合理的长单句。（可适当增删词语，不能改变原意）
①鲁迅小说描写细致入微。
②鲁迅小说心理刻画入木三分。
③因而，鲁迅小说的艺术魅力具有了愈久愈醇的特征。
2. 将下面的一个长句，变成三个短句。（不能改变原意，可适当增删个别词语）

一家民营机构对中国民众的对日态度的调查的主要结果是过半的中国民众因日本至今没有认真反省侵华历史而对其并不抱有好感。

三、修改下列有歧义的句子，意思保持不变

1. 他走了一个小时。
2. 他原来住在这里。
3. 两个外语学院的学生。
4. 小王租小周两间房子。
5. 大红皮箱拿来了。

项目五
会用合适的修辞

项目背景

依据一定的语法规则，将语音、文字、词汇等语言材料组成表情达意的基本形式。如果对文字和词句加以修饰，会使语言表达得更加准确、鲜明、生动有力。修辞在语言实际运用的过程中，或是运用的形式得体，或是与当时的情境相得益彰，都会对表达的思想和内容起到达到预期甚至超出预期的效果。学会使用合适的修辞，可以在提高语言表达效果的同时，提升人际交往的质量。

项目目标

一、知识与能力目标

1. 学习修辞的基本知识，逐步形成会用、用好修辞的能力。
2. 了解语音修辞、词语修辞和句子修辞与语言环境的关系。
3. 熟悉修辞的各种基本类型以及特点，明晰使用各类修辞对语言表达的作用。

二、过程与方法目标

1. 采取合作学习的方式，探讨各种修辞形式的不同表达效果。
2. 采取情景模拟的形式，在实践中体会不同的修辞手段在人际交往中所起的作用。

三、情感态度与价值观目标

1. 培养学生重视使用修辞的思想意识，认识会用合适的修辞在人际交往中的重要作用。
2. 培养学生理论联系实际的正确的学习态度。
3. 培养学生团队协作、人际沟通等可持续发展的能力。

项目导入

那水呢，不但不结冰，反倒在绿萍上冒着点儿热气。水藻真绿，把终年贮蓄的绿色全拿出来了。天儿越晴，水藻越绿，就凭这些绿的精神，水也不忍得冻上；况且那长枝的垂柳还要在水里照个影儿呢。看吧，由澄清的河水慢慢往上看吧，空中，半空中，天上，自上而下全是那么清亮，那么蓝汪汪的，整个的是块空灵的蓝水晶。这块水晶里，包着红屋顶、黄草山，像地毯上的小团花的小灰色树影。

这就是冬天的济南。

——《济南的冬天》老舍

任务一　修辞概述

学习要点

1. 掌握修辞的含义和原则。
2. 明确修辞与语音、词汇、句子的关系。

学习任务

1. 明确修辞在加强语言表达效果上的作用。
2. 明确在不同的语境中使用不同修辞手段的效果。

一、什么是修辞

修辞概述

“修”是修饰的意思，“辞”的本来意思是辩论的言辞，后引申为一切的言辞。修辞本义就是修饰言论，也就是可以在具体的语境中，恰当地运用语言材料，选择合适的表达方式，以获得理想表达效果的一种言语活动。

在交际活动中，人们运用语言，总不是消极的，总是有意或无意地追求最佳的表达效果。为了达到预期的最佳表达效果而对语言材料进行选择的过程，就是修辞活动。

千变万化的修辞活动中包含着种种规则，它是共同的、稳定的，对不同的人、不同的时间、不同的地点、不同的事件都是适用的，不以个人的主观意志而改变。这些提高语言表达效果的规则，就是修辞。

二、修辞同语音、词汇、语法的关系

修辞同语音、词汇、语法有密切的联系，但它们既不是并列关系，也不是从属关系。它们分别是语言学科的不同分支。语音、词汇、语法是语言的三要素，而修辞学是从表达方式、表达效果角度研究语音、词汇、语法的运用。

1. 修辞同语音的关系

语音以语言声音的性质、结构规律为研究对象。修辞则把语音的双声叠韵、谐音、轻声、儿化、押韵、字调、重音等作为语言手段加以调用，使之在特定的情境中以声传情，以音达意，以收到良好的修辞效果。

2. 修辞同词汇的关系

词汇研究的是词义、词的构成，研究词汇的形成、发展变化及其规范化，等等。修辞则从筛选、锤炼的角度，从声音、形体、意义、色彩、用法等方面对词语加以选用，使语言材料成为提高表达效果的重要手段。

3. 修辞同语法的关系

语法研究语言的结构规律，修辞研究提高语言表达效果的规律。修辞和语法是有区别的，不能把它们混同起来，但它们之间又存在十分密切的联系。

一般来说，修辞要在合乎语法规范的条件下进行。修辞的特点同语法的特点密切相关。在语言发展的过程中，某些修辞现象会转化为语法现象，而汉语修辞手段的特点有一部分是由汉语语法的特点所决定的。对同一语言事实的分析，往往同时涉及语法和修辞两个方面。当然，有些修辞现象是不能机械地用逻辑和语法去衡量的，因为修辞有时会突破语法规则或逻辑原则。

三、修辞的原则

第一，修辞要切合题旨。切合题旨，是指从表达的需要出发，为特定的思想内容服务，并非为追求语句的华丽而堆砌修辞格，那样结果可能会弄巧成拙，适得其反。

第二，修辞要切合语体。语体是由交际需要而形成的具有一定语言特点的风格类型。不同的交际需要不同的语体，如口语语体、书面语体、文艺语体、科技语体、政论语体等。各种语体都有其典型的公认的表达方式。

第三，修辞要切合语境。语境就是使用环境，也就是时间、地点、场合、对象等客观语言环境以及语言使用者的身份、思想、性格、职业、修养、处境、心情等主观因素所构成的语言环境。同一句话，此时此地说合适，而换一个时间、地点、场合说就不一定合适。同一句话在不同语言环境中往往会产生不同的效果。

四、修辞的历史

修辞学是一门古老而又年轻的学科。

（一）古老

我国修辞学的研究源远流长，早在先秦两汉时期，古人就已经注意到了修辞。

1. 先秦时期

孔子认为，“辞达而已矣”，“言之无文，行而不远”。“辞达”与“言文”的结合是孔子修辞学说的重要内容。他的论述在中国修辞学史上具有开创性。老子认为，“信言不美，美言不信”；墨子认为，“辟也者，举他物而以明之也”；庄周很重视“寓言”“重言”等修辞方式。《易·乾卦·文言》中“修辞立其诚，所以居业也”，是“修”和“辞”连用的最早出处。

2. 两汉时期

西汉的学者曾经热烈地讨论过《诗经》最基本的修辞手法，即比、兴、赋。

所谓比，就是比喻和比拟；所谓兴，就是先言他物以引起所咏之词，有时兼有比喻，有时起象征作用，有时只是为了押韵；所谓赋，则是平实地铺叙事实。

先秦两汉在我国修辞学史上可以称作萌芽时期，对后代修辞理论的发展有着开创、引导的作用。

3. 魏晋南北朝时期

魏晋南北朝时期，文学创作有了重大发展，文学批评也十分活跃。这些都推动了与之关系密切的修辞理论的探讨。陆机《文赋》“谢朝华于已披，启夕秀于未振”，主张排除用滥的命意和文辞，就像丢弃已经枯萎的晨花，开拓前人没有运用的命意和文辞，就像振发没有开放的晚蕾。刘勰《文心雕龙》“必以情志为神明，事义为骨髓，辞采为肌肤，宫商为声气”，主张内容和形式的结合，认为一篇文章在强调情感、志趣、思想内容的同时，必须有优美的文辞和动听的声律。该论著对文体和风格进行了细致的分析，对文章的词句篇章结构和辞格等，也都有独特的见解。《文心雕龙》在我国修辞学史上具有重要的地位。

4. 唐宋时期

唐代刘知几《史通》是我国最早的一部史学理论著作。作者从史传文体的特点出发，主张“言必近真”，用今语记事；提出“拨浮华，采真实”，反对雕章琢句；倡导“文约而事丰”，以简要为工。这些对后世都有一定影响。

宋代陈骙的《文则》是第一部专门论述修辞的著作。它的出现在中国修辞学史上具有里程碑的意义。该书涉及的修辞研究范围较广，包括文体与修辞、语法与修辞、消极修辞、辞格、风格等。作者强调词语的运用要注意语境。他把比喻分作十类，“取喻之法，大概有十”，分别为直喻、隐喻、类喻、诘喻、对喻、博喻、简喻、详喻、引喻、虚喻。

5. 元明清时期

元代结合戏曲来讲修辞，有它的特色；明代讲修辞的以李腾芳的《文字法三十五则》较为突出；清代桐城的文论讲修辞有新见解。还有一些有关修辞的论著：元代王构的《修辞鉴衡》、陈绎曾的《文说》，明代高琦的《文章一贯》、归有光的《文章体则》，清代章学诚的《文史通义》、唐彪的《读书作文谱》，等等。这些著作虽然并不是专讲修辞的，但是比较系统地提到了修辞问题。历代的诗话、词话、文论中，也有不少修辞方面的论述。

（二）年轻

进入20世纪以来，汉语修辞学研究进入了一个新的历史阶段。特别是在五四运动以后，在西方和日本修辞学的影响下，一些修辞学论著相继问世。例如：1926年张弓的《中国修辞学》，1923年唐钺的《修辞格》，1931年陈介白的《修辞学》，1930年王易的《修辞学通诠》，1933年杨树达的《中国修辞学》，1934年曹冕的《修辞学》，1935年汪震的《国语修辞学》，等等。其中，陈望道1932年所著的《修辞学发凡》，开创了现代修辞学理念的新局面，建立了一个比较合理的、有一定实用价值的修辞学体系，被认为是现代修辞学的奠基之作，产生了广泛的社会影响，标志着现代修辞学的建立。

1950年之后，出现了一些有新意的著作，吕叔湘、朱德熙的《语法修辞讲话》，开创了语法、修辞融为一体的新风，重视修辞联系实际，解决实际问题，产生了极大的影响。同时提出，重视修辞的目的不是建立修辞学的理论系统，或讲授修辞学知识，而是要解决实际问题，力求用生动、活泼的语言讲解读者感兴趣的有实用价值的东西。这是它吸引读者的重要原因。例如，张志公的《修辞概要》，语言生动活泼，重点突出，详略得当，通俗简明，比较实用。后来，郭绍虞的《汉语语法修辞新探》、倪宝元的《修辞》、王希杰的《汉语修辞学》等的出版，使汉语修辞学研究进入了新阶段。

五、修辞的重要性

自语言诞生以来，修辞就与其密不可分。离开修辞的语言必定是干巴巴的，毫无美感可言。可以说，离开修辞，语言就失去了魅力。

修辞学中还有积极修辞和消极修辞之分：积极修辞是借助辞格，以形象、生动地表达说话者内心情感、生活体验为目的的修辞活动；消极修辞则是以平实、客观地表达事物概念，阐明事理为目的的修辞活动。由此可见，积极修辞和消极修辞的最根本不同在于它们的目的不同，前者是用于表情，后者是为了说理。从应用的范围来看，积极修辞常用于诗歌、散文等文学作品中；消极修辞常用于科技、法律、公文等。总之，修辞是研究如何让语言表达有更好的效果。只要你想表达得更好一些，就要运用修辞。可以说，修辞与语言的使用密不可分。

◆拓展阅读◆

修辞之美

思考与练习

1. 修辞与语音、词汇、语法既不是＿＿＿＿＿＿关系，又不是＿＿＿＿＿＿关系。
2. 简述修辞与语言三要素之间的关系。

任务二　词语修辞

学习要点

1. 了解什么是词语修辞。
2. 掌握词语修辞的方法。

学习任务

1. 明确词语修辞的作用。
2. 能够在语言实践中正确使用词语修辞。

词语修辞，指利用词汇手段取得积极的表达效果，又叫词汇修辞。词的构成、词义及其变化、各种词汇成分都可以作为表达手段，增强语言的表现力。它着眼于词语的选择和搭配，类似于古人的“炼字”。

一、意义的锤炼

词语是意义和声音形式的结合体。词语的意义是词语的灵魂。词语意义的锤炼，就是在深刻理解词义的基础上，根据表达的目的、对象、内容等选择恰当的词语，力求准确、鲜明、妥帖。意义的锤炼可以从以下几个方面入手：

（一）注意词语的选用

在选用词语时，要特别注意前后意义的配合关系。

1. 多义词语的运用

汉语中的许多词语都有不止一个义项，这些不同的义项都是从一个基本意义派生出来的，有着共同的基础，相互之间存在着必然的联系。要恰当地使用多义词语，就要辨析词义，了解词义之间错综复杂的关系，选择最恰当的义项。

词语修辞

例如，“老”是个多义词，主要有以下义项：

①年岁大：老人；

②老年人：敬老院；

③婉辞，指人死：隔壁前天老了人了；

④对某些方面富有经验：真是老手；

⑤很久以前就存在的，时间久：老朋友；

⑥陈旧：老脑筋；

⑦原来的：老地方；

⑧（蔬菜）长得过了适口的时期：芹菜老了；

⑨（食物）火候大：鸡蛋煮老了；

⑩经常：老迟到。

具体使用“老”字的时候要恰当选用，例如：

①当我们渐渐老去的时候，才感觉到生命的可贵。（“老”的意思是年龄变大、衰老）

②我们是老交情。（“老”的意思是很久以前就存在的）

③“祥林嫂，怎么了？”我又赶紧问。“老了。”（“老”的意思是死亡）

④“因为老下雨，所以把我泡成这么大了。”阿凡提说。（“老”的意思是经常）

所以，在不同句子的上下文中，使用多义词时，应该弄清楚各个义项之间的关系，准确表达不同的意思。

2. 同义词语、反义词语的运用

（1）同义词语

注意同义词语的选择，如“心田”“心地”“心弦”“心曲”“心扉”“心灵”“心坎”“心窝”“心房”等。

例如：

①这些革命的道理像雨露滋润着这个穷苦孩子的心田，使埋在他幼小心灵深处的那颗仇恨的种子，慢慢发了芽。

②小伙子勇敢，老战士忠诚，女性心地纯洁……

③只觉得他的心弦和伊的声带合奏着不可辨认的微妙的悲调，神经也便律动着罢了。

④把自己比作风雨之中的一叶孤舟，正是他的心曲的真实表白。

⑤他庄严的诗句叩开世界人民的心扉。

⑥赵铁牛这些出自心坎的话，引起了一些战士的同情。

⑦第三支春歌又跳出我的心窝。

⑧十三次春种秋收，不知又暖过多少人的心房。

注意同义词语的配合，例如：

读书人家的子弟熟悉笔墨，木匠的孩子会玩斧凿，兵家儿早识刀枪……

（2）反义词语

反义词语的配合运用能使语义对比更加鲜明，又可以构成反衬，使表达的意思更突出。例如：

①使饮者可以哭，可以歌，也如醒，也如醉，若有知，若无知，也欲死，也欲生。

②我沿着这无声的滔滔金海，顺城头走去。这座熟悉而又陌生的城市，引起了我多少缅想。

3. 上下位词语的运用

上下位关系又称上下义关系，即逻辑学上的属种关系。上位词语表示属概念，下位词语表示种概念，如，宇宙与行星即上下位关系。例如：

人民永远怀念着科学的英雄的殉道者，1987 年6 月 9 日，在百花广场上，树立起乔尔丹诺·布鲁诺的铜像，6 000 多名来自世界各地的人士参加了揭幕典礼。

画横线的部分属于上下位关系。

4. 模糊词语的运用

语义范围不明确的词语是模糊词语，即内涵明确、外延不明确的模糊概念，如“早上”“城外”等。

(二) 注意词语的变用

词语的意义是约定俗成的，不能随意地更改。然而，在实际应用中有时可以对词语做出别样解释，使其词义发生变化，从而产生新鲜的趣味。

1. 临时赋予词语一个新的意义。如“上海 39 度烈日灼人，未来三天热情难减”。热情的含义本是指热烈的感情，但在此标题中指炎热的情况。

2. 改变词语原有的词性。如“老栓，就是运气了你”中的运气用作动词，能凸显出作品中的人物口无遮拦、粗鲁野蛮的性格特点。

3. 对原有词语进行拆分，并分别解释。如“当下，有很多优秀女士被称为‘白骨精’(白领、骨干、精英)”。

4. 比照原有词语的结构规则，临时造出一个新的词语，如“得意忘形并不可怕，可怕的是得意忘人、得意忘心”，达到了一种新奇活泼的效果。

5. 改变词语原有的搭配关系。如“地图岂能随意创作”，本应该与“绘制”搭配的“地图”，却与“创作”相搭配，表现出对非法地图出版企业的讽刺。

6. 变换词语构成成分的位置。如“动感亚洲，感动世界”中的“动感”与“感动”。

7. 赋予同形的词语不同的含义。如“五号线因连城而价值连城”中，第一个“连城”是指联通了城市的交通，而后一个“连城”就有了价值连城的意思。

(三) 注意词语的色彩

词语色彩是否分明直接关系到用词是否准确、表达是否鲜明有力等。词语的色彩有感情色彩、语体色彩和形象色彩。

1. 词语感情色彩的锤炼

大多数汉语词汇是具有感情色彩的。词语的感情色彩是指词语在表达客观事物时，表现出来的不同态度和情感。词语的感情色彩一般通过词义表现出来（可分为褒义词、贬义词或中性词），也可以借助词语的配合表现出来，还可以通过不同的语境和修辞手法表现出来。

贬义词一般用来表达非正面、不积极的事物、现象或人物，也就是我们常说的“反面形象”或“负面形象”，如贬义词“文痞”“花架子”等。另一类词，也就是褒义词，带有颂扬或支持的态度，用于表现正面的、积极的人物、现象或事物，如“文豪”“出类拔萃”等。没有明显感情倾向的就是中性词了，如“消息”等。

在具体语境中，词的褒义或贬义会发生改变，以增加表达效果。例如：

①散文写得太学究，看着就迂腐。

②中国要作家，要“文豪”，但也要真正的学究。

“学究”一词的本来感情色彩是贬义。例①中的“学究”与“迂腐”并用，更加明示其贬义色彩；在例②中，“学究”借“真正”的修饰，再加上同“作家”“文豪”配合，感情色彩就转贬为褒了。

在选词时，如果能注意它的引申义或比喻义，还可以使感情色彩更加鲜明。例如：

有许多东西，只要我们对它陷入盲目性，就可能成为我们的包袱，成为我们的负担。

“包袱”一词本来是中性词，这里用了它的比喻义，就让它的贬义色彩更加鲜明起来。

2. 词语语体色彩的锤炼

文章可以有不同的语体风格，不同的词语会形成不同的语体风格。词语的语体色彩差别可以从通常用语和专门用语的角度观察，也可从口头词语和书面词语的角度观察。

有的词语可以通用于几种语体，有的则只适用于某种固定语体。在通常情况下，具有某种语体色彩的词语只有运用到同一语体中，才能取得表达风格上的和谐一致。例如，汉语中表达“死亡”的词语有很多，但各有使用语域：“作古”用于文言；“老了”用于口语；“牺牲”含褒义；“毙命”含贬义；“遇难”表示庄重、严肃；“逝世”表示尊重。

如果是文艺语体，对词语的选择要求就更高一些。特别是戏剧语言，作者不仅要根据生活构思情节，而且要在生活中提炼对白。这种对白必须是“话到人到”，必须简洁明快、通俗易懂，要有鲜明的生活气息与时代色彩。作家曹禺在他的《雷雨》中，对人物的对白很讲求大众化、口语化。这一点可以从他对人物对白用词的精心修改看出。例如原句：

鲁贵：你看你，告诉你真话，叫你聪明点，你反而生气了。唉，你呀！

修改句：

鲁贵：你看你，告诉你真话，叫你聪明点，你倒生气了！唉，你呀！

把原句中的书面语“反而”改成口语词“倒”，不仅对白通俗、浅显、顺畅了，还更符合说话人的身份、教养和经历。这就是词语锤炼的效果。

3. 词语形象色彩的锤炼

词语的形象色彩比较容易理解，就是选择词语时，需要用一些表示颜色的词，使文字描述更具有画面感和现场感。颜色可以给人最直接的感受，也最容易产生富有感情的暗示、最有光彩的想象、最强烈深沉的情调。文字的着色像颜料的色彩一样，会给人以丰富的联想和感受。例如：

①李白桃红杨柳绿，豆青麦碧菜花黄。

②白酒红人面，黄金黑人心。

例①采用并列和列举的方式，例②采用对比的方式，都起到了很好的效果，充分体现了色彩词的魅力。

在场面或人物的描写中，如果能巧用色彩对比，也能给人以强烈的感受。例如：

①一夜山雨，把小小的彝家村寨洗得清爽爽的。山，一片绿；芭蕉林，一片绿。看，就连那林荫里的一座座新瓦屋，也都映得绿茵茵的。

②太阳出山了。小溪边的那座竹楼，窗子打开了。绿茵茵的窗口，闪出一点红，火苗似的。噢，是个小女孩，红领巾在晨风里微微地飘。

二、声音的锤炼

声音协调是锤炼词语的一个重要方面。词语的声音配合得好，念起来顺口，听起来悦耳。字是音、形、义的统一体，人们可以以声传情、以声传义、以声传神，使词语表达的意义更加鲜明突出。

语言和音乐有关，音节和声调的变化可以产生声音美。

（一）讲究韵律美

诗词歌赋讲究韵律之美，有的诗词还需要配乐来读、吟、唱、诵。现在写文章虽然不要求严格的韵律，但也要让人读起来感觉顺耳入口，所以这就要求我们写作时必须注意声音的表现技巧。

声音美主要靠音节和声调的协调，音节整齐，曲调优美。因此，文章的语言运用，必须考虑音节。音节问题，说到底就是读出来顺口或不顺口。因此，汉语音节要和谐统一。一般是单音节和单音节、多音节和多音节结合，或者有节奏地交错运用单音节或多音节。音节配合得好，可以增加语言的气势，富有节奏感和韵律感，也有助于内容的表达。

不同音节形式的交错使用，或对偶，或排比，或在排偶中夹杂以散句，可以使音节搭配得当，节奏分明，流畅疏朗，气势磅礴，把词语的意思表达得十分明白而透彻。

（二）讲究声调美

汉语的每一个音节都有声、韵、调。声是声母，韵是韵母，调是声调。声调能使语言具有抑扬美。汉语的声调有四声，在古代汉语中指的是平、上、去、入四声，现代汉语中是指阴、阳、上、去四声。利用四声的变化，就可以使语言具有音乐美。

（三）讲究平仄美

古人作诗讲究平仄，如果不注意搭配平仄，或全平全仄，就会调门一致，会使语言显得呆板；如果平仄安排得当，起伏有度，委婉动听，就会给人以碧波荡漾般的感觉。现在写文章，一般不太讲究平仄，但也要注意协调，一个句子或一段文字，最好不要全是平声字或仄声字，最好是有平有仄，有起有落，仄起平收，声调抑扬。平仄的使用，没有什么固定的格式，只要做到大体协调就可以。一个句子有平仄的变化，才能读起来有“大珠小珠落玉盘”的效果。

（四）注意叠词的加入

叠词在声律上铿锵有韵，有节奏感，可以增强语言的韵律感，读起来朗朗上口，富有音乐美。另外，叠词还可以增加语言的形象性。例如：“轻轻的我走了，正如我轻轻的来。”

（五）注意双声叠韵

双声叠韵是汉语的一种声韵现象，在对联和诗歌中比较常见。恰当地使用双声叠韵会增强语言的音乐美。在一个双音节词中，两个字的汉语拼音的声母相同，就是双声，如“斑驳”“芳菲”；韵母相同，就是叠韵，如“铿锵”“翩跹”。另外，还有双声叠韵搭配使用的情况：

1. 双声对双声

例如，“田园寥落干戈后，骨肉流离道路中”，“寥落”表稀疏、冷落、寂寞；“流离”表流转离散。

2. 叠韵对叠韵

例如，“皓月凝辉，竹影婆娑留画意；明湖摇翠，桨声欸乃壮诗情”。“婆娑”指盘旋舞蹈的样子；“欸乃”为象声词，是摇橹声。

3. 双声对叠韵

例如，“风尘荏苒音书绝，关塞萧条行路难”。“荏苒”指时间不知不觉地过去；“萧条”指寂寞、荒凉、凋零、不兴旺。

所以，用词造句不仅要推敲字义，还要考虑声音的效果。语言的声音美，会增强文章的可读性和欣赏性。同时，它贵在自然流露，音节匀称，平仄和谐，以情感人，声情并茂。但是，如果抛开内容的表达、情感的交融，只是任意地增减音节，调配平仄，削足适履，效果只会适得其反。

拓展阅读

从《文化苦旅》看余秋雨散文的语言整齐美

思考与练习

1. 词语的色彩主要表现在哪些方面？

2. 下面这些句子在声音配合上各有什么特色？

(1) 周恩来总理的一生，处处以大局为重，事事从大局出发。

(2) 瑰丽端庄的中山公园，绿树成荫，花坛巧布，彩练交织，千红万紫。

(3) 茫茫黑夜夜芬芳，闪闪灯光光宁静。

3. 词语锤炼一般从__________和__________两个方面入手。

任务三　句子修辞

学习要点

了解不同句式在语言运用中起到的作用。

学习任务

能够在具体的语言环境中正确使用句子修辞。

句式，通常是指句子的结构方式。句式选择要遵循以下的原则：首先，句式选择与文章体裁关系密切，不同文体对句式有不同要求。例如，论说文中长句较多，叙述文中短句较多；论说文中书面语较多，文艺作品中口语体较多。其次，句式选择必须与语体相协调。人物身份、性格不同，使用的句式也往往不同。例如，描写知识分子时常使用书面语，描写体力劳动者时常用口语句式。最后，句式选择要与语体风格相协调。例如，科技语体，为了适应周密严谨的表达需要，多采用长句、整句；文艺语体，为了适应生动、形象的表达需要，一般选用短句、散句。

现代汉语常见的句式：长句和短句、整句和散句、主动句和被动句、肯定句和否定句、口语句式和书面语句式、陈述句和疑问句。

一、长句和短句

（一）特点及适用范围

第一，短句短小精悍，生动活泼，结构简明，节奏紧凑，语音的停顿和段落相一致。

首先，比较适合表达强烈的、激昂的感情。例如：

“传球！——快传！——好，上篮！——太棒了！”我在球场上大呼大叫，汗流浃背地奔跑着。

句子修辞

其次，一般叙述、描写的文字也比较适合用短句。例如：

①有个区干部叫李成，全家一共三口人——一个娘，一个老婆，一个他自己。他到区上做工作去，家里只剩下婆媳两个，可是就只这两个人，也有些合不来。

②王三胜，大个子，一脸横肉，努着对大黑眼珠，看着四周。大家不出声。他脱了小褂，紧了紧深月白色的“腰里硬”，把肚子杀进去，给手心一口吐沫，抄起大刀来：“诸位……”

第二，长句结构复杂，层次多，容量大，可以用来精确地表达丰富的思想内容。

长句的类型最常见的有四种：一是修饰语较长，二是插入语较长，三是包含几个并列的主语、谓语或宾语，四是有“公用”成分。例如：

在常温下利用压力造成很大的塑性变形，使两金属件连接处的原子或分子相结合，从而达到牢固连接的焊接方法叫作冷焊。

这个句子中就包含一个长的修饰语。

（二）长句变成短句

长句变短，通常有三种方法：

第一，抽取句中的修饰语或插入语，将其变成说明性分句或句子。例如：

原句：在前线暂时平静的时期中，就有一批胡须刮得很干净的、非常干练的、细心的、总是什么都知道的少校军需官在城里安居了下来。

变句：在前线暂时平静的时候，就有一批胡须刮得很干净的少校军需官在城里安居下来，他们很细心，什么事都知道。

第二，把长修饰语提到句前变为分句或句子，同时在后面的句子里用代词复指它。例如：

原句：我决定，为了哪怕知道希望渺茫，哪怕知道会遭遇挫折，哪怕知道可能会一败涂地的梦想，也要义无反顾地去创业，只为不再墨守成规，只为我的青春无悔！

变句：我决定，哪怕知道希望渺茫，哪怕知道会遭遇挫折，哪怕知道可能会一败涂地，为了那个梦想，也要义无反顾地去创业，只为不再墨守成规，只为我的青春无悔！

第三，把长的联合结构改成叠用的并列分句。例如：

原句：为了充分发挥广大群众的积极性和创造性，提高工作效率，节约国家财物，更有效地支援农业生产，我们必须坚决贯彻上级这一重要指示。

变句：为了充分发挥广大群众的积极性和创造性，为了提高工作效率，为了节约国家财物，为了更有效地支援农业生产，我们必须坚决贯彻上级这一重要指示。

二、整句和散句

（一）概念及作用

整句是结构相同或相似、字数大体相同、排列整齐的一组句子。整句多使用对偶句、排比句、对比句、反复句、顶真句、回环句，也使用具有同一关系的复句。整句的修辞作用是形式整齐，音节和谐，可以强调某种意义，加强语势。散句是指结构不同、句式长短不齐、交错运用的一组句子。其修辞效果是能使语句灵活自然，富有变化，避免单调呆板。整散句的结合能使语势激荡而又意味悠长。恰当地交替使用整句和散句，可以收到生动活泼、挥洒自如而又节奏鲜明、气势贯通的效果。例如：

花园里开满了红、黄、白三色鲜花，风一吹，犹如跳动的火焰、闪闪发光的金子和即将飘落到地上的雪花。（散句）

花园里开满了鲜花，风一吹，红的像火焰在跳动，黄的像金子在闪光，白的像雪花在飘落。（整句）

（二）整句与散句的变换方法

要使散句变成整句，就要使句子的结构相同或相似。结构相同或相似的句子最常见的是排比句和对偶句。我们可对句子进行分析综合，找出其相似点，划类归一，将其变成对偶句或排比句。整句变散句的要求则与散句变整句相反。例如：

尽管他们来自不同的地方，尽管他们彼此不相识，尽管他们的性格有所不同，但共同的语言把他们紧紧地连在一起。(整句)

尽管这些来自不同地方的人们彼此素不相识，性格也有所不同，但共同的语言把他们紧紧地连在一起。(散句)

三、主动句和被动句

主动句是指该句主语是谓语所表示的动作行为的发出者的句子。被动句则是指该句主语是谓语所表示的动作行为的承受者的句子。主动句和被动句互相转换的要点是主语和宾语的转换：主动句变被动句时，将主动句的宾语变为被动句的主语，主动句原来的主语与“被”构成介宾短语，做被动句的状语；被动句变主动句则恰好相反。

第一，“把”字句的基本格式：“把”字句＝主动者＋把＋被动者＋动作成分。例如：

弟弟把水喝了。(“弟弟”为主动者，“水”为被动者，“喝了”为动作)

“被”字句的基本格式：“被”字句＝被动者＋被＋主动者＋动作成分。例如：

太阳被乌云遮住了。(“太阳”为被动者，“乌云”为主动者，“遮住了”为动作。

第二，利用具体的例子在变换后的“把”字句与“被”字句中分别找出主动者和被动者，再进行比较。例如；

风把树叶吹落了。(“把”字句)主动者——被动者

树叶被风吹落了。(“被”字句)被动者——主动者

从上面的例子中可以看出，“把”字句和“被”字句的互换，首先要找出句中的主动者和被动者，再“主被换位，‘把’‘被’互换”。

第三，在互换中，句子中出现的成分不能随意丢掉。例如：

茂密的树林把太阳遮住了。(“把”字句)

变换后：太阳被树林遮住了。(把“茂密的”丢掉了，是错误的)

第四，在互换中，句中的词语搭配不能改变。例如：

八路军把全部敌人消灭了。(“把”字句)

变换后：敌人被八路军全部消灭了。(原句中为“全部敌人”，但互换后的“被”字句中把“全部”放在了“敌人”之后，是错误的)

四、肯定句和否定句

对事物做出肯定判断的句子，叫肯定句，表示肯定的语气。对事物做出否定判断的句子叫否定句。否定句有两种情况：一是单纯否定句，指否定句中只有一个否定词。例如，“他不知道问题这样严重”。二是双重否定句，指否定句中有两个否定副词。例如，“此时此刻，同学们没有一个不被邱少云的顽强毅力所震撼”。

肯定句与否定句是可以互换的。

第一，肯定句换成单纯否定句，可按照“否定词＋原词的反义词”的形式来换。

例如：

这次考试他考得很好。——这次考试他考得不错。

第二，肯定句换成双重否定句，只需在句中加入两个以上否定词即可。例如：

我承认自己错了。——我不得不承认自己错了。

第三，肯定和否定的意思都可以用反问的语气来表达。肯定＋反问＝否定意思。否定＋反问＝肯定意思。例如：

这个老头竟是她的父亲。（否定）——她怎么会想到这个老头竟是她的父亲呢？（肯定＋反问句）

你应该知道自己错了。（肯定句）——你难道还不知道自己错了？（否定＋反问句）

一般地说，表达同一意思的一句话，用肯定的句式比否定的句式语意重一些，而用双重否定句和反问句表达的语意则更重。所以，选择什么句式来表达要根据情感的需要，根据表意强弱的需要。

五、口语句式和书面语句式

口语一般用于日常生活交际的口头对话，遣词造句，随便自然，修饰语少；结构简单，句形短的多，省略成分的多，语序常规的多；分句间不大使用关联词语，风格平易、质朴无华，节奏快，语气流畅。

书面语的遣词造句，往往经过推敲，讲究严密、规范。因而，其句形较长，修饰语多，分句间的关联词语多，比较少用语气词。排比、对偶的整句、文言句、欧化句以及某些只有书面上常见的特定结构的句式等，都属于书面语句。书面语句的结构复杂，表达更加严密，风格文雅。

六、陈述句和疑问句

陈述句是陈述事实或者说话人的看法。陈述句在书写时句末用句号。疑问句是按照句子的语气分出来的一个类别，它的标志就是它的疑问语气。

疑问句变陈述句的方法：第一步，问号改为句号；第二步，删掉疑问词，如“难道……吗”“怎能……呢”等；第三步，否定改为肯定，肯定改为否定（有“不”去“不”，没“不”加“不”，去掉疑问词）。例如：

①字典难道不是我们的良师益友吗？——字典是我们的良师益友。

②难道那条街不热闹吗？——那条街很热闹。

拓展阅读

短句

思考与练习

1. 简述整句和散句的区别。

2. 分析下面的原句和修改句，说明它们属于哪种句式变换，再指出修改句的修辞效果。

原句：往小碟子里倒了醋和辣椒油，然后在酸和辣的合奏里，我把饼和粥一扫而光，又心满，又意足。

修改句：往小碟子里倒了醋和辣椒油，然后在酸和辣的合奏里，我心满意足地把饼和粥一扫而光。

任务四 常见的修辞格

学习要点

1. 掌握各种修辞手法的含义、分类等。
2. 了解运用这些修辞手法时需要注意的问题。

学习任务

1. 分清易混淆的修辞手法之间的差异。
2. 能够准确、灵活地运用修辞，提高语言的表达效果。

一、什么是修辞

“修辞”一词有三个含义：第一，指运用语言的方法、技巧和规律；第二，指说话和写作中积极调整语言的行为，即修辞活动；第三，指以加强表达效果的方法、规律为研究对象的修辞学或修辞著作。

通常情况下，我们把修辞理解为对语言的修饰和调整，即对语言进行综合的艺术加工。在内容和语境确定的情况下，运用修辞时会考虑三个问题，即选用什么样的语言材料、采取什么样的修辞方式、追求什么样的表达效果。要体现这三者之间的有机联系，就不能不考虑所调动的语言因素和非语言因素对于所采用的修辞方式是不是恰当，能不能产生鲜明的修辞效果。才女谢道韫的故事可以对修辞的妙处做一简单说明。

谢太傅寒雪日内集，与儿女讲论文义，俄而雪骤，公欣然曰：“白雪纷纷何所似？”兄子胡儿（谢朗）曰：“撒盐空中差可拟。”兄女（谢道韫）曰：“未若柳絮因风起。”公大笑乐。即公大兄无奕女，左将军王凝之妻也。（节选自《世说新语》）

二、修辞格的种类

小学低年段常用的修辞手法

（一）比喻

比喻就是打比方，是用本质不同又有相似点的事物描绘事物或说明道理的辞格，也叫“譬喻”。比喻里，被比方的事物叫“本体”，用来打比方的事物叫“喻体”，联系二者的词语叫“比喻词”。本体和喻体必须是性质不同的两种事物，利用它们之间某一方面的相似点来打比方，就构成了比喻。

1. 比喻的作用

（1）对事物的特征进行描绘或渲染，使事物生动具体，给人留下鲜明深刻的印象；
（2）用浅显的或人们熟悉的事物对深奥难懂的事物加以说明，便于人们深入理解。

2. 比喻的基本类型

比喻主要可分三类：明喻、暗喻、借喻。

（1）明喻的构成方式是本体、喻体都出现，中间用“像”“如”“似”“仿佛”“犹如”“有如”“一般”“像……似的”等比喻词。例如：

六月的天，就像孩子的脸，说变就变。

比喻词“一样”“似的”“一般”“般”等有时单独放在喻体后面，有时与前面的“像”“如”等结合成“像……似的”“如……一般”等格式。

（2）暗喻又叫“隐喻”，本体和喻体都出现，但用“是”“变成”“成为”“等于”等比喻词。例如：

群众是汪洋大海，个人不过是大海里的一滴水。

暗喻虽然不用“像”“如”一类的比喻词，实际上比起明喻来，本体和喻体的关系更为紧密。

（3）借喻不出现本体，或不在本句出现，而是借用喻体直接代替本体。例如：

我们应该禁绝一切空话，但主要和首要的任务，是把那些又臭又长的懒婆娘的裹脚布，赶快扔到垃圾桶里去。

把“懒婆娘的裹脚布”比作冗长而空洞的文章。

3．比喻的灵活运用

比喻有各种灵活用法，根据比喻词的变化，大致可分为三类。

（1）没有比喻词的比喻

虽然本体、喻体都出现，但可以不用比喻词。例如：

①我似乎打了一个寒噤；我就知道，我们之间已经隔了一层可悲的厚障壁（喻体）了。

②冬天来了，小草没有了，草地上铺了条白白的雪被子（喻体）。

（2）程度不等的比喻（强喻）

强调本体胜过或不及喻体，目的是强调本体的特征。这种比喻中常用“不如”“不及”“比……还……”等做喻词，往往借突出喻体的特性使本体得到强调。例如：

①我们的幸福生活比蜜还甜。（比……还……）

②桃花潭水深千尺，不及汪伦送我情。（不及）

（3）否定方式的比喻（反喻）

从所要说的事物的相反或相对的方面设喻，指出事物不具备某种性质。这种用否定形式构成的比喻叫反喻，喻词常用“不是”或“不像”。例如：

①这个整天同钢铁打交道的技术员，他的心倒不像钢铁那样。

②生活可不像你做衣服，做一件不合适，扔掉重做。

4．运用比喻时要注意的问题

（1）本体和喻体必须是两种不同的事物，但两种不同的事物在某些方面又有相似之处。

（2）不是所有带有“像”“好像”“仿佛”等词的句子都是比喻句。例如：

他呆呆地坐在那里，好像在等人似的。（这里表示猜测）

（二）比拟

根据想象把物当作人写或把人当作物写，或把甲物当作乙物来写，这种辞格叫比拟。被比拟的事物为本体，用来比拟的事物为拟体。

1. 比拟的作用

（1）增添特有的情味；

（2）把事物写得神形毕现，栩栩如生，抒发爱憎分明的感情；

（3）能启发读者想象，使文章更生动。

2. 比拟的类型

（1）把物当作人来写

把物当作人来写，赋予物以人的动作行为或思想感情。例如：

①一只探险的蜜蜂正绕着柳树枝头的金色的花朵嗡嗡着。看不见的云雀在天鹅绒般的绿油油的田野和盖满了冰的、收割后的田地上颤巍巍地歌唱着；田凫在那积满了塘水的洼地和沼泽上面哀鸣；鹤和鸿雁高高地飞过天空，发出春的叫喊；脱落了的毛还没有全长起来的家畜在牧场上吼叫起来了；弯腿的小羊在它们那掉了毛的咩咩地叫着的母亲身边跳跃……真正的春天已经到来了。（把动物拟作人）

②高粱好似一队队的“红领巾”，悄悄地把周围的道路观察。（以物拟人）

（2）人直接同事物说话

例如：

延安，你的精神辉煌灿烂！如果失去了你啊，那就仿佛没有了灵魂，怎能向美好的未来展翅飞翔？

比拟跟比喻有某些相似点，都是两事物相比。不同点是比喻重点在“喻”，即以乙事物喻甲事物，甲、乙两事物一主一从；比拟的重点在“拟”，即将甲事物当作乙事物来写，甲、乙两事物彼此交融，浑然一体。

（三）夸张

夸张是为达到某种表达需要，对事物的形象、特征、作用、程度等方面着意扩大或缩小的一种修辞手法。

1. 夸张的作用

（1）可以突出事物的本质特征，鲜明地表达作者的情感，引起读者的共鸣；

（2）可以引起人们丰富的想象。

2. 夸张的类型

夸张可分为两类，即普通类和超前类。普通类又可分为两类，即扩大夸张、缩小夸张。

（1）扩大夸张

故意把客观事物说得大、多、高、强、深等的夸张形式。例如：

蜀道之难，难于上青天。

（2）缩小夸张

故意把客观事物说得小、少、低、弱、浅等的夸张形式。例如：

一个浑身黑色的人，站在老栓面前，眼光正像两把刀，刺得老栓缩小了一半。

（3）超前夸张

在时间上把后出现的事物提前的夸张形式。

3. 运用夸张时的注意事项

（1）夸张不是浮夸，而是故意的、合理的夸人，所以不能失去生活的基础和根据。下面运用的夸张就不合事理：

你们看，我们的力量大如天，脚下地球当球玩，海水能喝干。

（2）夸张不能和事实距离过近，否则会分不清是在说事实还是运用了夸张。

（3）夸张要注意文体特征，如科技说明文、说理性文章就很少用甚至不用夸张，以免歪曲事实。

（四）借代

指的是不直说某人或某事物的名称，而是借和它密切相关的名称去代替。其中，用来代替的事物叫作借体，被代替的事物叫作本体。

常见的修辞（二）

1. 借代的类型

（1）部分代整体

用事物的具有代表性的部分代替本体事物。例如：

孤帆远影碧空尽，唯见长江天际流。

借体为“孤帆”，本体为“船”。

（2）特征、标志代本体

用借体（人或物）的特征、标志去代替本体事物的名称。例如：

对面走过来两个红领巾。

借体为“红领巾”，本体为“少先队员”。

（3）专名代泛称

用具有典型性的人或事物的专用名称充当借体来代替本体事物的名称。例如：

中国有很多的孔繁森和焦裕禄。

借体为“孔繁森和焦裕禄”，本体为“中国的英雄”。

（4）具体代抽象

用具体事物代替概括抽象的事物。例如：

巾帼不让须眉。

借体为“巾帼”“须眉”，本体为“女子”“男子”。

2. 运用借代时要注意的问题

（1）借体与本体关系密切，在上下文里，作者应有所交代，使读者看到借体时，能明白本体是什么；

（2）无论运用哪一种借代，其借体一定要能代表本体，突出其作用；

（3）借体在语境中带有褒贬色彩。

（五）排比

排比是把结构相同或相似、意思密切相关、语气一致的词语或句子成串地排列的一种修辞手法，利用意义相关或相近、结构相同或相似和语气相同的词组（主、谓、动、宾）或句子并排（三句或三句以上）、段落并排（两段即可），达到一种加强语势的效果。排比的修辞功能可以概括为“增文势，广文义”。排比项排叠而出，语气一贯，节律强劲，各排比项意义范畴相同，带有列举和强化性质，可拓展和深化文意。

运用排比时要注意的问题：

第一，必须从内容实际出发，不能生拼硬凑；

第二，有的排比句不完全说出，留下空间让读者思考，句尾用省略号；

第三，要准确使用提示语。

（六）层递

层递是根据事物的逻辑关系，连用内容递升或递降的语句表达层层递进的事理。

1. 层递的类型

层递分为递增和递减两类。

（1）递增式

层递的顺序，由小到大，由轻到重，由浅到深，由低到高，层层递增。例如：

全国同胞们！平津危急！华北危急！中华民族危急！

（2）递减式

层递的顺序，由大到小，由重到轻，由深到浅，由高到低，层层递减。例如：

敬爱的周总理啊，如果能用我们来换取您一年、一月、一日，哪怕一秒的复生，我们将争先恐后地献出我们的生命。

2. 运用层递时的注意事项

层递的运用必须使事物按步步推进的逻辑关系依次排列，语言一环扣一环，而且人们的认识层层深入，印象逐渐深化。

（七）双关

双关是利用语音或语义条件，有意使语句同时兼顾表面和内里两种意思，是言在此而意在彼的一种修辞手法。

1. 双关的类型

（1）意义双关

利用词的多义，有意使语句具有双重意义。例如：

将那三春看破，桃红柳绿待如何？把这韶华打灭，觅那清淡天和。

这段话出自《红楼梦》。“三春”表面指暮春，内含元春、迎春、探春三人的境遇。

（2）谐音双关

利用词的同音，有意使语句具有双重意义。例如：

道是无晴却有晴。

“晴”表面上指晴天的“晴”，但内含感情的“情”。

2. 运用双关时应注意的问题

（1）谐音双关和意义双关都是一语兼顾表里两层含义，其中蕴含着的不直接说出来的含义是表意所在，既要含而不露，又要使人体会得到，寻味得出，不能造成误会或歧义。

（2）要注意双关内容的思想性，不要单纯追求风趣和含蓄。用双关构成歇后语时，尤应注意体现思想积极、健康。

（八）反语

运用跟本意相反的词语来表达此意，含有否定、讽刺以及嘲弄的意思，是一种带有强烈感情色彩的修辞手法。

1. 反语的类型

（1）讽刺反语

运用讽刺反语是为了揭露、批判、讽刺、嘲弄，是常见的用法。例如：

"……这样也可算是将功赎罪吧。那么，我也希望你们能够知恩感德……""哈哈哈哈"一阵大笑，打断了沈百万的话。老宫用他那洪亮的声音，讽刺地说："谢谢你，我的好心的沈老太爷。我们很知你的恩，很感你的德。而且对你的这份'恩德'，我们是定要报的，你放心就是了。"

这段话出自《海啸》，运用反语，批判、讽刺了沈百万假扮好人的丑恶嘴脸，表现了老宫的极端愤怒，因而是讽刺反语。

（2）风趣反语

为了风趣、幽默、诙谐而说的反语，字面表达的是贬义，实际上是表达褒义，或因情深难言，或因避嫌忌说，并不包含讽刺嘲弄之意。

黛玉听了，睁开眼，起身笑道："真真你就是我命中的'天魔星'！请枕这一个。"说着，将自己枕的推与宝玉，又起身将自己的再拿了一个来，自己枕了，二人对面倒下。

这段话出自《红楼梦》。"天魔"，佛家语，是魔界之主，经常率领众魔扰人身心、破坏善事，故"天魔星"的意思是纠缠人的、令人厌恶的魔头。林黛玉和贾宝玉从小玩到大，她怎么会骂贾宝玉是个大魔头呢？这里就是运用了反语的手法。

2. 运用反语时应注意的问题

（1）反语有对待敌人的，有对待同盟者的，也有对待自己人的，要区别对待，必须防止滥用；

（2）运用反语时应该力求鲜明，切忌含混。

（九）设问

设问是一种常见的修辞手法，常用于表示强调。设问是为了强调某部分内容，故意先提出问题，明知故问，自问自答。正确运用设问，能引人注意，启发思考；有助于使文章层次分明，结构紧凑；可以更好地描写人物的思想活动；可以突出某些内容，使文章起波澜，有变化。

1. 设问的类型

（1）自问自答

这是设问的主要形式。例如：

①谁是最可爱的人呢？我们的战士，我觉得他们是最可爱的人。

②啊，是谁，这么早就把那亲爱的令人心醉的乡音送到我的耳畔？是谁，这么早就用他那吱吱哇哇的悦耳动听的音乐唤来了玫瑰色的黎明？是一个青年人。

（2）问而不答

例如：

问苍茫大地，谁主沉浮？

2. 运用设问时应注意的事项

（1）设问是自问自答，要求问句和答句要贴切，不能答非所问；

（2）设问句应用在描写、议论、抒情的前面，以提醒读者，引起下文；

（3）不需要强调时，就不要用设问句。

（十）反问

反问可以加强语气，发人深思，激发读者感情，加深读者印象，增强文章的气势和说服力，为文章奠定一种激昂的感情基调。反问可以分为以下两种类型：

1. 问而无答的反问

这是反问的主要形式，例如：

①太阳会从西边出来吗？

②你呢，你难道没有应该责备自己的地方吗？

2. 问而有答的反问

例如：

敢于这样做人，难道不是一个英雄吗？可以肯定地说是一个英雄，一个大大的英雄。

（十一）通感

通感是指在描述客观事物时，用形象的语言使感觉转移，将人的视觉、嗅觉、味觉、触觉、听觉等不同感觉互相沟通、交错，彼此挪移转换，将本来表示甲感觉的词语移用来表示乙感觉，使意象更为新奇。人的认识活动，一般是从感觉、知觉，再到表象，进而形成概念、判断和推理。人的各种不同的感官，只能对事物某些特定的属性加以认识，因此在人们从感觉、知觉到表象的过程中，实际上也是各种感觉器官相通的过程。例如：

①这里除了光彩，还有淡淡的芳香，香气似乎也是浅紫色的，梦幻一般轻轻地笼罩着我。

②微风过处，送来缕缕清香，仿佛远处高楼上渺茫的歌似的。

例①，调动读者的各种感觉，更真切、更完整、更具体地把作者的感受传达给读者，使作品富有诗意和深意。

例②，清香乃是嗅觉，歌乃是听觉，作者将两种感觉互通，即为通感。

（十二）对偶

文句中两两相对、字数相等、句法相似、平仄相对、意义相关的两个词组或句子运用的修辞法就是对偶。从意义上讲，对偶句的前后两部分密切关联，凝练集中，有很强的概括力；从形式上看，前后两部分整齐均匀，音节和谐，具有节律感。严格的对偶还讲究平仄，充分利用汉语的声调。

对偶的特征是，语言凝练，句式整齐，音韵和谐，富有节奏感和音乐美，使两方面的意思互相补充和映衬，有加强语言的感人效果。例如：

①天有多高，山有多高。

②善无微而不赏，恶无纤而不贬。

③落霞与孤鹜齐飞，秋水共长天一色。

（十三）对比

对比是指把具有明显差异的有不同特征的双方安排在一起，进行对照比较。对比手法是把对立的意思或事物放在一起比较，或把事物的两个方面放在一起比较，让读者在比较中分清好坏、辨别是非。在写作中运用对比手法，就是把事物、现象和过程中矛盾的双方，置于一定条件下，使之集中在一个完整的艺术统一体中，形成相辅相成的比照和呼应关系。运用这种手法，有利于充分展示事物的矛盾，突出被表现事物的本质特征，增强文章的艺术效果和感染力。对比可以分成两体对比和一体两面对比两类。

1. 两体对比

把两种根本对立的事物放在一起进行对照，使好的显得更好，坏的显得更坏；使大的显得更大，小的显得更小；等等。这种对比手法十分常用。例如，“朱门酒肉臭，路有冻死骨”，把统治阶级的穷奢极欲和劳苦大众的悲惨遭遇进行了对比，突出了地主阶级和劳动人民这两个不同阶级迥然不同的命运，表现了当时封建社会尖锐的阶级对立。

2. 一体两面对比

把同一事物的正反两个方面放在一起来说，能把事理说得更透彻、更全面。例如，《氓》中的“氓之蚩蚩，抱布贸丝”，反映出男主人公对“我”的殷勤主动，和后来“士贰其行”“言既遂矣，至于暴矣”等形成了鲜明的对比，充分表现出女子成亲前后截然不同的生活状态，更强烈地表现了丈夫氓丑陋的嘴脸。

（十四）映衬

为了突出主体事物，用类似的或相反的、相异的事物做陪衬的辞格叫映衬，也叫衬托。映衬可以分为两类：

1. 正衬

即映衬事物和主要事物朝着相同的方向变化。例如：

时候既然是深冬；渐近故乡时，天气又阴晦了，冷风吹进船舱中，呜呜的响，从篷隙向外一望，苍黄的天底下，远近横着几个萧索的荒村，没有一丝活气。我的心禁不住悲凉起来了。

在这段话中，荒凉萧条的环境和气氛，正衬了作者悲凉的心情。

2. 反衬

即映衬事物对照主要事物朝着相反的方向变化。例如：

①淡黑的起伏的连山，仿佛是踊跃的铁的兽脊似的，都远远地向船尾跑去了，但我却还以为船慢。

用“……但我却还以为船慢”反衬“我”的急切心情。

②昔我往矣，杨柳依依。今我来思，雨雪霏霏。

以“今我来思，雨雪霏霏”的苦景，反衬士兵回家的快乐。

三、辞格的综合运用

1. 辞格的连用

是指同类辞格或异类辞格在一段文字中的接连使用。例如：

①太阳还不能从云里挣扎出来，空气也感到疲乏。

②沉默，监房突然像沉入无底的黑暗之中，就是落下一根针也仿佛可以听见。

例①是两个比拟辞格的连用，例②是一个比喻辞格与一个夸张辞格的连用。

2. 辞格的套用

是指一种辞格里又包含着其他辞格，形成大套小的包容关系。例如：

①树缝里也透着一两点路灯光，没精打采的，是渴睡人的眼。

②这种感情像红松那样，根深蒂固，狂风吹不动，暴雨浸不败，千秋万载永不凋谢。

例①总的是暗喻，中间套着两个比拟（这两个比拟又是连用的）。例②，全句是比喻；比喻部分的“狂风……凋谢”是夸张，其中的“狂风……不败”又是对偶。因此，全句在比喻中套用了夸张、对偶。

3. 辞格的兼用

是指一种语言表达形式兼有多种辞格。例如：

①勤奋是点燃智慧的火花，懒惰是埋葬天才的坟墓。（对偶和对比兼用）

②举着红灯的游行队伍河一样流到街上。（比喻和夸张兼用）

③盼望着，盼望着，东风来了，春天的脚步近了。（反复、拟人）

④有理走遍天下，无理寸步难行。（对比和对偶）

4. 以上三种情况同时出现

例如：

队伍虽然出罗网，韩英不幸入铁窗。

此例总的看是对比和对偶，这是两种辞格兼用。“罗网”和“铁窗”分别是借喻和借代，这两种辞格是连用。这两个连用的辞格被对比、对偶包含，这又是套用。

四、修辞中常出现的问题

由于各种原因，修辞在具体的运用中也会出现下面的一些问题：

1. 比喻不贴切

使用比喻是为了把事物说得具体、确切、生动，使人容易理解，并且引起联想和想象，使人受到感染。因此，运用比喻时必须注意以下几点：一是要用容易懂的事物比喻不太好懂的事物；二是用来打比方的事物一定要和被比方的事物有相似之处；三是同样性质的事物或相同之处很多的事物不宜互相作比。

下面的几个例子都不符合要求：

①她跳水的时候，姿势那样优美，简直像敦煌壁画上的飞天一样。

②这个烟幕黑得出奇，好像是一些大喷泉突然喷出时张开的巨大扇面。

③冲锋枪的声音像机关枪一样，嘟嘟地响起来。

例①，用敦煌壁画上的飞天来比喻跳水的优美姿势，如果人们不是很了解飞天，就不能很好地理解这个比喻。例②，用喷泉喷出时形成的扇面来比喻烟幕的黑色，这两个事物之间没有相似之处，不能构成比喻。例③，用机关枪来比喻冲锋枪，两者属于同一类事物，不能互相作比。

2. 比拟不当

运用拟人，是要把人的思想感情赋予人以外的事物，使人获得亲切而鲜明的印象。用拟人的手法描述事物，一方面要符合事物本身的特点，另一方面要符合人的心情。如果不符合事物的特点，或者与人的心情不符合，这种比拟就不恰当。例如：

①晚上，孩子们都睡了，屋里静悄悄的，只听见两三只蟋蟀在窗外大喊大叫。

②秋雨跳着欢乐的舞，一下就是几天，什么活也干不了，真闷死人了。

例①，写蟋蟀“在窗外大喊大叫”，这不符合蟋蟀的特点，也不符合人们对蟋蟀叫声的感觉。鲁迅在《从百草园到三味书屋》中写蟋蟀们在园里弹琴，既写出了蟋蟀叫声的悦耳动听，又写出了儿童天真快乐的心情，这样的比拟才贴切。例②，“秋雨跳着欢乐的舞”，这与人们的烦闷心情很不协调。

3 夸张失真

运用夸张时要以客观实际为基础，如果完全脱离了客观实际，只凭主观臆造，以为越夸张越好，这样就会失去真实感，不能令人信服。例如：

你们看，我们力量大如天，脚下地球当球玩，海水能喝干。

把地球当球玩、喝干海水是一种不合理的夸张，脱离生活实际。

4. 排比生硬

运用排比的修辞手法，主要是为了增强语言的气势，表达强烈的感情，给人以更鲜明、深刻的印象。运用排比必须从内容和表达感情的需要出发，如果没有必要而硬拼凑成排比的句式，就会显得生硬，收不到应有的修辞效果。例如：

我们的团支部书记是我们大家学习的榜样、学习的模范、学习的表率、学习的楷模。

“榜样”“模范”“表率”“楷模”是四个同义词，生硬地把它们排列起来，成为排比句，显得重复、牵强。

常见的修辞方面的问题还有很多，这里只略举几种。要想准确、得体而生动地表达语言就必须下苦功夫，花大力气，反复推敲，精心选择，这样才能使语言具有感染力和说服力。

有人以为学习修辞是咬文嚼字，单纯追求华丽的辞藻，这种看法是不对的。修辞研究的虽然是语言的表达形式，但是语言的表达形式是为思想内容服务的，内容决定形式，形式和内容要完美地统一。因此，它同片面地讲究形式美，单纯地追求华丽辞藻的错误做法是根本不同的。另外，也不能认为修辞“高深莫测”。修辞是讲求表达效果的，写文章需要它，说话也需要它，所以不存在“高深莫测”的问题。

◆拓展阅读◆

对联的对偶修辞美学特征

思考与练习

1. 分析下列句子，指出它们是比喻的哪种类型，并说明它们的修辞效果如何。

（1）叶子出水很高，像亭亭的舞女的裙。

（2）母亲啊！你是荷叶，我是红莲。

（3）天上张着灰色的幔。

2. 比喻的基本类型有________、________、________三种。用“像”做比喻词的是________，用“是”做比喻词的是________。这两种比喻都由________、________和________三个部分构成。

3.“一站站灯火扑来，像流萤飞去；一重重山岭闪过，似浪涛奔涌。”这句话运用的修辞手法是（　）

A. 对偶、比喻、夸张　　B. 借代、对偶、比喻

C. 比喻、比拟、夸张　　D. 对偶、比拟、比喻

4. 结合下列例子，说明比喻和比拟的区别是什么。

（1）那数不清的灯火就像千万颗星星飞上了天去。

（2）蝉不知疲倦地高歌了一整天。

5. 对偶和对比是两种不同的修辞手法。对偶重在________，对比重在________。

6. 下面的句子都用了什么辞格？

（1）这两年日子眼见火红起来，儿子媳妇们又心疼人，念他苦拉苦拽一辈子没享过福，如今黄土都拥到脖子啦，该他吃点喝点啦。

（2）那么，请问国民党的英雄好汉们，你们为什么要反对惩办战犯呢？

（3）春分刚刚过去，清明即将到来……这是革命的春天，这是人民的春天，这是科学的春天。

（4）什么是谎言？那只是真理在化妆跳舞。

7.“红军像一个火炉，俘虏兵过来马上就溶化了。”这句话用的辞格是（　　）

A. 对比　　B. 对偶　C. 映衬　D. 比喻

8. 举例说明对偶与对比的区别。

项目检测

一、分析下列诗句运用的修辞手法

1. 洛阳亲友如相问，一片冰心在玉壶。（王昌龄《芙蓉楼送辛渐》）
2. 人面不知何处去，桃花依旧笑春风。（崔护《题都城南庄》）
3. 两岸青山相对出，孤帆一片日边来。（李白《望天门山》）
4. 桃花潭水深千尺，不及汪伦送我情。（李白《赠汪伦》）
5. 东边日出西边雨，道是无晴却有晴。（刘禹锡《竹枝词二首（其一）》）

二、下文是关于古人炼字的故事，找一找还有哪些关于炼字的故事

“前村深雪里，昨夜一枝开。”用字虽然平淡无奇，却很耐咀嚼。诗人以山村野外一片皑皑深雪作为孤梅独放的背景，描摹出十分奇特的景象。“一枝开”是诗的画龙点睛之笔：梅花开于百花之前，是谓“早”；而这“一枝”又先于众梅，悄然早开，更显出此梅不同寻常。

据《唐才子传》记载，齐己曾以这首诗求教于郑谷，诗的第二联原为“前村深雪里，昨夜数枝开”。郑谷读后说：“‘数枝’非‘早’也，未若‘一枝’佳。”齐己深为佩服，便将“数枝”改为“一枝”，并称郑谷为“一字师”。

三、给下列句子加适当的修辞

1. 天上有一轮明月。
2. 河水哗哗地流着。
3. 寒风吹到脸上很痛。
4. 春雨过后，鲜嫩的笋长出来了。
5. 不劳动，连棵花也养不活，这是真理。

参考文献

[1] 黄伯荣，廖旭东. 现代汉语：增订六版 [M]. 北京：高等教育出版社，2017.

[2] 张斌. 简明现代汉语 [M]. 上海：复旦大学出版社，2019.

[3] 邢福义. 现代汉语 [M]. 北京：高等教育出版社，2011.

[4] 陆俭明. 现代汉语 [M]. 北京：北京师范大学出版社，2012.

[5] 沈阳. 现代汉语 [M]. 北京：北京师范大学出版社，2014.

[6] 邵敬敏. 现代汉语通论：第三版 [M]. 上海：上海教育出版社，2016.

[7] 胡裕树. 现代汉语：重订本 [M]. 上海：上海教育出版社，2019.

[8] 吴长安，刘兰萍. 现代汉语 [M]. 长春：东北师范大学出版社，2014.

[9] 夏中华. 语言学教程 [M]. 沈阳：辽海出版社，2000.

[10] 潘玢洁. 汉字通论 [M]. 沈阳：沈阳出版社，2004.

[11] 符淮青. 现代汉语词汇：增订本 [M]. 北京：北京大学出版社，2004.

[12] 王希杰. 汉语修辞学：第三版 [M]. 北京：商务印书馆，2014.

[13] 王汉生. 现代汉语新解读 [M]. 北京：国家行政学院出版社，2013.

[14] 陆俭明，马真. 汉语教师应有的素质与基本功 [M]. 北京：外语教学与研究出版社，2016.

[15] 杨成寅. 现代汉语句型概论 [M]. 呼和浩特：内蒙古教育出版社，1993.

[16] 朱德熙. 现代汉语语法研究 [M]. 北京：商务印书馆，2014.

[17] 陆俭明. 现代汉语语法研究教程：第四版 [M]. 北京：北京大学出版社，2013.

[18] 杨焕典，罗振乾，甘祺庭. 现代汉语问答 [M]. 南宁：广西民族出版社，1986.